U0829790

水运工程科技丛书

超大通航钢结构渡槽抗震性能研究

曲树盛　戴明新　张宇亭　等　编著

天津大学出版社
TIANJIN UNIVERSITY PRESS

图书在版编目（CIP）数据

超大通航钢结构渡槽抗震性能研究 / 曲树盛等编著.
天津 : 天津大学出版社, 2025. 1. -- (水运工程科技
丛书). -- ISBN 978-7-5618-7875-0

Ⅰ. U64

中国国家版本馆CIP数据核字第2025DR0940号

出版发行 天津大学出版社
地　　址 天津市卫津路92号天津大学内（邮编：300072）
电　　话 发行部：022-27403647
网　　址 www.tjupress.com.cn
印　　刷 廊坊市海涛印刷有限公司
经　　销 全国各地新华书店
开　　本 787mm×1092mm　1/16
印　　张 13.25
字　　数 275千
版　　次 2025年1月第1版
印　　次 2025年1月第1次
定　　价 69.00元

前　言

Preface

渡槽是输送水流跨越河渠、道路、沟谷等的架空建筑物，它还具有排洪、排沙、导流、生物迁徙以及船舶通航等功能。随着我国经济建设的发展，渡槽从早期的石拱或木梁结构，逐渐发展为钢筋混凝土渡槽。结构形式也不再是单一的板梁结构，在新的设计理论、技术装备的支撑下，出现了板拱、肋拱、箱形拱、双曲拱、斜拉式、预应力式、桁架拱式等新形式，以满足不同工程对跨度、流量、功能等的需求。通航渡槽，作为一种特殊的渡槽类型，由于其内部的通航需求，断面尺寸通常较大，结构也更为复杂。

引江济淮工程是我国继南水北调工程之后又一个跨流域、跨区域的重大战略性水资源配置工程，也是安徽省重大基础设施建设一号工程。该工程供水范围涉及皖豫两省，输水线路总长 723 km，受益范围达 7.06 万 km^2，对缓解皖北及豫东地区水资源短缺，沟通江淮航运，改善巢湖和淮河流域水生态环境，具有重要意义。淠河总干渠渡槽是该工程中的重要节点工程之一，总长 350 m，主跨跨度达 110 m，总质量为 20 409 t，是目前世界第一大跨度的钢结构渡槽。作为水运立体交叉工程，该渡槽的上下河道均存在通航要求，因此对渡槽的跨度、流量均提出了非常高的要求，大大超过现有已建渡槽工程，这使该渡槽成为超大通航渡槽。由于其特殊的荷载特性、结构形式及体量，国内外的参考实例和研究成果非常少，有必要对其整体抗震性能开展专门研究。

本书以淠河总干渠渡槽为工程背景，综合采用离心机振动台、常规振动台和数值模拟等研究手段，对超大通航渡槽的整体抗震性能进行了全面分析和评价，重点研究了槽内大质量水体等因素对地震响应的影响规律，揭示了渡槽地震破坏机理和破坏模式，提出了针对地震灾害的监测技术方案，并在以上研究成果的基础上，建立了针对超大通航渡槽的抗震分析指南。本书结构完整，数据翔实，逻辑严密，可为相关渡槽工程的抗震研究提供借鉴，也可为水利工程相关设计、科研及管理人员提供参考。

本书在撰写过程中得到了安徽省引江济淮集团有限公司、安徽省水利水电勘测设计研究总院股份有限公司、安徽省交通规划设计研究总院股份有限公司、天津大学、中国民航大学、天津城建大学等单位专家学者的指导和帮助,在此表示真诚的感谢。另外,由于编著者学识有限,书中难免存在谬误,恳请读者不吝指正。

编著者

2023 年 12 月

目　录

Contents

第 1 章　超大通航渡槽及其工程特点

1.1　渡槽及其发展

我国人均水资源紧缺，而且水资源在时间和空间上分布不均，导致水资源供需矛盾更加尖锐。根据 2020 年的统计，中国人均水资源量只有 2 100 m^3，仅为世界人均水平的 28%。全国城市中有约 2/3 缺水，约 1/4 严重缺水。缺水已成为我国经济和社会进步的重要制约因素。

努力实现水资源的优化配置，满足经济社会对水资源的需求，以水资源的可持续利用来支撑经济社会的可持续发展，这是水利事业的根本目标和基本任务。实现水资源的优化配置有多种手段，而工程手段就是其中之一。无论是资源性缺水还是工程性（经济性）缺水，其最主要的工程手段都是在水源处修建取水工程，然后通过输水工程送到用水处。为了把丰水地区的水资源调到缺水地区，有时需要实施跨流域的远距离调水，对水资源进行地域上的再配置。随着经济及社会的发展，特别是改革开放以来，由于城市化进程的加快，我国面临的供水问题逐渐从农业用水转为城镇工业用水，供水将主要用于发展城市、发展工业及保护生态与环境。例如，南水北调工程的供水原则就是以城市供水为主，兼顾生态及农业。跨流域调水是未来中国水利建设的一大特点。

渡槽是渠系水工建筑中应用最广的交叉建筑物之一，除在灌区用于输送渠水进行农田灌溉外，还用于输送城镇生活用水、工业用水。在一些跨流域调水工程中，考虑到水质保护的需要及便于运行管理，干渠（或总干渠）在穿越河流时均采取立体交叉形式，这必然需要修建各种形式的渡槽。中华人民共和国成立以后，随着农田灌溉及其他用水不断增长，特别是南水北调等重大跨区域调水工程的建设，渡槽结构由低架、小跨发展到高架、大跨、大流量（如图 1.1-1 所示的沙河渡槽），结构形式由梁式或拱式发展到连续刚构（如图 1.1-2 所示的徐家湾渡槽）等，截面形式由单箱发展到多箱（如图 1.1-3 所示的漕河渡槽等），跨越形式由正交发展到斜交（如图 1.1-4 所示的青兰渡槽）。最近 20 多年来，先进设计理论、新材料及新技术（如预应力）等的应用使渡槽在结构形式、施工技术等方面又有了进一步的发展。

图 1.1-1 沙河渡槽

图 1.1-2 徐家湾渡槽

图 1.1-3　漕河渡槽

图 1.1-4　青兰渡槽

1.2　通航渡槽

通航渡槽是为了使船舶跨越峡谷、河流或道路而架设的构筑物。当运河与天然河流、道路等相交，且运河的高程较高时，需要建造通航渡槽。另外，在升船机闸首与航道之间也可采用通航渡槽衔接。

通航渡槽由槽身和槽座两部分组成，一般采用钢结构或钢筋混凝土结构。槽身的横断面形状通常采用矩形断面，为便于与航道连接，当渡槽长度不大时，也有采用梯形断面的。槽身的断面尺度一般均按单线航道设计，当航运频繁时，以建造双线渡槽为宜。渡槽槽座是渡槽的承重结构，包括实体墩式和排架墩式，也有在墩间设置拱肋来支承渡槽的。槽座间距（渡槽的跨度）应根据地形、地质等自然条件和槽身的基本尺度等通过技术经济论证确定。

2003 年建成的德国马格德堡水桥（Magdeburg Water Bridge）是世界知名的通航渡槽，如图 1.2-1 所示，它连接着德国两条重要的航运运河——易北-哈维尔运河（Elbe-Havel Canal）和米德兰运河（Mittellandkanal），全长 918 m，主跨达 106 m（这曾是世界范围内通航渡槽的最大跨度），桥宽 34 m，最大水深为 4.25 m。

图 1.2-1 德国马格德堡水桥

2021 年投入运行的贵州构皮滩水电站通航工程（图 1.2-2）是目前世界上通航水头最高的通航建筑物，电站大坝上下游水位落差最大达 199 m，通航工程线路总长 2 306 m，由上下游引航道、三层垂直升船机和两级中间渠道组成，通航渡槽的最大墩高超过 100 m。

图 1.2-2　构皮滩水电站通航工程

1.3　引江济淮工程及其渡槽

引江济淮工程是我国继南水北调工程之后最大的跨流域、跨区域水资源配置工程，于 2022 年 12 月实现主体工程通水通航。该工程以城乡供水和发展江淮航运为主要任务，结合灌溉补水和改善巢湖及淮河水生态环境。工程自南向北分为引江济巢、江淮沟通、江水北送三段，输水线路总长 723 km，供水范围涵盖安徽省 12 市和河南省 2 市，共 55 个区县。引江济淮工程江淮沟通段的通航等级为Ⅱ级，具备通行 2 000 t 级船舶的能力。

淠河总干渠，位于安徽省，起点源自佛子岭、磨子潭、响洪甸三大水库，经罗管节制闸过青龙堰入肥西县境，全长 104.5 km，主要供给六安市建成区 30 多万人口和下游城市的生活及工业、商业用水。同时，淠河总干渠为Ⅵ级航道，具备通行 100 t 级船舶的能力。

引江济淮工程实施时，江淮沟通段线路开挖会截断现有淠河总干渠，因此需建一跨河建筑物，连通被江淮沟通渠道分开的淠河总干渠。为保证总干渠在施工期内正常通水，新建淠河总干渠渡槽采用截弯取直的方式，布置于原淠河总干渠河道的左岸北侧，如图 1.3-1 所示。立交处，淠河总干渠在上，引江济淮工程在下，渠底高差约 30 m。

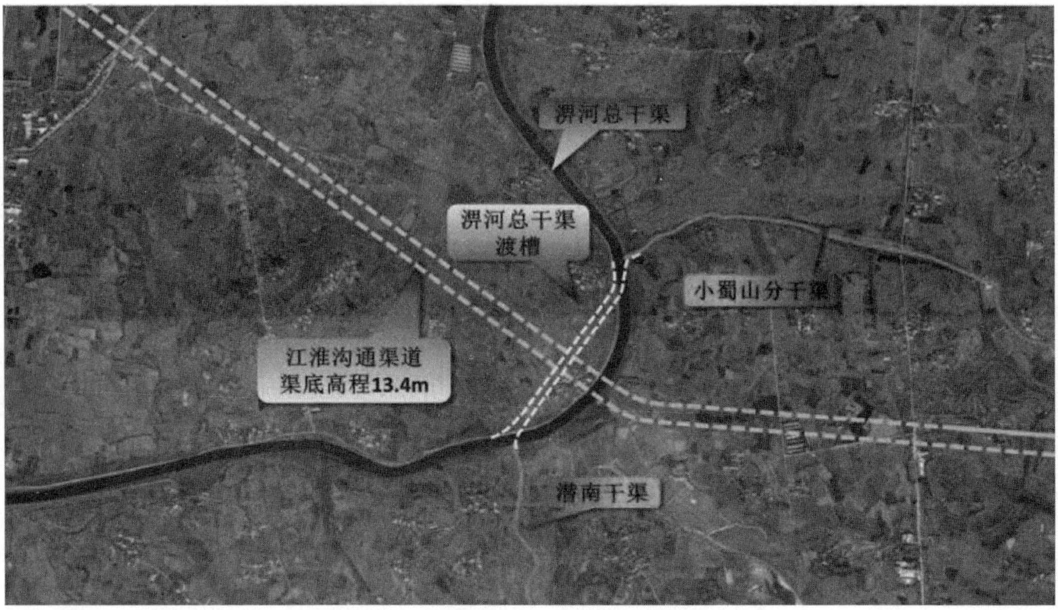

图 1.3-1 淠河总干渠渡槽项目地理位置

引江济淮工程的通航等级对新建淠河总干渠渡槽的跨度提出了较高的要求，传统的梁式、拱式渡槽均不能满足工程的实际要求，因此主桥采用了桁架式梁拱组合的新型钢结构体系。该结构为自平衡体系，拱肋产生的推力由主桁下弦杆平衡，不产生外部水平推力。同时，渡槽采用双槽方案，其中单槽设计净宽 16 m，槽间净距 10 m 。渡槽的主桥跨径布置为(68+110+68)m，两侧各设置 52 m 长混凝土槽形梁渡槽过渡段，渡槽全长 350 m。主桥在每个槽墩处的主桁架下均设置竖向刚性抗震支座，共 16 个。不同建设阶段的淠河总干渠渡槽如图 1.3-2 至图 1.3-4 所示。

图 1.3-2 建设中的淠河总干渠渡槽

图 1.3-3　已建成的淠河总干渠渡槽

图 1.3-4　通水通航的淠河总干渠渡槽

1.4 超大通航渡槽的抗震问题

作为水运立体交叉工程，淠河总干渠渡槽的上下河道均存在通航要求，这就对渡槽的跨度、流量均提出了非常高的要求，大大超过现有已建渡槽工程，该渡槽成为超大通航渡槽。该类型渡槽的最大特点是跨度和断面尺寸超大，国内外相关的参考实例和研究成果非常少，因此其特殊的荷载特性、结构受力机理、整体抗震性能等都需要开展专门研究。

淠河总干渠渡槽主跨跨径为 110 m，活载比例高，抗震要求高，结构形式构造新颖，国内建设经验匮乏。根据《中国地震动参数区划图》(GB 18306—2015)，工程区地震动峰值加速度为 0.10g(g 为重力加速度)，场地反应谱特征周期为 0.35 s。根据安全评估报告(以下简称“安评报告”)，工程区 50 年超越概率 10%的地震动峰值加速度为 0.123g，对应的地震烈度为Ⅶ级，该渡槽为Ⅰ级建筑物，其抗震设防要求更高，所以对结构选型及抗震性能进行研究是非常有必要的。

在引江济淮工程中，渡槽是一种重要的水工结构，其过水流量、水深及水荷载均很大，规模居于世界前列。淠河总干渠渡槽中的水体质量相当于结构质量的 2 倍左右，在地震激励下，槽内大质量水体的运动会对渡槽结构的动力特性及地震反应产生重要影响，所以流体的作用不可回避且是必须加以考虑的问题。渡槽体系震动时，流体会伴随结构的震动而产生晃动，反过来流体的存在及其本身的震动又会改变结构本身的自振频率等性质，所以渡槽的震动是一个较为复杂的流固耦合问题。

同时，渡槽承台和桩基的存在又使得渡槽的抗震存在结构-桩基-土体相互作用的问题。地震波由土体传播到桩基，再由承台进行放大的过程也比较复杂。所以渡槽的整体抗震是涉及结构、流体、岩土三个专业的复杂问题。然而，由于该类结构物的特殊性，无论是理论研究还是设计经验都严重缺乏，大型渡槽的设计面临众多挑战，特别是考虑流体与结构相互作用的抗震问题亟待解决。由于桥梁和渡槽在结构形式上具有很大的相似性，所以桥梁的抗震研究对渡槽而言具有很大的直接借鉴价值。但是，渡槽与桥梁相比，存在大质量的水体及薄壁槽身，在地震激励下，其动力特性较桥梁更为复杂，其横向抗震问题更为实际工程所关注。因此，针对该渡槽开展抗震性能专题研究具有现实意义。

第 2 章　渭河总干渠渡槽抗震性能分析

2.1　概述

针对渭河总干渠渡槽结构的抗震稳定性要求，重点考虑槽内水体与槽壁流固耦合作用等多因素影响下的渡槽结构的地震响应，从结构的应力、位移等方面对渡槽的抗震性能进行评价。具体的研究内容包括以下四个方面，重点研究部位如图 2.1-1 所示。

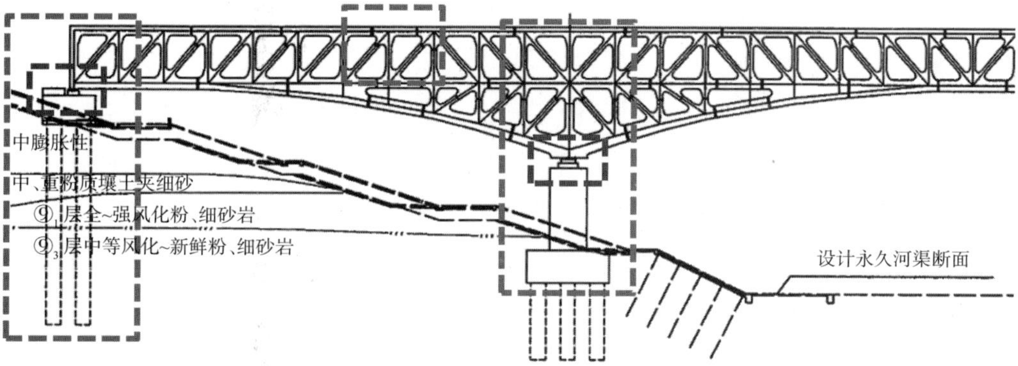

图 2.1-1　渡槽重点研究部位

1)桩基础地震响应分析

利用离心机物理模型试验研究渡槽桩基础的地震响应，研究考虑桩土相互作用条件下，桩基础在地震作用下的应力响应，研究地震荷载作用下桩基础的薄弱区域，分析桩基础可能的破坏区域和模式。

2)槽墩地震响应分析

基于有限元数值模拟，采用固定质量法对槽墩的地震响应进行分析，研究其抗震性能以及摩擦摆支座的减震效果。

3)渡槽上部结构地震响应分析

通过渡槽整体模型的常规振动台试验，模拟真实场地地震动作用条件下槽墩、摩擦摆支座、渡槽桁架及水体流固耦合等共同作用下渡槽结构的地震响应，通过分析杆件应力的变化，评价渡槽上部结构在地震作用下的抗震性能。

4)摩擦摆支座地震响应分析

通过渡槽整体模型的常规振动台试验,模拟真实场地地震动作用条件下槽墩、摩擦摆支座、渡槽桁架及水体流固耦合等共同作用下渡槽结构的地震响应,通过分析摩擦摆支座上下的加速度和位移响应,研究摩擦摆支座的隔震效果和抗震性能。

2.2 桩基础地震响应分析

2.2.1 研究目的和方法

在离心机振动台上建立土体-桩基-承台物理试验模型,利用离心机内应力场可以准确模拟桩、土之间的相互作用,获得桩基在地震作用下的位移和应力响应,分析其抗震薄弱区域及可能的破坏形式,并对其抗震性能进行评价。

2.2.2 离心试验原理及设备

2.2.2.1 离心试验原理

土是复杂的松散体系,对土的评价、土力学计算和理论研究,都要通过土工试验提供的必要数据和结论来进行分析。在室内制作符合现场比尺关系的模型,改变不同的外部条件,分析模型的稳定性是常用的物理模型试验手段。常规小比尺模型由于其自重产生的应力远低于原型,因而不能再现原型的特性,无法满足岩土工程中相应的比尺关系,所以试验结果难以和实际工程相符。为解决这个问题,一种方法是将模型置于超重力场中,使 $1/N$ 缩尺的模型在离心加速度为 Ng 的空间进行试验。由于惯性力与重力绝对等效,且高加速度不会改变工程材料的性质,模型与原型从而应力、应变相等,变形相似,破坏机理相同,能再现原型特性,这就是土工离心模型试验的原理。

2.2.2.2 相似准则

确定相似比尺是离心模型试验正确模拟原型的关键。确定的方法一般有两种,即依据控制方程进行量纲分析的方法和按力学相似规律的分析法。表 2.2-1 列出了常用的动力离心模型试验的相似比尺。

2.2.2.3 离心机及配套振动台试验设备

本试验使用的是交通运输部天津水运工程科学研究院的 TK-C500 大型土工离心机(图 2.2-1),该离心机是港口水工建筑技术国家工程实验室的一个重要支撑部分,于 2017 年投入使用,是目前国内最先进的离心机。

表 2.2-1 常用离心试验的基本相似比尺（模型和原型采用相同材料）

类型	物理量	相似关系	试验取值	类型	物理量	相似关系	试验取值
材料特性	弹性模量	S_E	1	动力特性	频率	$S_f=1/S_t$	N
	泊松比	S_υ	1		水平速度	$S_{vx}=S_x/S_t$	1
	密度	S_ρ	1		水平加速度	$S_{ax}=S_x/S_t^2$	N
几何特性	竖向长度	S_{ly}	$1/N$		重力加速度	S_g	N
	水平长度	S_{lx}	$1/N$	流体特性	水平流速	$S_{ux}=S_{lx}/S_t$	1
	角位移	S_θ	1		流量	$S_{Qx}=S_{ux}S_{lx}S_{ly}$	$1/N^2$
	线位移	$S_y=S_{ly}$ $S_x=S_{lx}$	$1/N$		水平压强	$S_p=S_\rho S_g S_{ly}$	1
	速度	$S_v=S_l/S_t$	1	受力	水平力	$S_{Fx}=S_p S_{lx} S_{ly}$	$1/N^2$
动力特性	质量	$S_m=S_\rho S_{ly} S_{lx}^{\ 2}$	$1/N^3$		竖向力	$S_{Fy}=S_p S_{lx}^{\ 2}$	$1/N^2$
	刚度	$S_k=S_{EI}/S_{ly}^{\ 3}$	$1/N$		集中力	$S_F=S_E S_l^2$	$1/N^2$
	阻尼	$S_c=S_m/S_t$	$1/N^2$		弯矩	$S_M=S_{Fx}S_{ly}$	$1/N^3$
	时间	$S_t=(S_m/S_k)^{0.5}$	$1/N$		扭矩	$S_{Mf}=S_{Fx}S_{lx}$	$1/N^3$

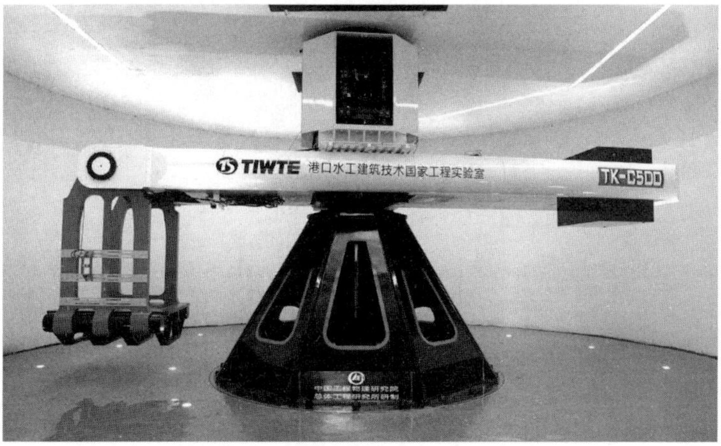

图 2.2-1 TK-C500 大型土工离心机

TK-C500 土工离心机的有效容量①达到 500g·t，最大加速度为 250g，最大转动半径为 5 m，吊篮设计空间为 1.4 m（长）× 1.5 m（宽）× 1.5 m（高），100g 下最大有效荷重为 5 t，250g 下最大有效荷重为 2 t，满足一般大型水工建筑物模型试验的要求，模型比尺大，试验接近原型的尺寸，试验精度高。主机采用单吊篮，不对称臂结构，在保证离心机满足开展水运工程土工结构离心模型试验研究要求的条件下可有效降低运转风阻，从而节省驱动功率。离心机设有自动平衡调节系统，在高加速度值的试验过程中可准确调节转臂两端平衡。设置视频监视系统及连锁保护装置，保证离心机

① 根据《土工离心模型试验技术规程》（DL/T 5102—2013）第 2.1.15 条，离心机容量为离心机的加速度与对应有效荷重乘积的最大值。

的工作安全。

TK-C500 土工离心机配置的振动台如图 2.2-2 所示，该振动台可在 100g 加速度下实现水平、垂直双向同时振动，水平、垂直加速度分别为 40g、20g，可以准确加载激振波形，包括正弦波、随机波、地震波、爆破冲击波等振动载荷，可准确模拟 8 级地震的影响。

图 2.2-2 离心机配套振动台

静态数据采集与处理系统由多个 IMP 数据采集模块、工业控制计算机及 Windows 下的数据采集与处理软件构成，共有 60 个通道，能完成包括土压力、水压力、位移、距离等物理量的自动采集，与系统相适应的有土压力、孔隙水压力、位移和电压输出的常规传感器及电压输出的激光传感器。其中 40 个通道可完成直流电压、电阻、温度（铂电阻）输入信号的测量，另外 20 个通道专门用于位移传感器输入电压信号的测量。

信号采集系统和数据处理系统为分布式结构。它由数据采集站和一台地面计算机及通信线路组成。数据采集模块安装在主机主轴上端的仪器舱内，静态信号经过放置在转臂上的不同信号调理器采集、放大后，分别传输至不同的数据采集站。数据采集站对被测信号进行预处理后，将其以数字信号的形式传送至地面计算机。地面计算机将数据采集站传送来的数据集中处理、显示、打印，或以文件形式存储在外部存储器上，还可以将系统的控制参数发送至数据采集站，以调整其工作状态。为减小离心机运行时所产生的离心力及大电流的高次谐波、强脉冲电源对系统的影响，不仅要对离心机上的采集模块采取加固措施，还要对测量系统的供电与电机驱动装置的供电进行隔离。

系统测量通道数较多，其数据量相当大，这就要求传输速度很快，采用专用 S-Net 网络传输数据，通过滑环进行数据传输的有线连接。这种方式实现简单，抗干扰能力强，能保证数据的实时传输。

2.2.3　试验模型设计

根据场地勘察及桩基设计资料，渡槽中墩的桩基及承台均位于中等风化至新鲜粉砂岩地层中；边墩桩基长度为 30 m，其中下部约 15 m 范围也位于中等风化至新鲜粉砂岩地层中，其余部分及承台位于重粉质壤土地层中。振动方向选取对桩基最不利的顺桥水平向。

根据试验目的，渡槽基础原型选取桩基及承台作为研究对象，根据离心机振动台台面尺寸（1.2 m × 1 m），综合确定本次试验的长度相似比尺为 1 : 100。根据既有剪切模型箱尺寸确定整体模型设计总体方案，如图 2.2-3 所示。

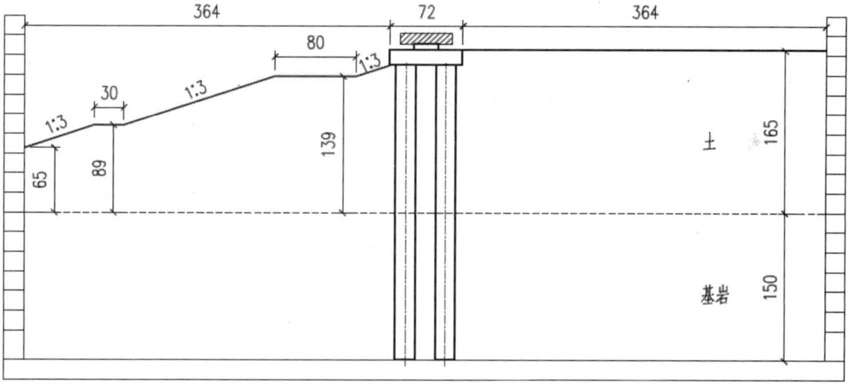

图 2.2-3　整体模型剖面图（单位：mm）

2.2.3.1　基岩模型

原型结构中边墩的桩基长度共 30 m，其中上部约 15 m 位于土层中，下部约 15 m 位于中微风化岩层中，试验中岩层中的桩基通常可简化为固定约束，本次试验为提高试验模拟的精度，采用石膏材料对基岩进行模拟。在地震响应分析中，岩体的弹性模量是主要的参数，根据相似比尺，石膏的弹性模量应与原型中的中微风化岩层的弹性模量保持一致，根据地勘报告，确定试验中石膏的弹性模量为 150 MPa。

为保证试验中石膏的弹性模量与原型场地一致，本次试验对石膏的不同配比进行了试块的弹性模量试验，最终确定模型石膏采用的水、石膏、砂的配比。在进行浇筑时，为提高石膏硬化的速度采用分层浇筑，分层厚度为 50 mm，间隔浇筑时间为 2 d，分层表面均进行刮毛处理，石膏模型高度共 150 mm。基岩模型的制备过程如图 2.2-4 所示。

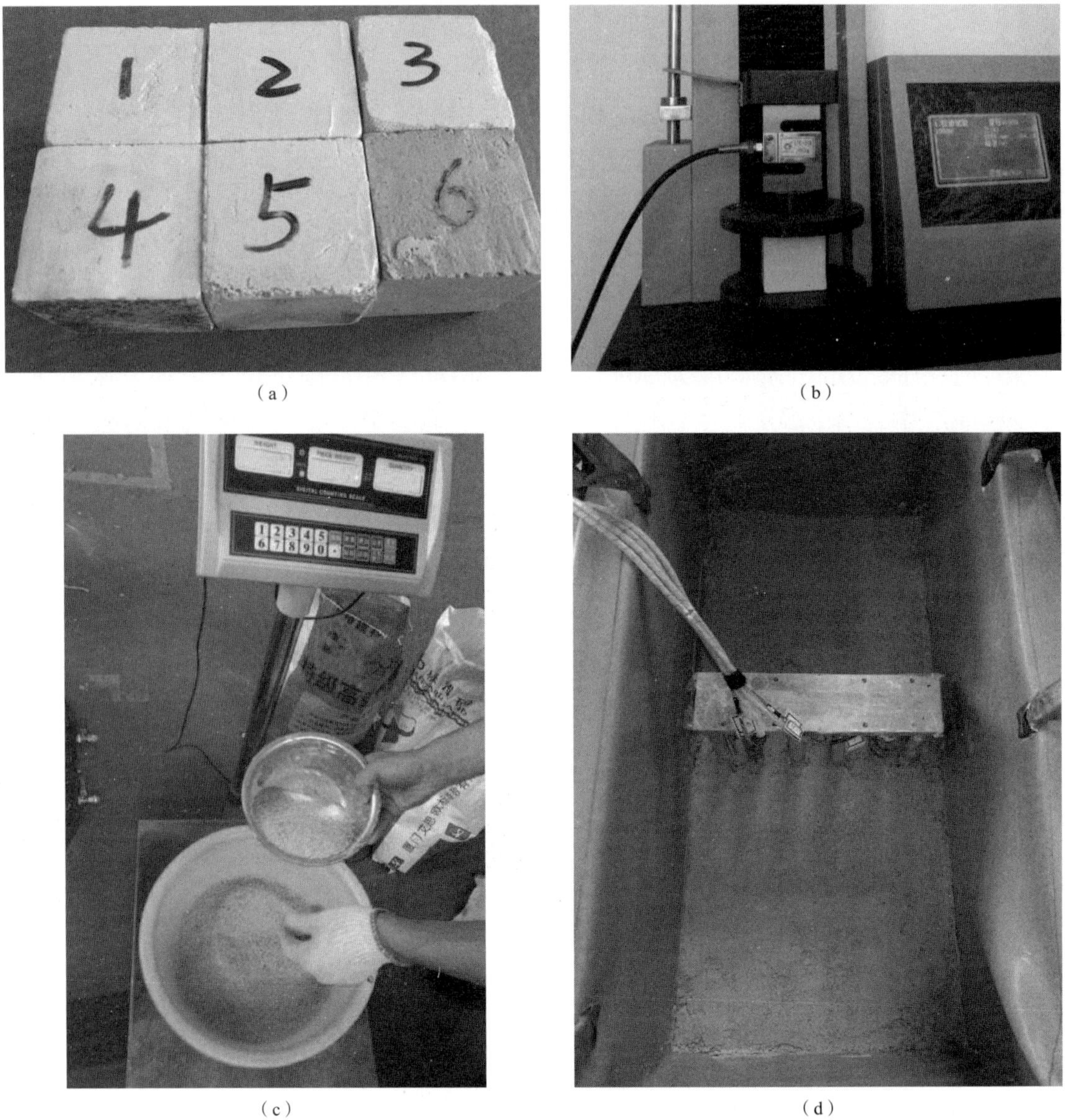

图 2.2-4　基岩模型制备过程

(a)石膏试块　(b)弹性模量试验机　(c)石膏配制　(d)浇筑

2.2.3.2　土体模型

试验所采用土体模型采用取自渡槽现场的重粉质壤土，现场取土应取具有代表性的土体，保证取样的均匀性，不能混杂有明显的其他土体。

室内试验前，取回的土样通过含水率及土样的干密度来控制，与现场土样保持一致。首先，将土样晒干并粉碎，按地勘报告中土体的含水率加水搅拌均匀；采用分层击实法制模，根据模型箱内土体的长、宽尺寸按现场密度称取 20 mm 厚度模型相应的质量，均匀铺满模型箱，击实至 20 mm 厚，再将击实面刮毛，然后进行下一层土的击实，直至模型坡顶高度；最后按预定的坡比削坡。试验土体的制作过程如图 2.2-5 所示。

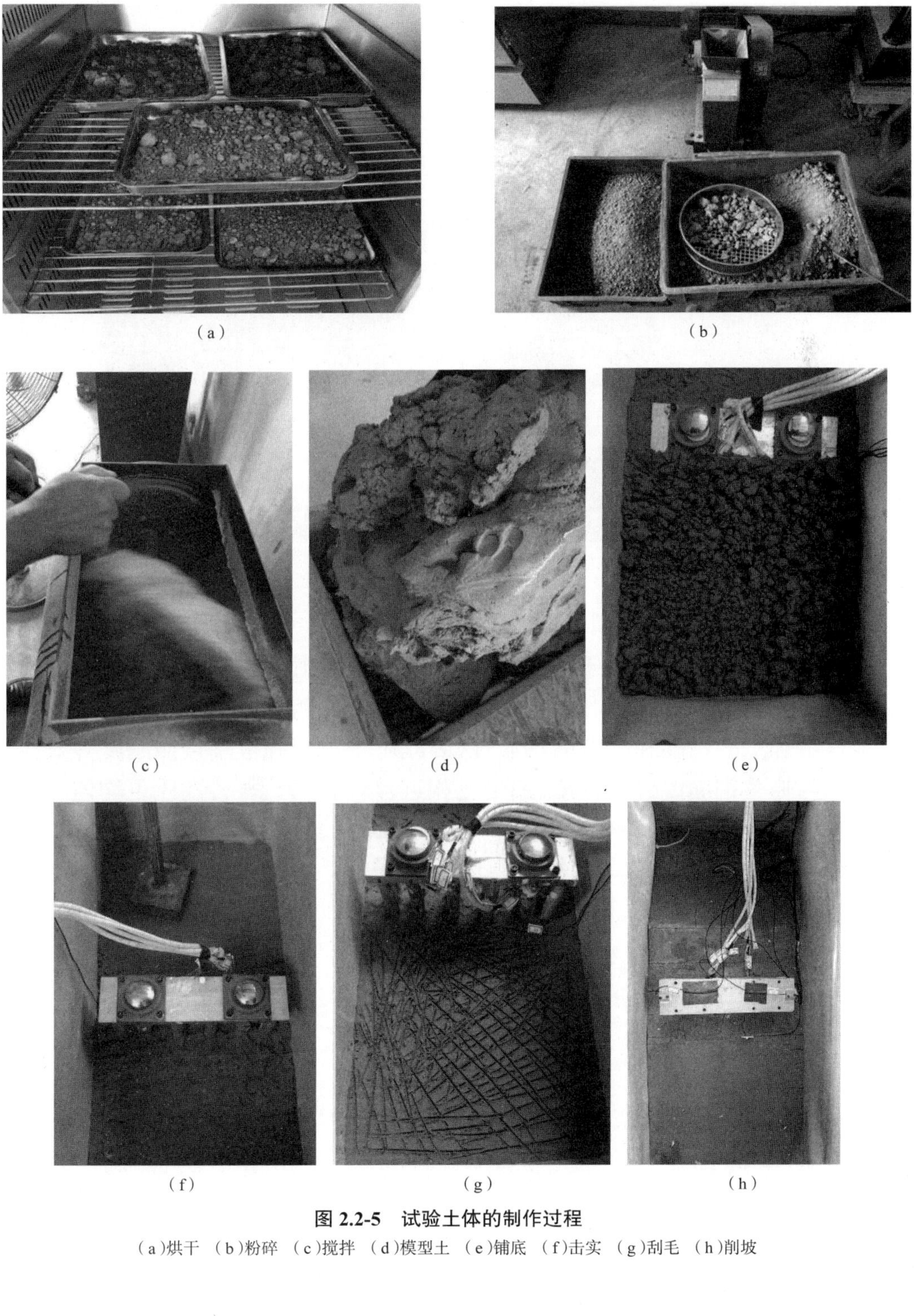

（a）（b）（c）（d）（e）（f）（g）（h）

图 2.2-5　试验土体的制作过程

（a）烘干　（b）粉碎　（c）搅拌　（d）模型土　（e）铺底　（f）击实　（g）刮毛　（h）削坡

为了减弱模型箱中的反射作用，将模型土置于剪切模型箱中，以减少模型箱边界效应的影响，如图 2.2-6 所示。

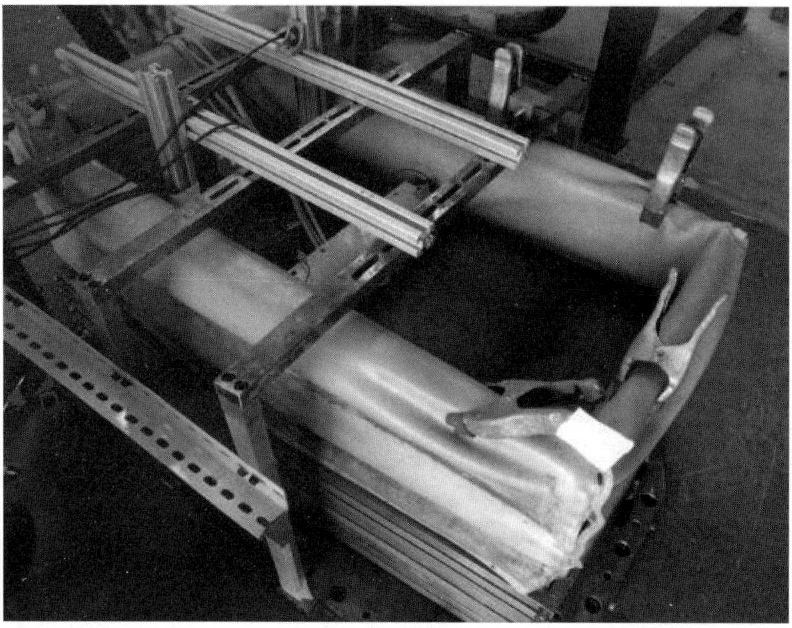

图 2.2-6　剪切模型箱

2.2.3.3　桩基及承台结构模型

根据试验相似原理的计算，桩基及承台模型应采用与原型材料一致的钢筋混凝土制成，在 1：100 的比尺条件下，桩基的直径只有 20 mm，采用钢筋混凝土材料加工不能保证加工的精度和材料的均质性，因此对于承台和桩基按照刚度等效的相似原则选取与原型钢筋混凝土密度、泊松比相近，结构更为紧密，性质更均匀的铝镁合金材料替代，根据拟采用的离心机加速度，通过比尺换算出承台及基础的模型尺寸。计算过程如下。

在桩基的各项物理力学参数中，影响渡槽水平地震响应量最显著的是桩基的抗弯刚度，因而必须保证模型水平抗弯刚度的等效性。根据模型相似性的推导可知，模型抗弯刚度等效公式为

$$\frac{E_P I_P}{E_M I_M} = N^4 \tag{2.2-1}$$

式中：E 为弹性模量；I 为截面惯性矩；下标 P 表示原型；下标 M 表示模型；N 为相似比。桩基原型材料为 C30 混凝土，弹性模量为 30 GPa，铝镁合金弹性模量为 40 GPa，相似比 N 为 100。经计算最终确定铝合金模型桩基的直径为 20 mm，壁厚为 1.7 mm，单根长 300 mm。

在渡槽整体模型中，承台主要对桩顶进行约束，其抗弯刚度远大于桩基，在地震响应时可以忽略其影响；承台的体积和质量较大，对水平地震响应的影响较大，因此按照质量相似对其进行模型设计。考虑与桩基模型进行连接，承台模型材料也采用铝合金，整体质量在进行缩尺计算时，同时考虑摩擦摆支座模型的下盘质量，最终确定承台的模型尺寸为 280 mm × 72 mm × 15 mm。承台及桩基模型尺寸及模型加工如图 2.2-7 至图 2.2-9 所示。

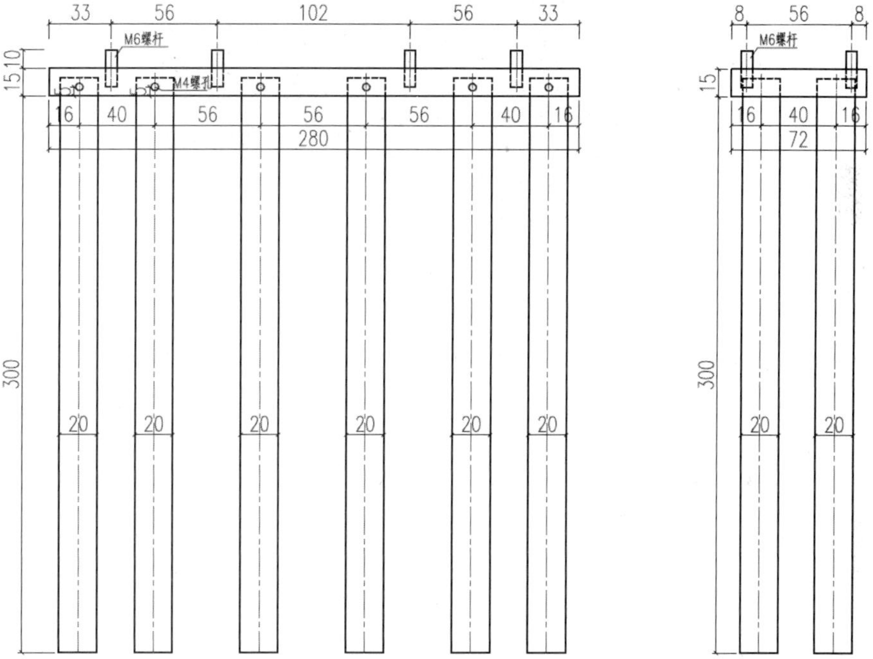

图 2.2-7　承台及桩基立面及侧视图(单位:mm)

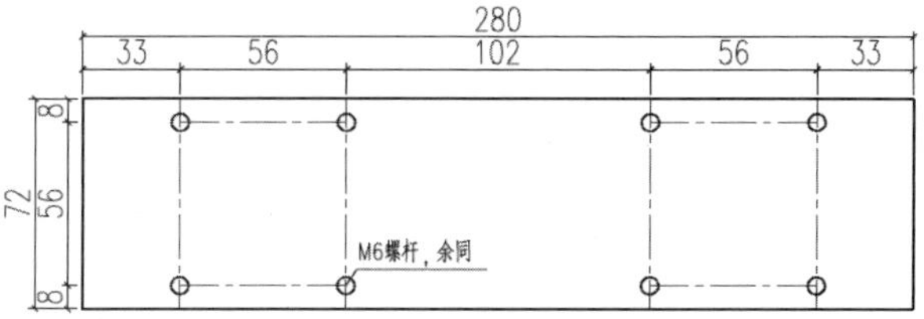

图 2.2-8　承台顶平面图(单位:mm)

图 2.2-9　桩基及承台模型

2.2.3.4　摩擦摆支座模型

以保证隔震前后结构周期和刚度满足相似关系为原则，对渡槽工程所采用的支座进行 1∶100 缩尺，原型及模型支座的参数如表 2.2-2 所示，按模型参数对摩擦摆支座进行定制加工。

表 2.2-2　摩擦摆支座原型及模型参数

物理量	原型参数	模型参数
半径/mm	4 000	40
设计位移/mm	100	1.0
上部质量块的质量/kg	2×10^6	2

按设计尺寸对模型进行加工，设计图及加工完成的摩擦摆支座如图 2.2-10 和图 2.2-11 所示。

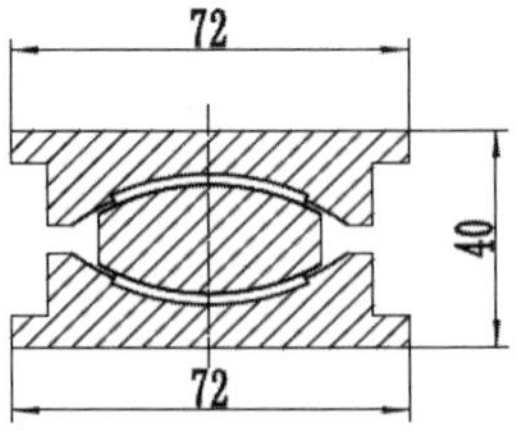

图 2.2-10　摩擦摆支座模型设计图(单位:mm)

图 2.2-11　摩擦摆支座模型

2.2.3.5　墩顶质量

承台顶附加质量是影响承台下部桩基抗震性能的重要因素，边墩支座上部的等效质量主要由以下三部分组成。

1）钢渡槽质量

根据《引江济淮工程（安徽段）淠河总干渠渡槽（68+110+68）m 钢桁架计算书》，恒荷载作用下各个支座的反力如图 2.2-12 所示，其中边墩的反力约为 6 157 kN，换算成附加质量约为 628 t。

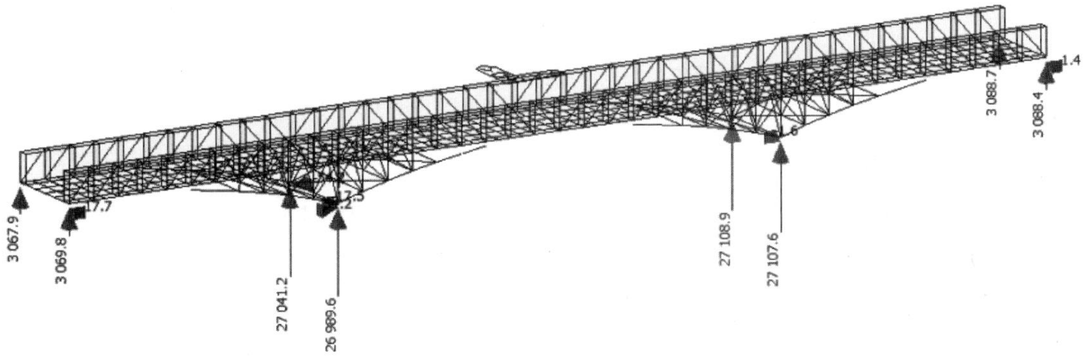

图 2.2-12　恒荷载作用下反力图（单位：kN）

2）混凝土渡槽质量

根据设计方案，边墩承台共设有 4 个支座，分别支撑钢渡槽主体和进出口的混凝土渡槽。根据淠河总干渠渡槽进、出口混凝土渡槽结构设计图（图 2.2-13），可以计算出混凝土渡槽每节（长度为 13 m）的质量约为 2 142 t，考虑混凝土渡槽段衔接处基础采用的是钻孔灌注桩，按简支梁考虑，则混凝土渡槽作用于边墩承台支座上的附加质量约为 1 071 t。

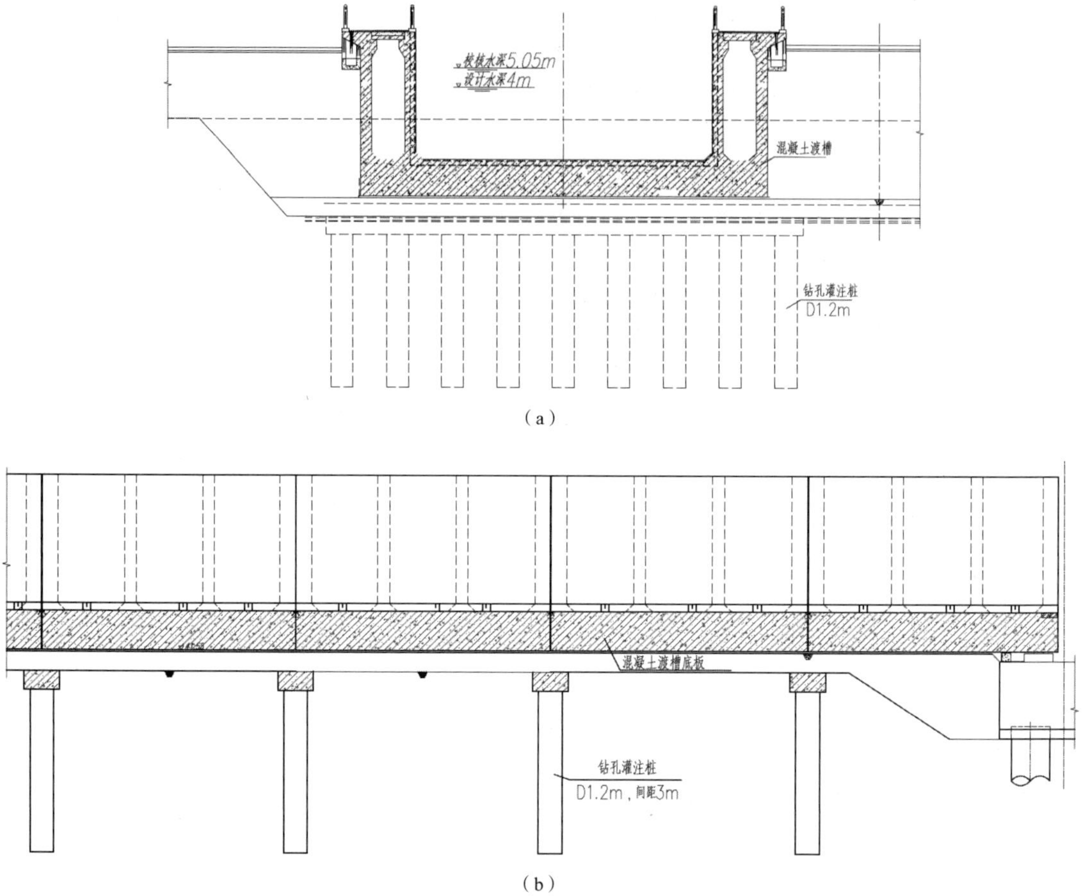

图 2.2-13 混凝土渡槽结构设计图

(a)横断面 (b)纵断面

3)槽内水体质量

槽内水体质量包括钢渡槽和混凝土渡槽两部分，钢渡槽内水体按三跨连续梁计算，混凝土渡槽按两端简支梁计算，得到满水工况下边墩支座上部水体的附加质量为 2 208 t。

综合考虑以上三部分，得到边墩承台支座上部附加质量为 3 907 t，在 1∶100 比尺条件下模型质量块的质量为 3.907 kg。

2.2.4 地震动输入

渡槽边墩的桩基为嵌岩桩，因此在对其进行地震响应分析时，应输入基岩地震动；试验模型中考虑了 15 m 深度的基岩，因此应输入该深度处的基岩地震动。由于安评报告中的基岩地震动为基岩表面的地震动，首先利用一维土层地震反应分析软件 SHAKE91 对地震波进行反演，得到基岩面以下 15 m 处的地震动，将其作为振动台试验中的原始地震动。

选取安评报告中 E1 和 E2 地震作用下各 3 条基岩地震波进行计算，得到基岩面以下 15 m 深处的地震作用，如图 2.2-14 和图 2.2-15 所示。

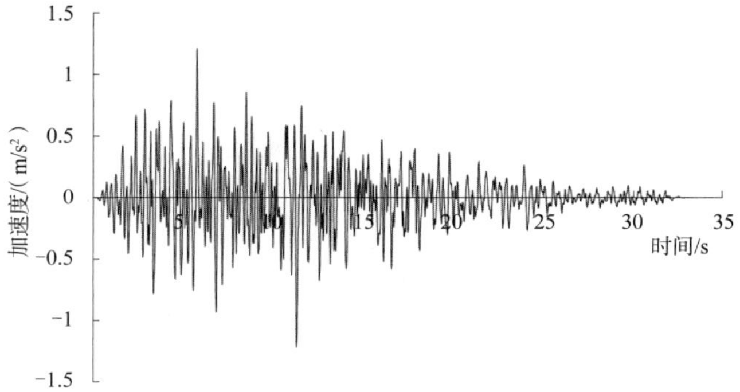

(a)

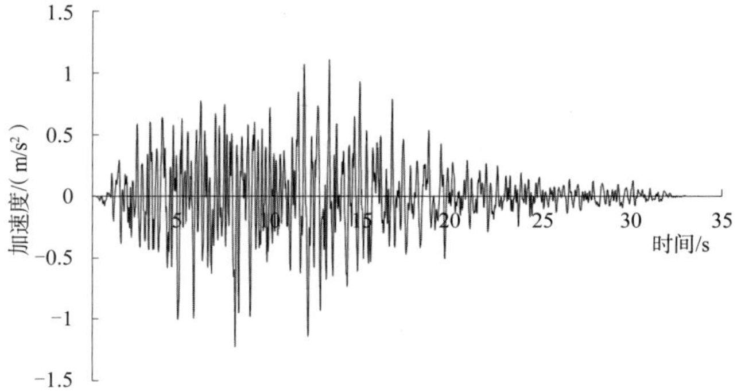

(b)

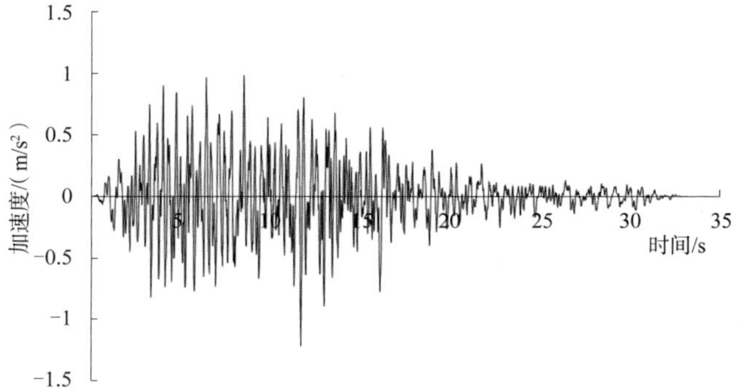

(c)

图 2.2-14　渡槽场地基岩面以下 15 m 深处 E1 地震作用

(a)E1-1　(b)E1-2　(c)E1-3

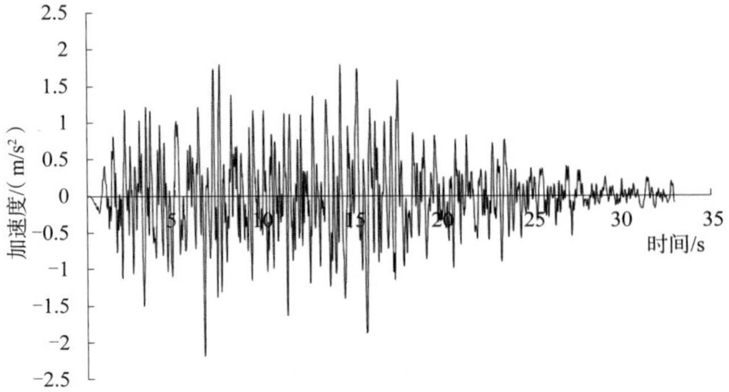

(a)

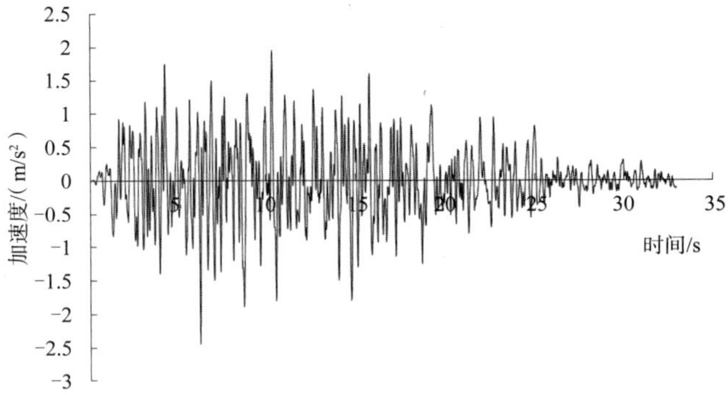

(b)

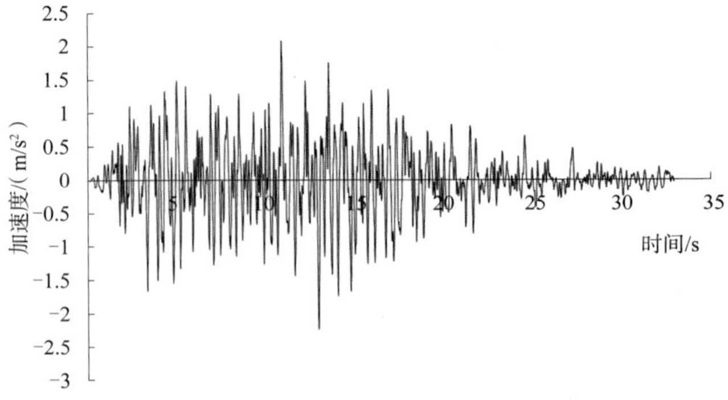

(c)

图 2.2-15 渡槽场地基岩面以下 15 m 深处 E2 地震作用

(a)E2-1 (b)E2-2 (c)E2-3

2.2.5 监测方案

2.2.5.1 桩身弯矩监测

为对桩基在地震作用下的响应进行分析,选取边墩承台下 4 处典型位置的桩在试验过程中进行监测，监测断面和测点布置如图 2.2-16 和图 2.2-17 所示。重粉质壤土层中桩身长度约为 150 mm，等距离分布 5 个测点，共计 20 个测点，每个测点布置一个全桥即由 4 个应变片组成，实现对弯矩的测量。贴应变片前在模型桩上涂抹绝缘胶水防止形成通路，按图 2.2-18 粘贴应变片并焊好接线端子后，在模型桩表面涂 2~3 层环氧树脂，最后进行表面粗糙处理。

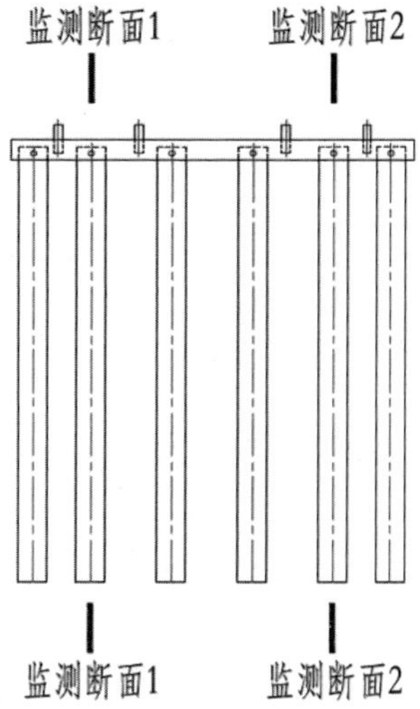

图 2.2-16　监测断面布置

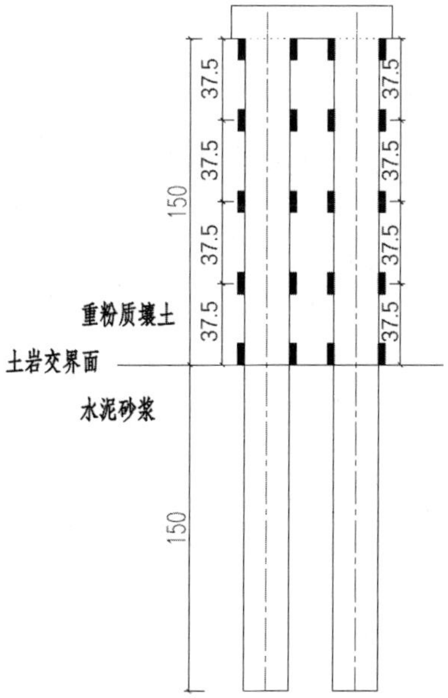

图 2.2-17　桩身弯矩监测断面测点布置(单位:mm)

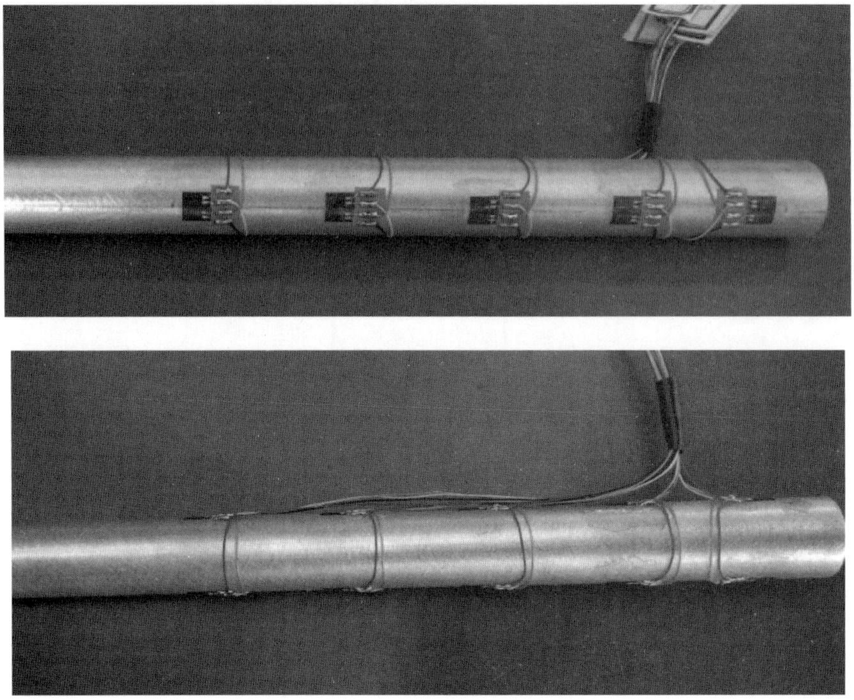

图 2.2-18 桩身应变片粘贴

为方便对桩身弯矩进行测量，预先对每处测点的弯矩与应变片的电压关系进行标定，后期可通过电压变化量直接计算得到弯矩值，桩身弯矩标定如图 2.2-19 所示。

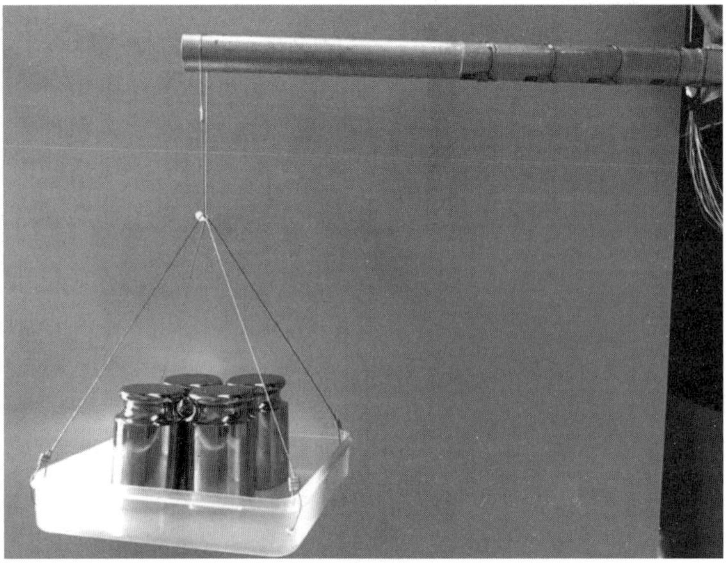

图 2.2-19 桩身弯矩标定

2.2.5.2　加速度和位移监测

为了得到承台及渡槽在地震作用下的加速度和位移响应，在承台和质量块上分别布置加速度和激光位移传感器，测点布置如图 2.2-20 和图 2.2-21 所示。

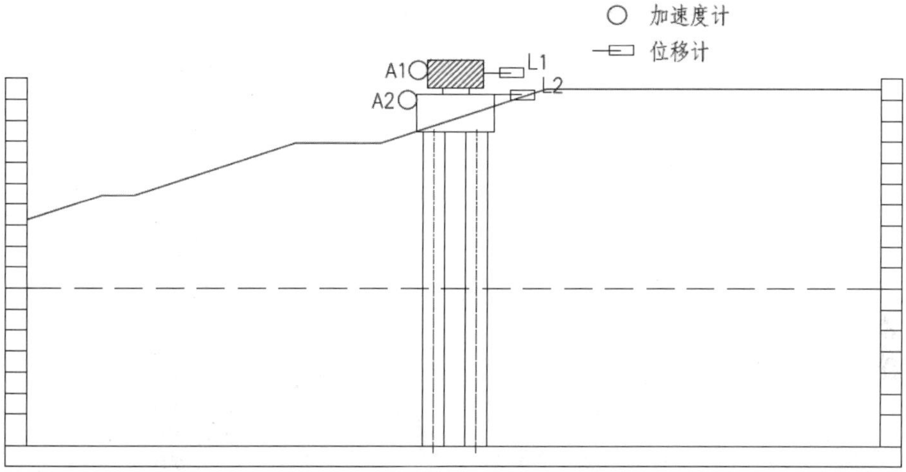

图 2.2-20　加速度及位移监测方案

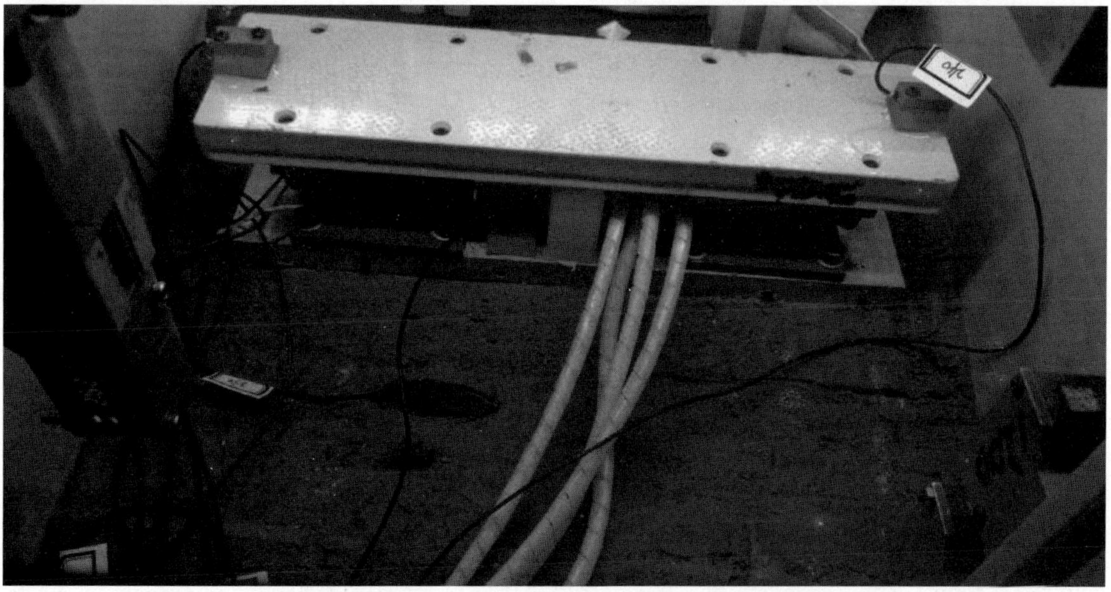

图 2.2-21　加速度及激光位移传感器布置

2.2.6　试验过程

（1）根据模型设计方案加工桩基及承台模型、摩擦摆支座模型等。

（2）对模型桩基进行应变片的粘贴和弯矩标定，完成与承台的装配。

（3）通过配合比试验，确定石膏配比，在剪切箱内安装桩基模型后进行石膏的分层浇筑和养护。

（4）对现场取回的试验土样进行处理后分层制模。

（5）承台顶部安装摩擦摆支座及上部质量块。

（6）将模型箱吊入离心机振动台并放置妥当，安装加载传感器、摄像机、LED（发光二极管）照明灯及其他附属配件。

（7）完成接线及传感器清零工作，启动离心机开始试验，以 20*g* 为一级，分级加载至 100*g*，每级加载均使地表沉降达到稳定状态。

（8）按照地震动峰值加速度从小到大的原则，加载地震动，采集和保存数据。

（9）完成所有振动工况后，停机将模型箱吊出，完成试验。

试验过程的部分照片如图 2.2-22 至图 2.2-25 所示。

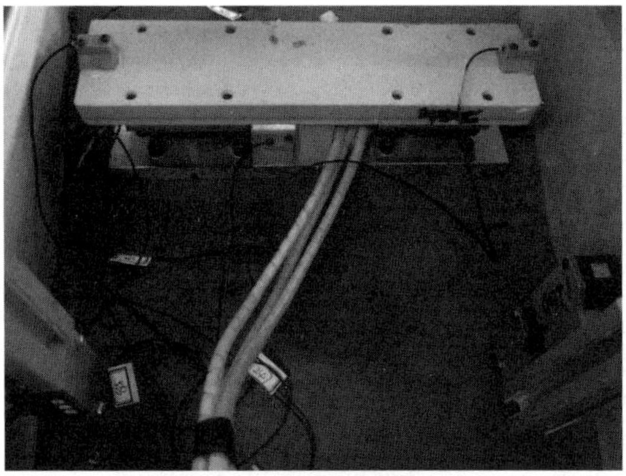

图 2.2-22　模型制作

图 2.2-23　传感器安装

图 2.2-24　在离心机振动台内安装模型

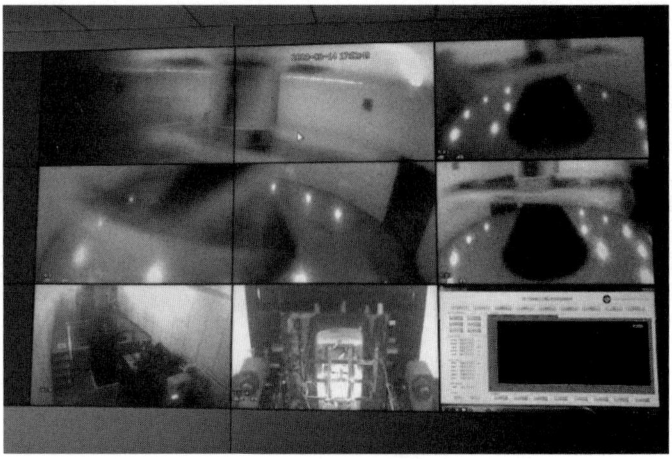

图 2.2-25　离心试验

2.2.7　试验数据分析

2.2.7.1　E1 地震作用

1）桩身弯矩

通过模型桩身应变片测量，得到原型桩在地震作用下不同埋深处的弯矩，如表 2.2-3 所示。

表 2.2-3　E1 地震作用下的桩身弯矩　　单位：kN·m

地震工况	桩基编号	不同埋深下的桩身弯矩				
		0 m	3.75 m	7.5 m	11.25 m	15 m
E1-1	1 号桩	—	4 149	0	2 418	4 225
	2 号桩	—	3 157	1 507	2 366	—
	3 号桩	5 810	2 094	1 132	1 022	3 673
	4 号桩	—	2 252	2 660	—	—
E1-2	1 号桩	—	3 307	—	2 126	3 987
	2 号桩	—	2 874	1 284	2 210	—
	3 号桩	5 117	1 600	1 073	697	3 690
	4 号桩	—	1 907	1 610	—	—
E1-3	1 号桩	—	3 037	—	1 974	3 882
	2 号桩	—	2 807	1 329	2 075	—
	3 号桩	5 805	1 553	1 075	1 324	3 649
	4 号桩	—	2 333	1 958	—	—
最大弯矩		5 810	4 149	2 660	2 418	4 225

选取 3 号桩作为典型桩，不同地震动作用下的桩身弯矩分布如图 2.2-26 所示。

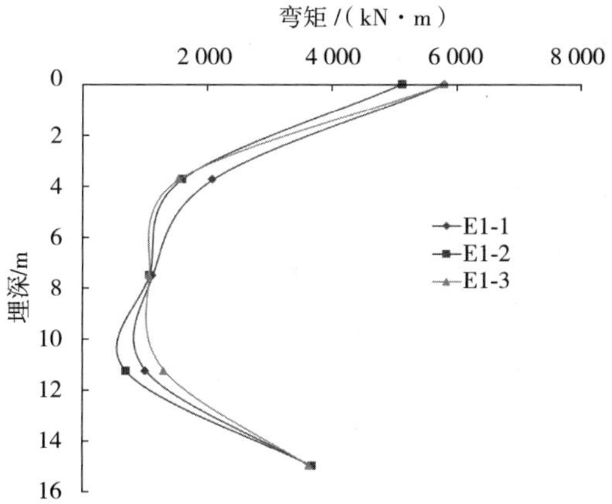

图 2.2-26　E1 地震作用下的典型桩身弯矩分布

从表 2.2-3 和图 2.2-26 可以看出，E1 地震作用下，桩身弯矩随着埋深的增大表现出先减小后增大的趋势，桩基与承台交接处、岩土分界面处桩身弯矩值较大，这主要是由这两个位置的约束条件造成的，这两个位置是地震过程中最先可能发生破坏的位置。

根据设计资料，桩基直径为 2 000 mm，主筋采用三级钢，直径为 32 mm，螺旋箍筋采用一级钢，直径为 12 mm，按最不利轴力计算，只考虑恒荷载作用时，计算得到桩基在最外层钢筋发生首次屈服时对应的初始屈服弯矩 M_y 为 13 582 kN·m，通过与试验得到的桩身最大弯矩值进行比较，可以看出 E1 地震作用下，桩身处于弹性阶段，满足抗震要求。

2）加速度

利用加速度传感器，测得在 E1-1 地震作用下不同位置处的加速度时程曲线（图 2.2-27）。

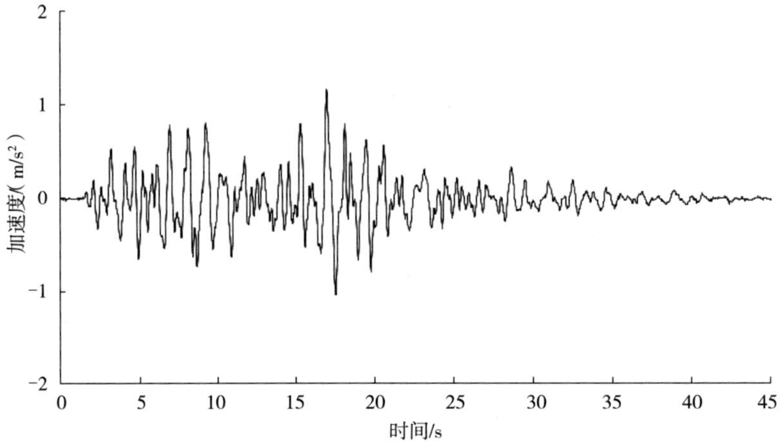

（a）

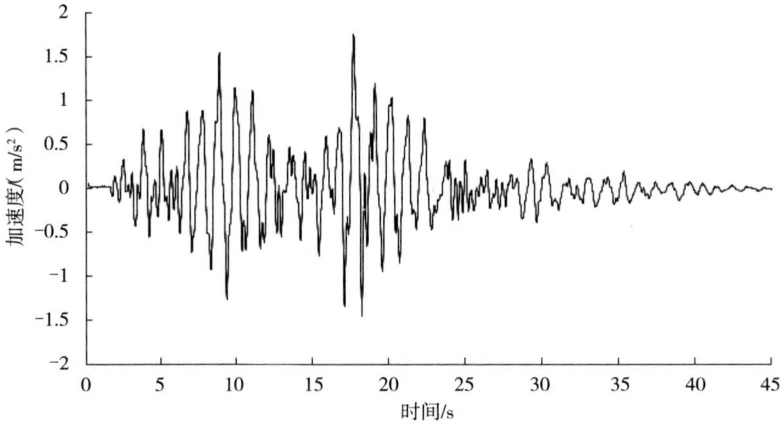

（b）

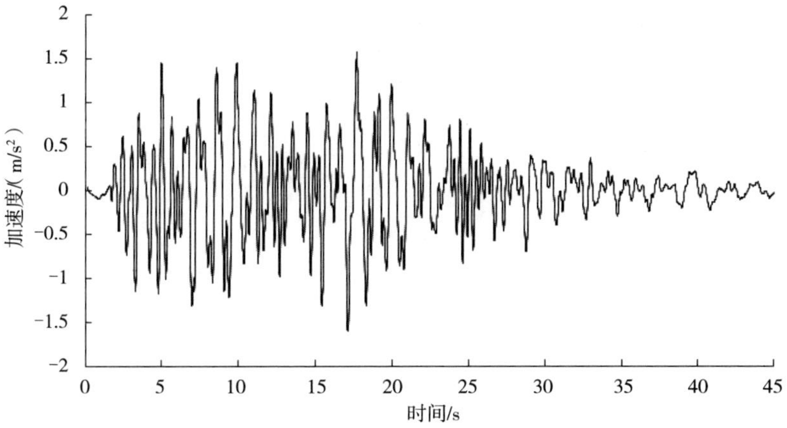

(c)

图 2.2-27　E1-1 作用下各处的加速度时程曲线

(a)岩土分界面　(b)承台　(c)支座上部质量块

从图 2.2-27 可以看出，地震波在从岩土分界面向上部承台传播的过程中，地震动峰值加速度由 1.16 m/s² 增大到 1.75 m/s²，表明基础对地震加速度有放大效应；承台地震动峰值加速度在经过支座后，传递到上部质量块的地震动峰值加速度由 1.75 m/s² 减小到 1.60 m/s²，表明支座起到了一定的减震作用。E1 地震作用下其他工况的加速度时程不再列出。

定义承台处的地震动峰值加速度与岩土分界面处的地震动峰值加速度的比值为基础放大系数，定义支座上部质量块处的地震动峰值加速度与承台处的地震动峰值加速度的比值为支座隔震系数，得到不同工况下的加速度放大系数，如表 2.2-4 所示。

表 2.2-4　E1 地震作用下的加速度放大系数

地震工况	基础放大系数	支座隔震系数
E1-1	1.51	0.91
E1-2	1.45	1.09
E1-3	1.54	0.88

从表 2.2-4 可以看出，在不同 E1 地震作用下，基础放大系数差别不大，但摩擦摆支座的隔震系数有一定的差异，其中 E1-1、E1-3 地震波表现为减隔震作用，E1-2 地震波表现为放大作用，这可能是由测量误差或支座滑动过程中摩擦系数突变造成的。

3)结构位移

通过激光位移传感器测得边墩承台及上部结构的位移情况，如图 2.2-28 所示。

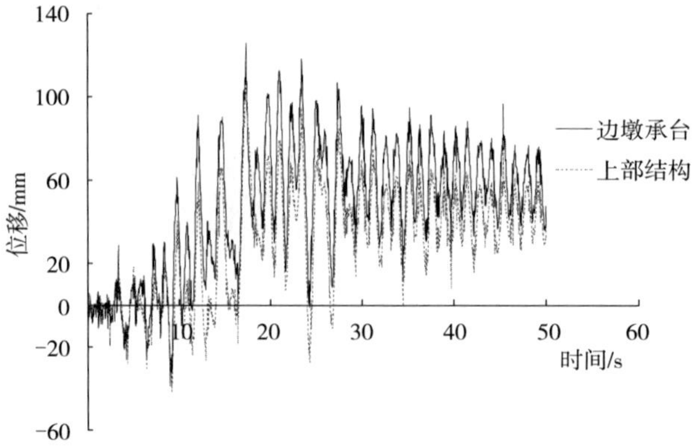

（a）

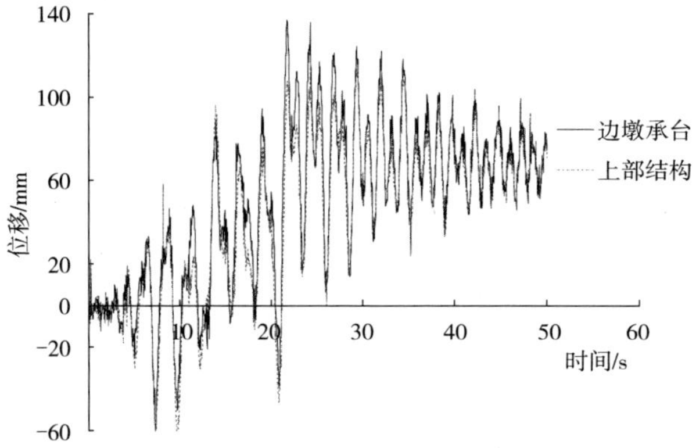

（b）

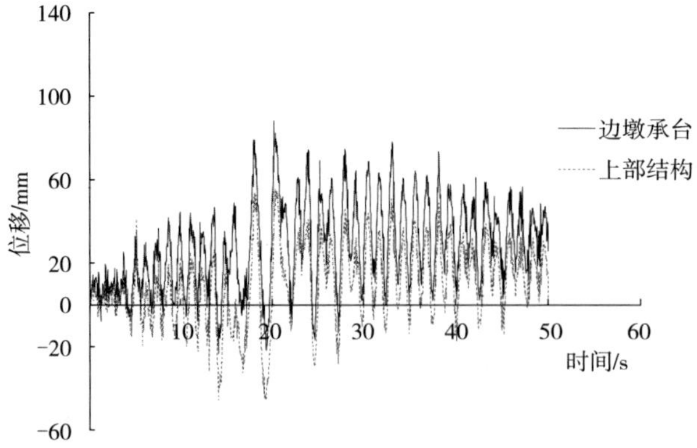

（c）

图 2.2-28　E1 地震作用下边墩承台及上部结构的位移时程

（a）E1-1　（b）E1-2　（c）E1-3

从图 2.2-28 可以看出，E1 地震作用下，边墩承台和上部结构都产生了一定的振动位移，两个位置的位移时程曲线形状大致相似，但振动幅值有所差异，其中 E1-2 作用下边墩承台最大位移量约为 137 mm，上部结构最大位移量约为 117 mm，在绝大部分的运动周期内上部结构的幅值均小于边墩承台。

地震动结束后，边墩承台和上部结构均产生了一定的残余位移，最大值约为 65 mm。这是由于，地震荷载作用下，土体的剪切强度有所降低，土体在坡顶附加荷载的作用下，对边墩桩基及承台形成沿坡面向下的下滑力。

E1 地震作用下，上部结构与边墩承台之间的相对位移时程，即支座上下的相对位移时程，如图 2.2-29 所示。

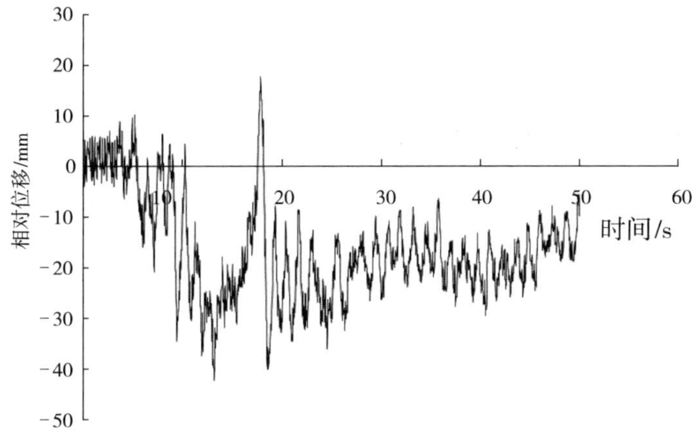

（a）

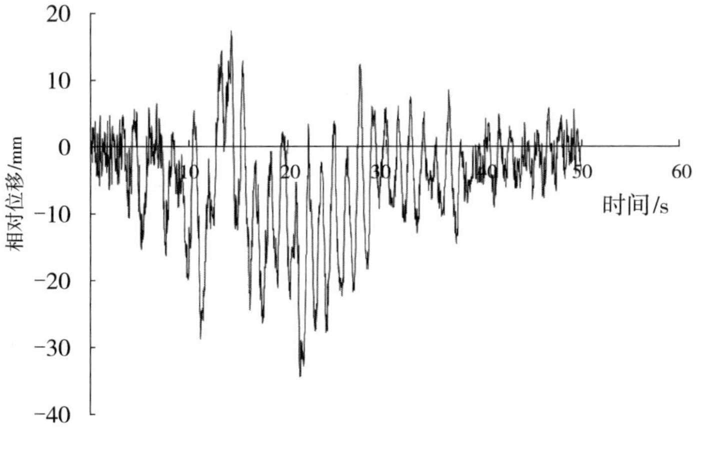

（b）

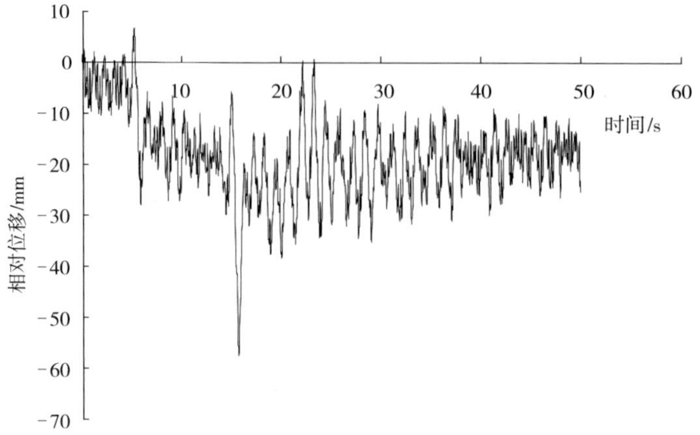

（c）

图 2.2-29 E1 地震作用下支座上下的相对位移时程

（a）E1-1 （b）E1-2 （c）E1-3

从图 2.2-29 可以看出，在振动试验过程中支座上盘与下盘之间发生了明显的相对滑动，E1-3 作用下最大相对位移达到了 57 mm，起到了明显的隔震作用；在振动试验结束后，相对位移量较小，最小值接近于 0，最大值约为 20 mm，体现出摩擦摆支座在地震过程中良好的自复位性能。

根据安评报告中的 E1 地震作用，本组试验共进行了 3 个工况下的振动台试验，支座上下的相对位移最大值如表 2.2-5 所示。

表 2.2-5 E1 地震作用下支座的相对位移

地震工况	支座最大相对位移/mm
E1-1	34
E1-2	42
E1-3	57

从表 2.2-5 可以看出，在 E1 地震作用下，支座发生的最大相对位移为 57 mm，小于边墩摩擦摆支座的设计抗震位移量 100 mm，因此摩擦摆支座在抗震位移方面能够满足渡槽工程场地的抗震要求。

2.2.7.2 E2 地震作用

1）桩身弯矩

通过模型桩身应变片测量，得到原型桩在地震作用下不同埋深处的弯矩，如表 2.2-6 所示。

表 2.2-6　E2 地震作用下的桩身弯矩　单位:kN·m

地震工况	桩基编号	不同埋深下的桩身弯矩				
		0 m	3.75 m	7.5 m	11.25 m	15 m
E2-1	1 号桩	—	8 943	—	3 446	7 059
	2 号桩	—	4 651	3 439	3 484	—
	3 号桩	9 105	3 544	1 851	3 689	6 274
	4 号桩	—	5 059	3 259	—	—
E2-2	1 号桩	7 103	6 520	—	3 635	7 134
	2 号桩	—	4 650	2 935	3 268	—
	3 号桩	8 677	3 317	1 439	3 623	6 266
	4 号桩	—	5 453	2 881	—	—
E2-3	1 号桩	7 480	6 372	—	3 909	6 538
	2 号桩	—	4 546	3 336	3 393	—
	3 号桩	8 219	3 142	1 824	3 172	5 651
	4 号桩	—	4 880	2 445	—	—
最大弯矩		9 105	8 943	3 439	3 909	7 134

选取 3 号桩作为典型桩,不同地震动作用下的桩身弯矩分布如图 2.2-30 所示。

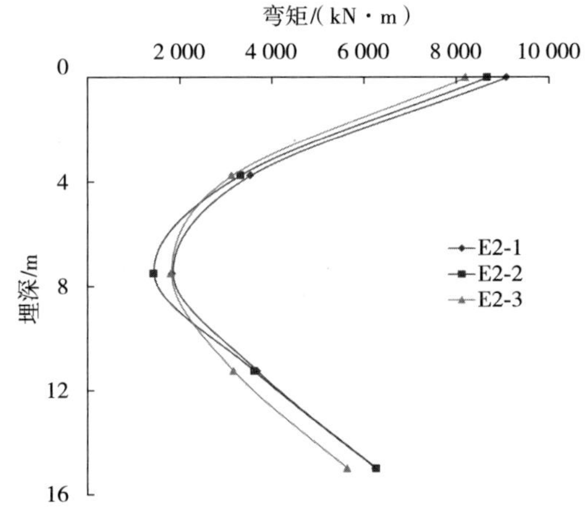

图 2.2-30　E2 地震作用下的典型桩身弯矩分布

从表 2.2-6 和图 2.2-30 可以看出,与 E1 地震作用下的规律相同, E2 地震作用下的桩身弯矩随着埋深的增大也表现出先减小后增大的趋势,桩基与承台交接处、岩土分界面处桩身弯矩值较大,这主要是由这两个位置的约束条件造成的,这两个位置是地震过程中最先可能发生破坏的位置。

根据设计资料，桩基直径为 2 000 mm，主筋采用三级钢，直径为 32 mm，螺旋箍筋采用一级钢，直径为 12 mm，按最不利轴力计算，只考虑恒荷载作用时，计算得到桩基极限弯矩 M_u 为 19 662 kN · m，通过与试验得到的桩身最大弯矩值进行比较，可以看出 E2 地震作用下，桩身未进入极限屈服状态，满足抗震要求。

2）加速度

利用加速度传感器，测得在 E2-1 地震作用下不同位置处的加速度时程曲线（图 2.2-31）。

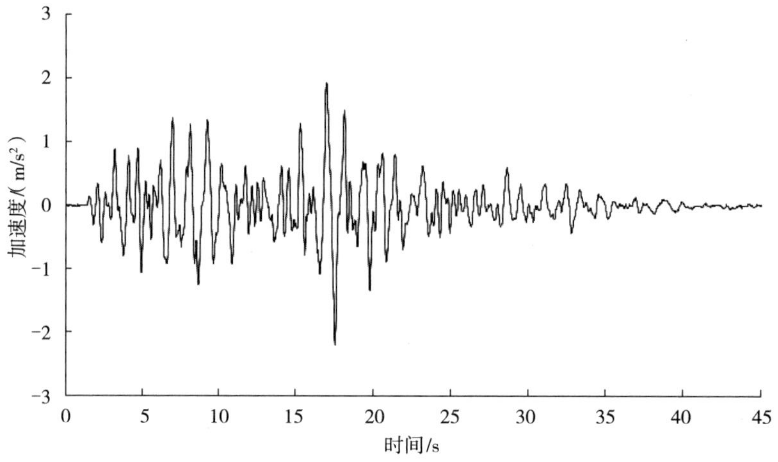

（a）

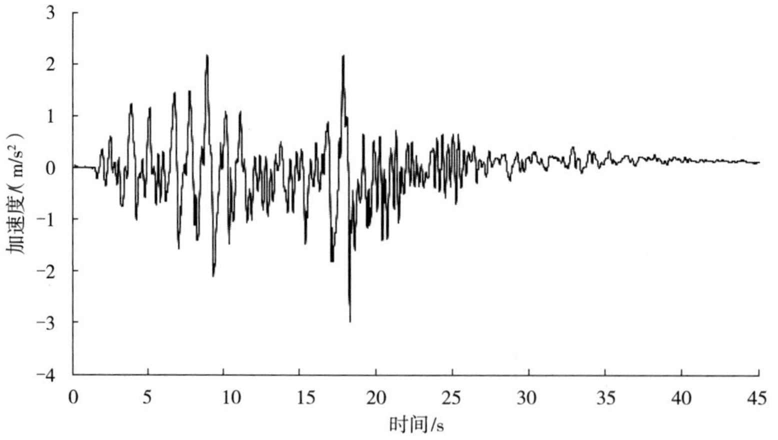

（b）

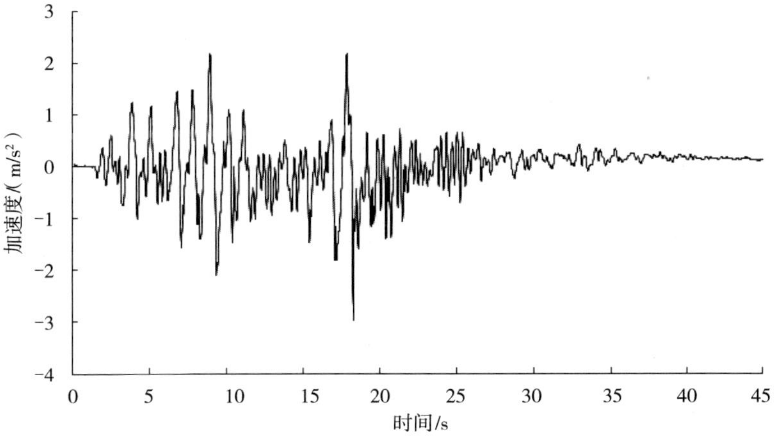

(c)

图 2.2-31　E2-1 作用下各处的加速度时程曲线

(a)岩土分界面　(b)承台　(c)支座上部质量块

从图 2.2-31 可以看出,地震波在从岩土分界面向上部承台传播的过程中,地震动峰值加速度由 2.19 m/s² 增大到 2.97 m/s²,表明基础对地震加速度有放大效应;地震波从承台经支座传递到上部质量块处,地震动峰值加速度由 2.97 m/s² 减小到 1.66 m/s²,表明支座起到了较为明显的减震作用。E2 地震作用下其他工况的加速度时程不再列出。

基础放大系数与支座隔震系数的定义与 2.2.7.1 节中相同。不同工况下的加速度放大系数如表 2.2-7 所示。

表 2.2-7　加速度放大系数

地震工况	基础放大系数	支座隔震系数
E2-1	1.36	0.56
E2-2	1.38	0.63
E2-3	1.40	0.48

通过比较 E1 与 E2 地震作用下的基础放大系数和支座隔震系数可以看出,随着地震动强度的增大,基础放大系数有一定程度的降低,摩擦摆支座的隔震系数有较大幅度的降低,即隔震效果越来越明显。

3)结构位移

通过激光位移传感器测得边墩承台及上部结构的位移情况,如图 2.2-32 所示。

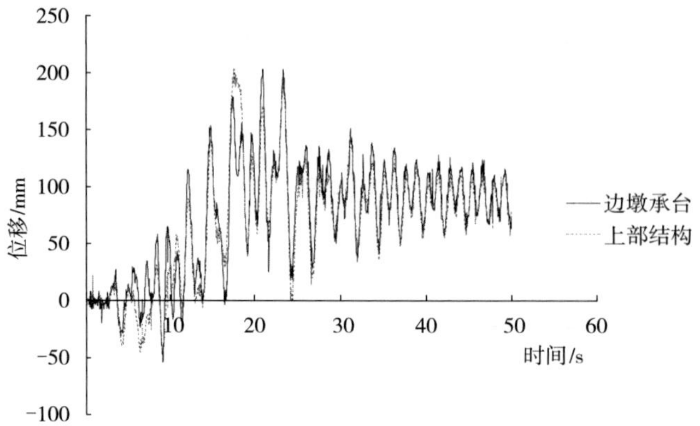

（a）

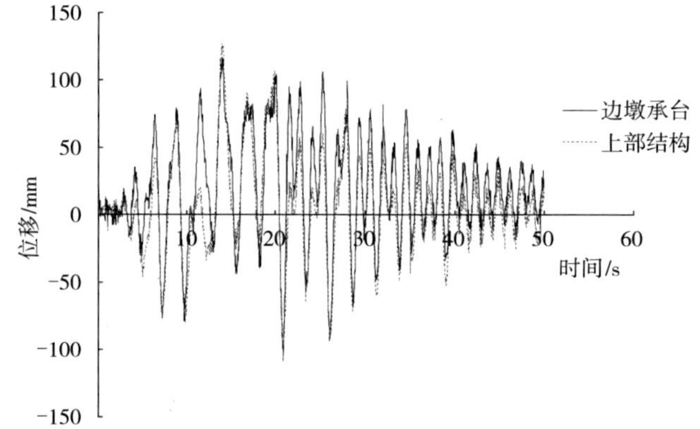

（b）

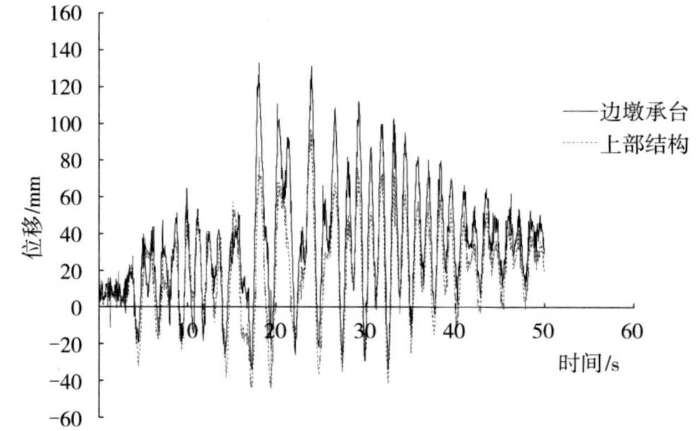

（c）

图 2.2-32　E2 地震作用下边墩承台及上部结构的位移时程

（a）E2-1　（b）E2-2　（c）E2-3

从图 2.2-32 可以看出，与 E1 地震作用相比，E2 地震作用下边墩承台和上部结构都产生了更大的振动位移，两个位置的位移时程曲线形状大致相似，但振动幅值有所差异，在绝大部分的运动周期内上部结构的幅值均小于边墩承台。

地震动结束后，边墩承台和上部结构均产生了一定的残余位移，最大值约为 79 mm，这是由于地震荷载作用下，土体的剪切强度有所降低，土体在坡顶附加荷载的作用下，对边墩桩基及承台形成沿坡面向下的下滑力。

E2 地震作用下，上部结构与边墩承台之间的相对位移时程，即支座上下的相对位移时程，如图 2.2-33 所示。

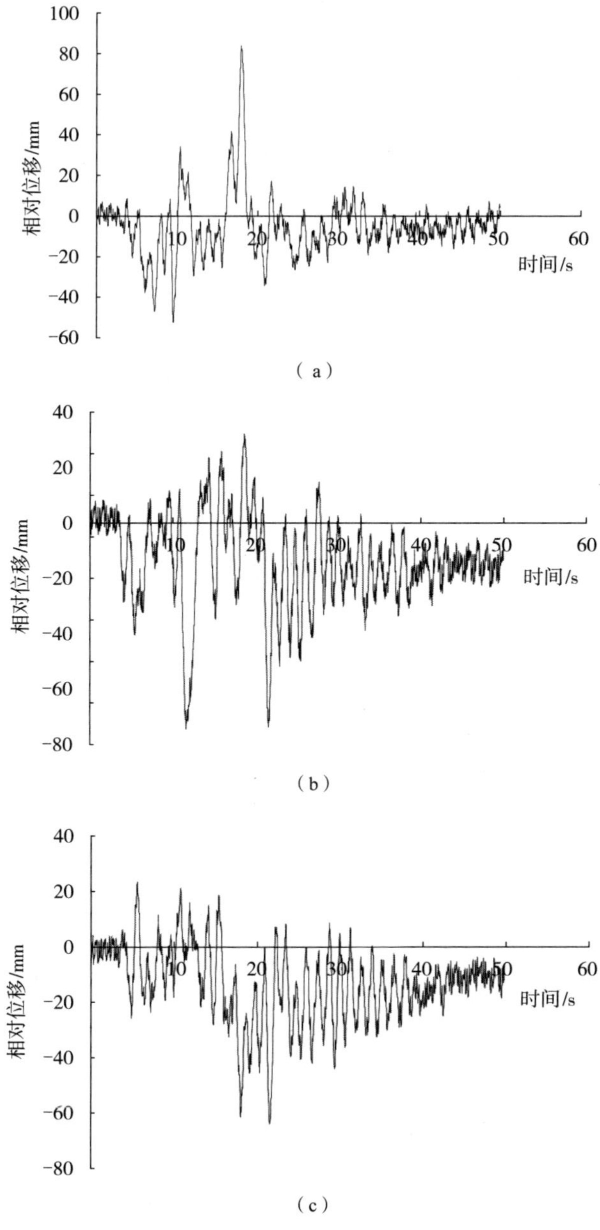

图 2.2-33　E2 地震作用下支座上下的相对位移时程

(a)E2-1　(b)E2-2　(c)E2-3

从图 2.2-33 可以看出，在振动试验过程中支座上盘与下盘之间发生了明显的相对滑动，E2-1 作用下最大相对位移达到 84 mm，起到了明显的隔震作用；在振动试验结束后，相对位移量较小，最小值接近于 0，最大值约为 14 mm，体现出摩擦摆支座在地震过程中良好的自复位性能。

按照安评报告中的 E2 地震作用，本组试验共进行了 3 个工况下的振动台试验，支座上下的相对位移最大值如表 2.2-8 所示。

表 2.2-8 E2 地震作用下支座的相对位移

地震工况	支座最大相对位移/mm
E2-1	84
E2-2	74
E2-3	64

从表 2.2-8 可以看出，在 E2 地震作用下，支座发生的最大相对位移为 84 mm，小于边墩摩擦摆支座的设计抗震位移量 100 mm，因此摩擦摆支座在抗震位移方面能够满足渡槽工程场地的抗震要求。

2.2.8 小结

通过离心机振动台试验，得到了边墩处渡槽及桩基在地震作用下的动力响应，通过分析可以得出以下结论。

（1）桩基与承台交接处、岩土分界面处桩身弯矩值较大，这两个位置是桩基在地震过程中最先可能发生破坏的位置，承台与岩土分界面之间，桩身弯矩随着埋深的增大先减小后增大。

（2）E1 地震作用下，桩身最大弯矩小于初始屈服弯矩，处于弹性阶段；E2 地震作用下，桩身最大弯矩小于极限弯矩，未进入极限屈服状态，桩基满足抗震要求。

（3）在地震激励作用下，上部结构的位移幅值均小于边墩承台，摩擦摆支座表现出较为明显的隔震作用。

（4）地震作用下，上部结构与边墩承台之间发生的最大相对位移小于摩擦摆支座的设计抗震位移量，支座设计位移满足抗震要求。

2.3 槽墩地震响应分析

2.3.1 研究目的和方法

将全桥质量（包括渡槽结构和内部水体的质量）按比例分配给中墩，并转化为固定质量，进行槽墩-支座-上部质量块的地震响应数值模拟，重点研究槽墩的抗震性能以及摩擦摆支座的减震效果。

2.3.2　模型设计

模型包括两个尺寸和材料完全一致的槽墩（含承台），墩顶设置有摩擦摆支座，渡槽及内部水体按等效质量法转化为集中质量块，置于支座上部。集中质量块的质量根据墩顶所承担的渡槽和水体质量按比尺进行确定，如表 2.3-1 所示。模型效果图如图 2.3-1 所示，采用原型尺寸，细部和配筋根据设计图纸确定。

表 2.3-1　支座顶部附加质量

水深工况	中墩顶部渡槽等效质量/t	水深/m	渡槽与水体质量/t
无水	5 412	0	5 412
半水		2.5	9 485
满水		5.05	1 364

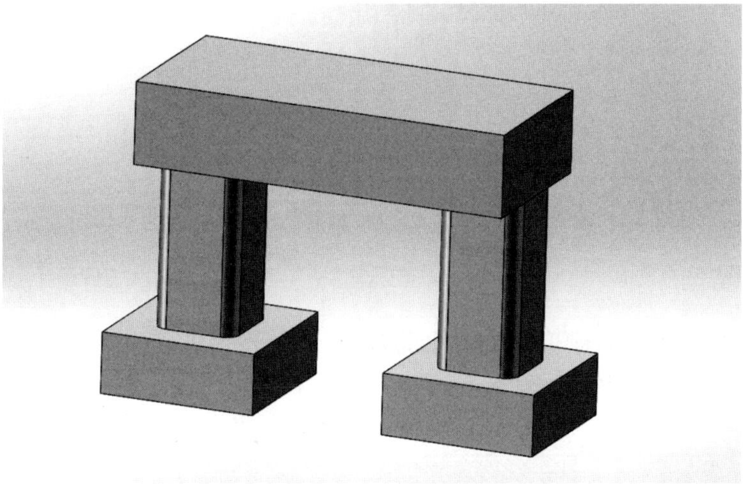

图 2.3-1　模型效果图

2.3.3　加载工况

重点分析渡槽内部水深和地震动大小这两个因素对槽墩地震响应的影响，试验工况如表 2.3-2 所示。本试验中渡槽内的无水、半水和满水分别按 0、2.5 m、5.05 m 取值。地震动峰值加速度为 0.123g 时输入地震动的加速度时程见图 2.3-2。

表 2.3-2　试验工况统计表

工况	激振方向	水深/m	波形	地震动峰值加速度
1	横桥向	0	安评波	0.034g
2			安评波	0.123g
3			安评波	0.237g
4		2.5	安评波	0.034g
5			安评波	0.123g
6			安评波	0.237g
7		5.05	安评波	0.034g
8			安评波	0.123g
9			安评波	0.237g

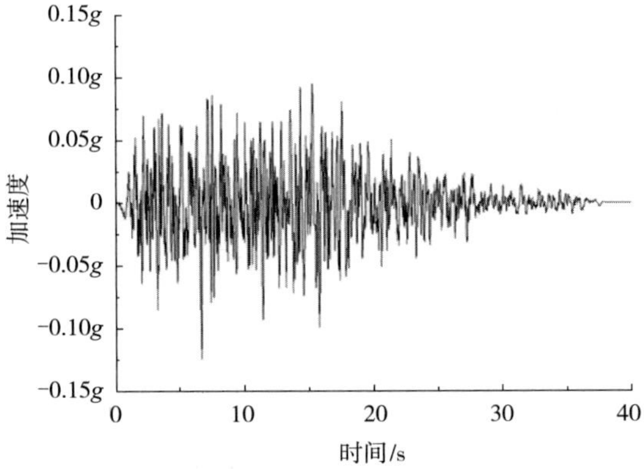

图 2.3-2　输入地震动加速度时程（地震动峰值加速度为 0.123g）

2.3.4　测点布置

监测的主要项目包括槽墩底部、顶部及支座顶部的加速度和位移，墩身底部及中部应变，测点初步布置方案如图 2.3-3 所示。

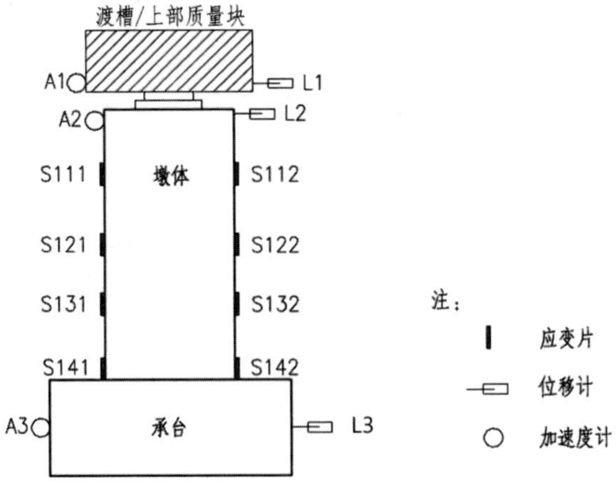

图 2.3-3　测点布置示意图

2.3.5　有限元模型

2.3.5.1　槽墩和承台

槽墩和承台在 ABAQUS 中采用精细化有限元建模，其中混凝土采用三维八节点缩减单元（C3D8R 单元）划分，本构模型采用混凝土损伤本构，其应力-应变关系曲线如图 2.3-4 所示，模型参数根据设计图纸中的混凝土标号查规范获得。配筋采用三维二节点杆单元（T3D2 单元）划分，本构模型采用随动硬化本构（图 2.3-5），模型参数根据设计图纸中的钢筋标号查规范获得。钢筋利用 ABAQUS 中的 EMBED 命令与混凝土黏结。

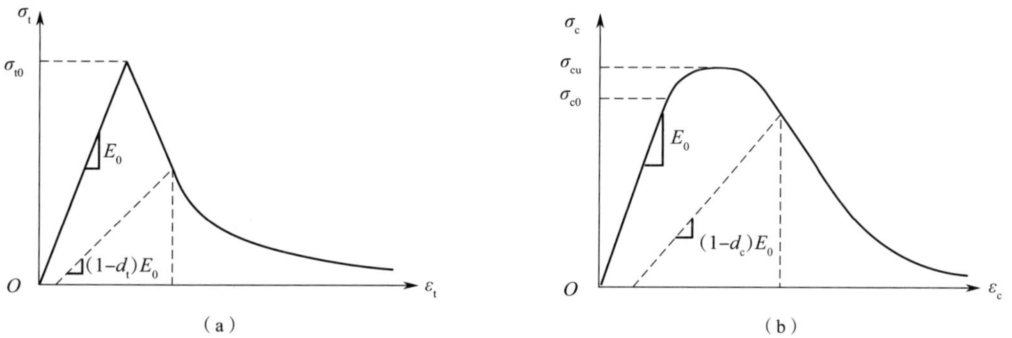

图 2.3-4　混凝土应力-应变关系曲线

（a）单轴拉伸　（b）单轴压缩

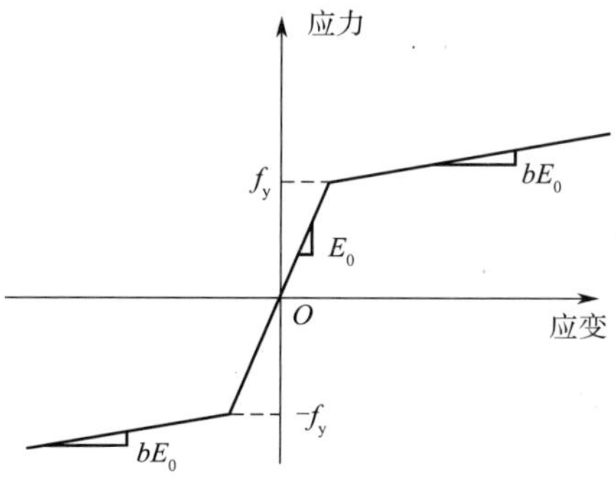

图 2.3-5　钢筋的随动硬化本构模型

2.3.5.2　摩擦摆支座

摩擦摆支座的模拟是本数值模拟的重点和难点。摩擦摆支座可以由一个单摆和一根非线性弹簧组成的简化模型表示，如图 2.3-6 所示，根据平衡方程，摩擦摆支座的水平回复力 F 为

$$F=\frac{WD}{R\cos\theta}+f \tag{2.3-1}$$

式中：R 为支座圆弧面半径；θ 为支座的运动转角；D 为支座的水平滑动位移；W 为上部结构的竖向荷载；f 为支座的滑动摩擦力。当 θ 很小时，式（2.3-1）简化为

$$F=\frac{WD}{R}+f \tag{2.3-2}$$

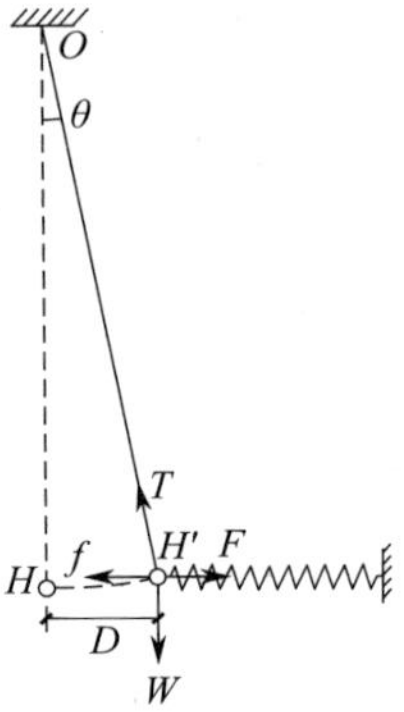

图 2.3-6　摩擦摆支座的简化模型

在 ABAQUS 中，单摆采用 Truss 单元（桁架单元）模拟，即只考虑单摆轴向受力而不考虑弯矩，长度取为摩擦摆支座滑动面的曲率半径，采用线弹性材料。由于在实际工程中，摩擦摆支座几乎没有竖向变形，单摆的弹性模量应取一个较大的值，从而确保其在上部结构重力的作用下只产生极小的轴向变形。非线性弹簧采用 Spring 单元（弹簧单元）模拟，采用理想刚塑性材料模型（图 2.3-7），以反映摩擦力的特点。模型参数根据设计图中的摩擦摆支座参数获得。

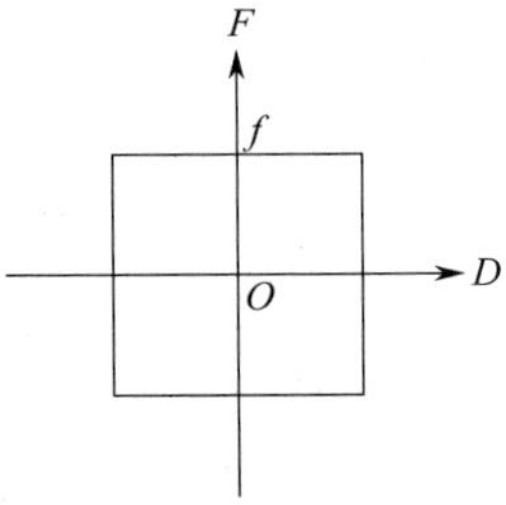

图 2.3-7　刚塑性材料模型

2.3.5.3　上部质量块

上部质量块采用三维刚体单元（R3D4 单元）建模，刚体质量按表 2.3-1 选取。

2.3.5.4　模型图

在 ABAQUS 中建立承台-槽墩-支座-上部质量块的模型并进行有限元网格划分，最终得到的模型网格如图 2.3-8 所示，总共包含 45 570 个单元和 44 034 个节点。

图 2.3-8　模型网格

钢筋网格如图 2.3-9 所示。

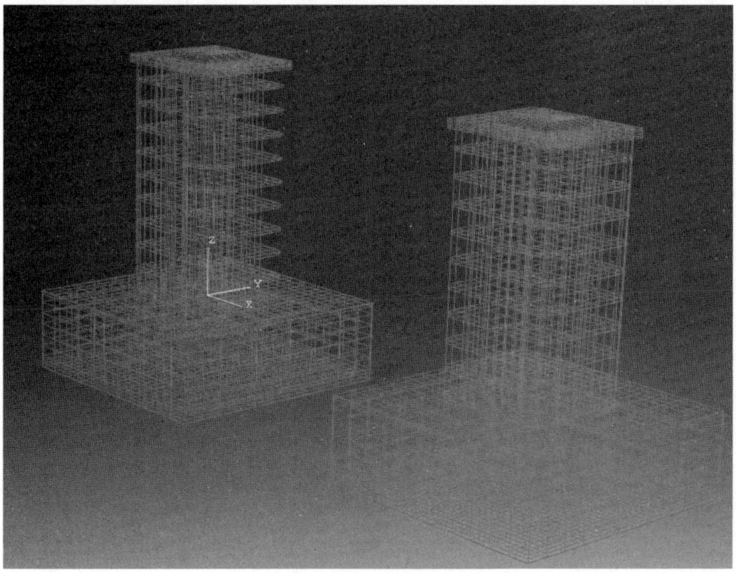

图 2.3-9　钢筋网格

2.3.6　模型验证

根据离心模型试验中渡槽和附加质量块的质量，调整数值模型中上部质量块的质量与之匹配，在相同地震动输入条件（E2-1）下，得到的墩顶和质量块加速度时程及槽墩钢筋动应变时程如图 2.3-10 至图 2.3-12 所示。

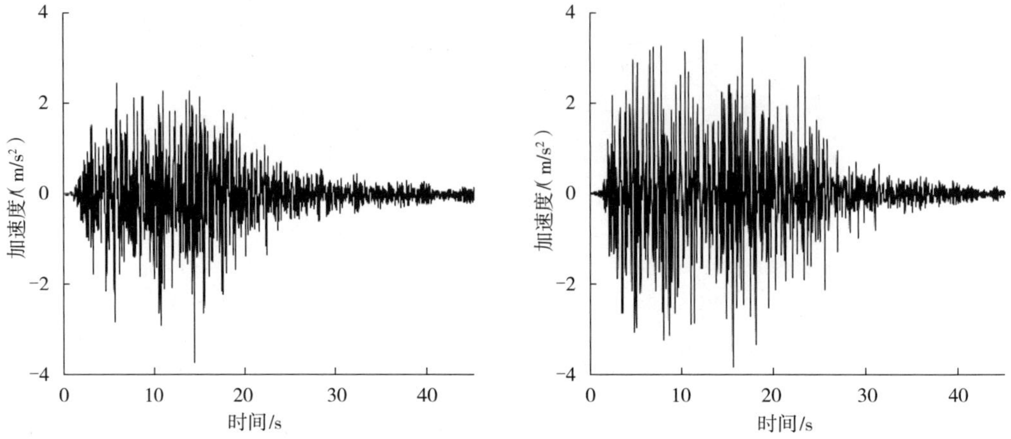

（a） （b）

图 2.3-10 墩顶加速度时程

（a）试验 （b）数模

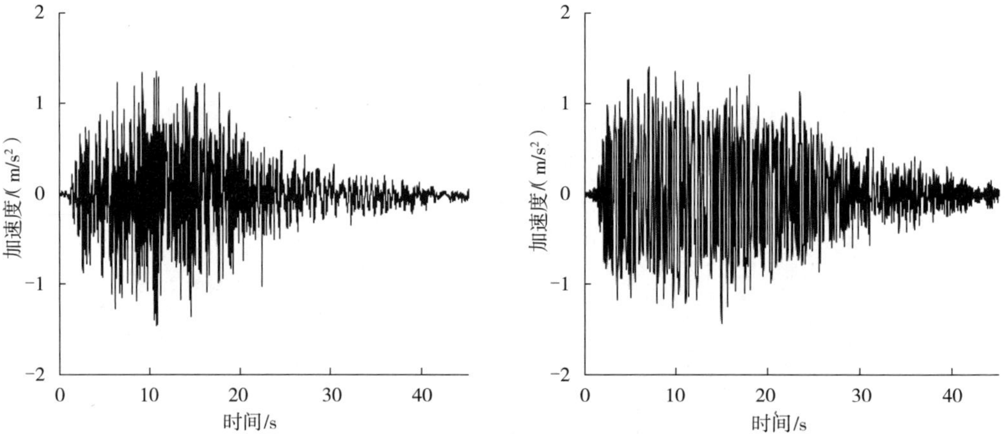

（a） （b）

图 2.3-11 质量块加速度时程

（a）试验 （b）数模

通过与试验结果的对比可以看出，数值模拟中得到的墩顶和质量块加速度、槽墩钢筋动应变等地震响应与试验结果在波形和幅值上基本一致，因此数值模拟中采用的材料及支座模型和参数等，能够反映渡槽结构的真实性能，可以用于槽墩结构的地震响应分析。

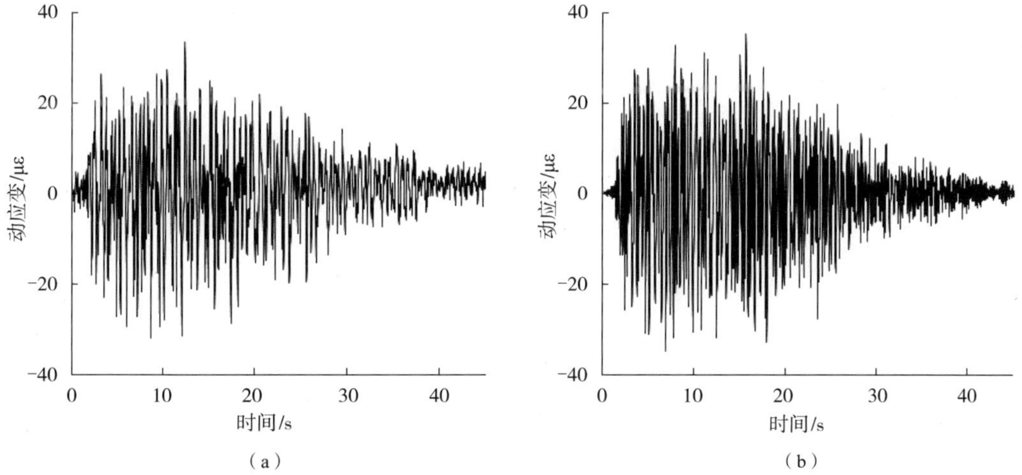

图 2.3-12　槽墩钢筋动应变[①] 时程

（a）试验　（b）数模

2.3.7　结果分析

2.3.7.1　加速度分析

在无水工况下，三种地震动峰值加速度条件下，不同测点的加速度时程如图 2.3-13 所示。可见槽墩顶部的地震动峰值加速度大于承台中部的地震动峰值加速度，即槽墩对加速度有放大效应；而上部质量块的地震动峰值加速度小于槽墩顶部的地震动峰值加速度，即摩擦摆支座具有减震效应。半水和满水工况与无水工况类似，时程图不再列出。

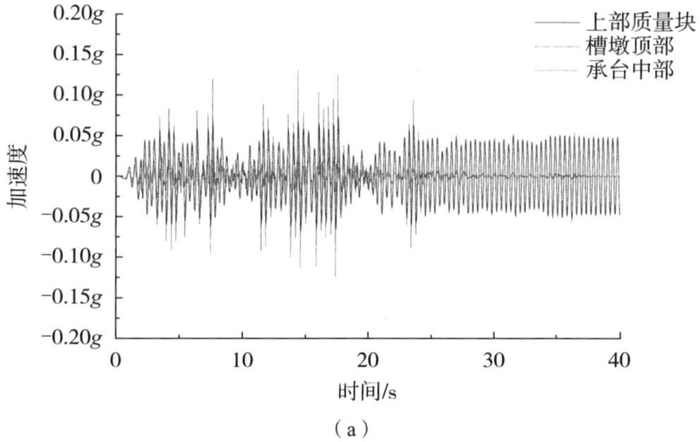

① 应变本是一个量纲为一的量，由于该值通常很小，常用 10^{-6} 作为单位来表示，故引入微应变（με）作为其单位，1 με=10^{-6} mm/mm。

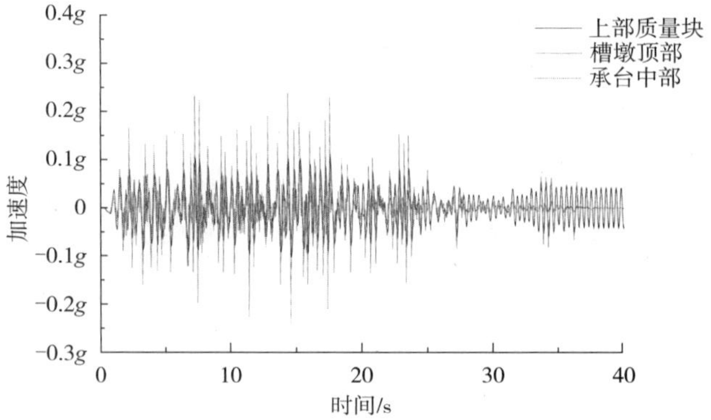

(b)

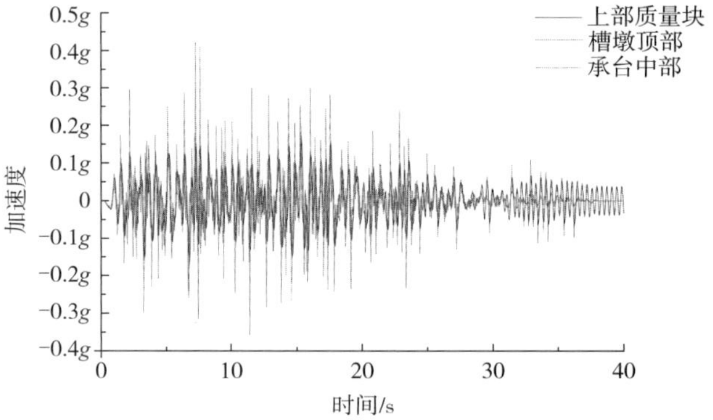

(c)

图 2.3-13 无水工况下各测点的加速度时程

(a)0.034g (b)0.123g (c)0.237g

定义槽墩顶部的地震动峰值加速度与承台中部的地震动峰值加速度之比为槽墩加速度放大系数。各工况下的槽墩加速度放大系数见表 2.3-3。可以看出，上部质量一定，随着输入地震动峰值加速度增大，槽墩加速度放大系数逐渐减小；地震动峰值加速度一定，随着上部质量增大，槽墩加速度放大系数逐渐减小，但不是很明显。

表 2.3-3 槽墩加速度放大系数

工况	不同地震动峰值加速度下的槽墩加速度放大系数		
	0.034g	0.123g	0.237g
无水	3.665	2.509	1.880
半水	3.584	2.088	1.682
满水	3.325	1.943	1.743

定义上部质量块相比槽墩顶部地震动峰值加速度的减小量与槽墩顶部的地震动峰值加速度之比为摩擦摆支座隔震率。各工况下的摩擦摆支座隔震率见表 2.3-4。可以看出，随着输入地震动峰值加速度的增大，摩擦摆支座的隔震率逐渐增大，即减

震效果越来越明显。另一方面，随着输入上部质量的增加，摩擦摆支座的隔震率逐渐减小，也即减震效果越来越不明显。

表 2.3-4　摩擦摆支座隔震率

工况	不同地震动峰值加速度下的摩擦摆支座隔震率		
	0.034*g*	0.123*g*	0.237*g*
无水	0.510	0.618	0.580
半水	0.473	0.575	0.630
满水	0.451	0.553	0.595

三种地震动峰值加速度条件下，槽墩顶部和上部质量块的绝对加速度反应谱如图 2.3-14 所示。可见摩擦摆支座具有滤波作用，可将由下部槽墩向上传播的地震波的高频(短周期)成分过滤掉。此外，随着输入上部质量的增加，不论是槽墩顶部还是上部质量块，其加速度时程都会更偏向低频(长周期)。

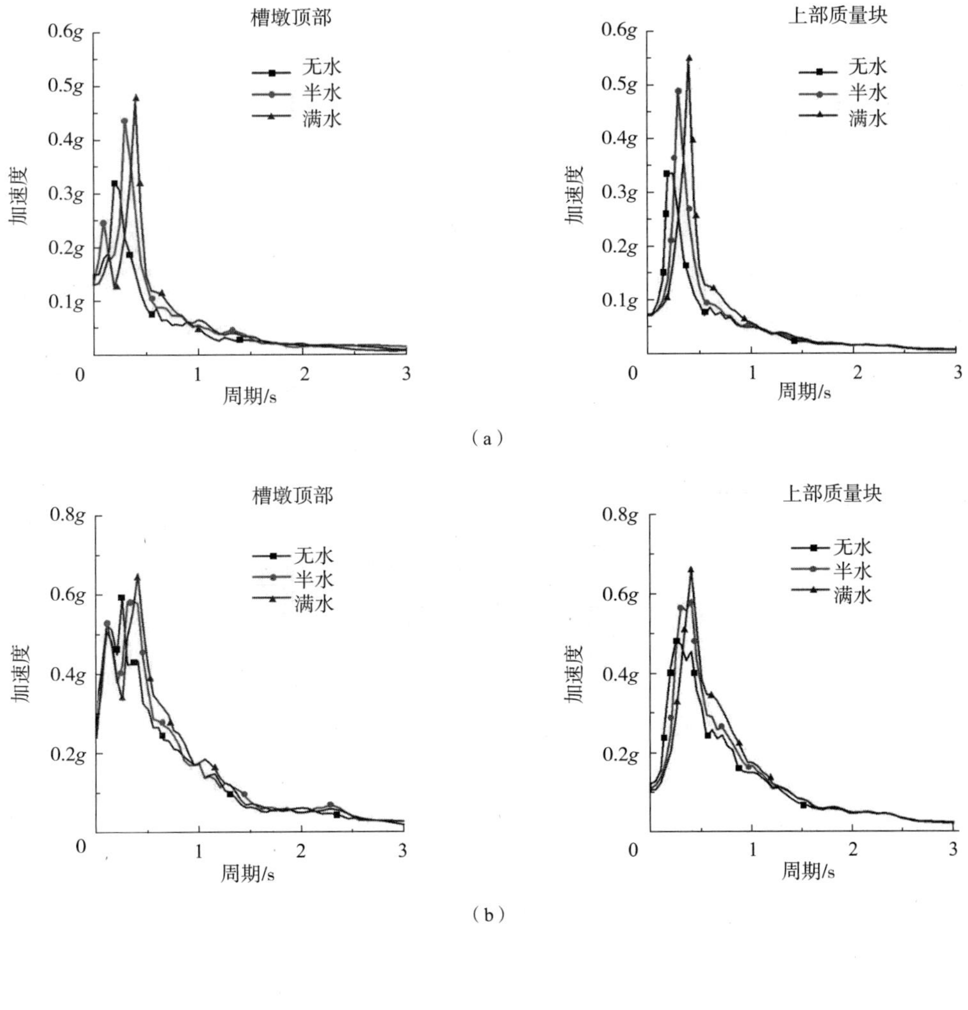

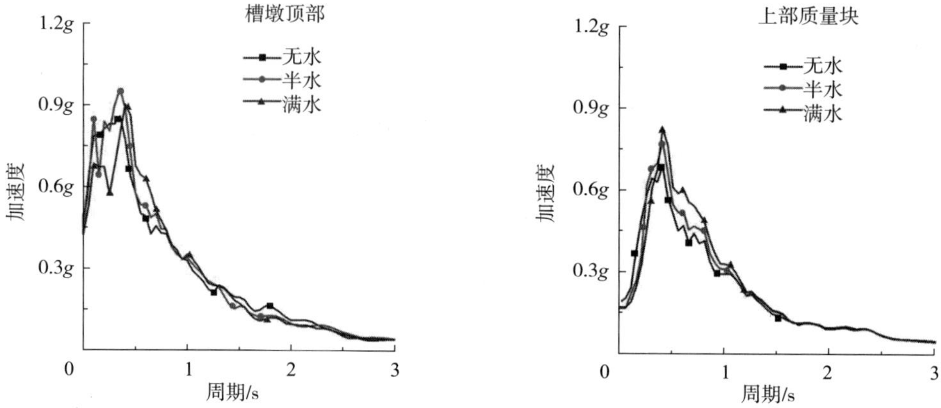

(c)

图 2.3-14 各测点的绝对加速度反应谱

(a)0.034g (b)0.123g (c)0.237g

2.3.7.2 相对位移分析

主要监测两个相对位移:槽墩顶部(L2)与承台中部(L3)的相对位移,其代表槽墩的横向变形;上部质量块(L1)与槽墩顶部(L2)的相对位移,其代表摩擦摆支座的水平滑移。在无水工况下,两种相对位移的时程如图 2.3-15 所示。可见摩擦摆支座在地震中会向一侧偏移,但最终的残余偏移量只有几毫米,对震后上部渡槽结构的稳定性没有影响。

各工况下的槽墩横向变形峰值见表 2.3-5。可以看出,随着输入地震动峰值加速度增大,槽墩的横向变形峰值逐渐增大;随着上部质量增大,槽墩的横向变形峰值也逐渐增大。

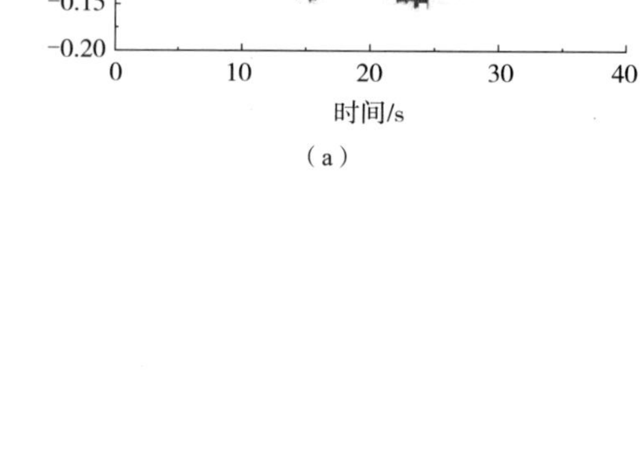

(a)

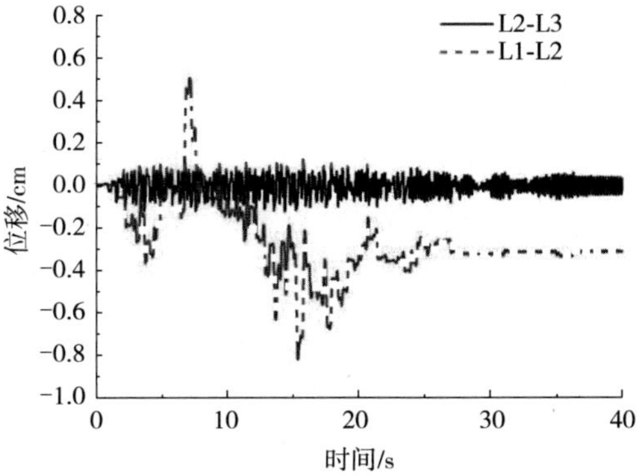

（b）

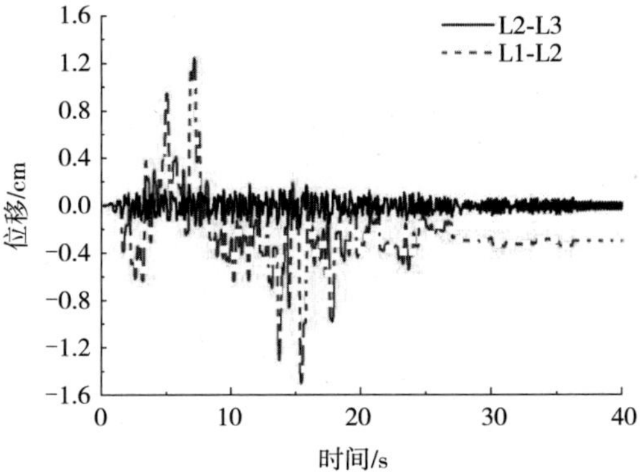

（c）

图 2.3-15　无水工况下的相对时程

（a）0.034*g*　（b）0.123*g*　（c）0.237*g*

表 2.3-5　槽墩横向变形峰值　单位：cm

工况	不同地震动峰值加速度下的槽墩横向变形峰值		
	0.034*g*	0.123*g*	0.237*g*
无水	0.082	0.150	0.224
半水	0.160	0.242	0.346
满水	0.234	0.350	0.542

各工况下的摩擦摆支座水平滑移峰值见表 2.3-6。可以看出，随着输入地震动峰值加速度增大，摩擦摆支座的水平滑移峰值逐渐增大；随着上部质量增大，摩擦摆支座的水平滑移峰值基本不变。

表 2.3-6　摩擦摆支座水平滑移峰值　单位：cm

工况	不同地震动峰值加速度下的摩擦摆支座水平滑移峰值		
	0.034*g*	0.123*g*	0.237*g*
无水	0.154	0.820	1.499
半水	0.140	0.883	1.335
满水	0.160	0.763	1.429

2.3.7.3 混凝土应力云图分析

在输入地震动峰值加速度为 0.237*g* 时，槽墩横向变形最大时，槽墩混凝土的 Mises（米泽斯）应力云图如图 2.3-16 所示。可以看出，槽墩混凝土的 Mises 应力在顶部与摩擦摆支座连接处以及底部与承台连接处最大，说明这些位置为薄弱位置，可能发生破坏。此外，采用的混凝土损伤本构模型，可以监测混凝土的损伤因子，反映了混凝土的塑性损伤程度。在本数值模拟中，对槽墩混凝土进行检测，发现即使在 0.237*g* 工况下，其也并未出现损伤，说明在 0.237*g* 的安评波地震动下，槽墩不会开裂。

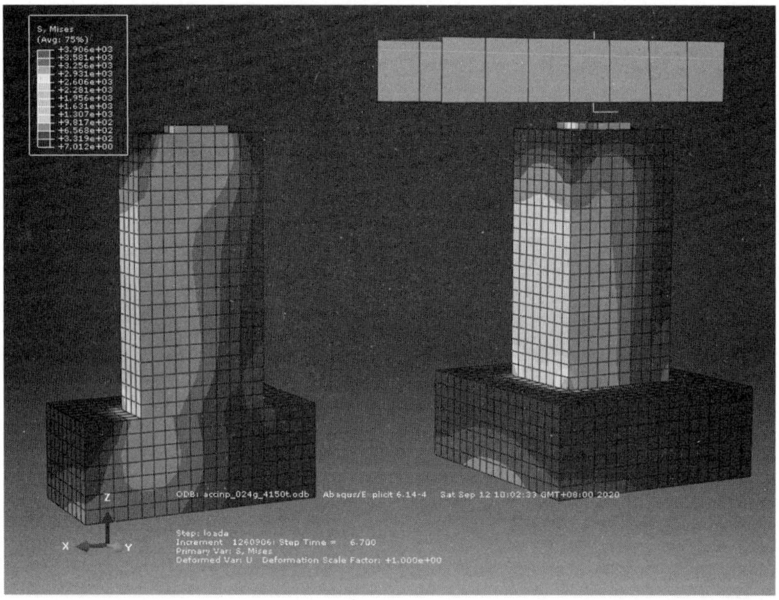

（a）

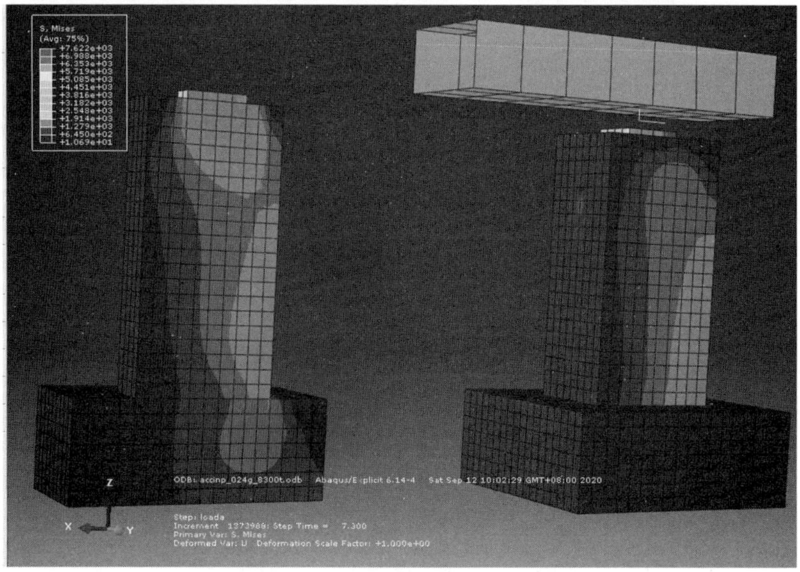

（b）

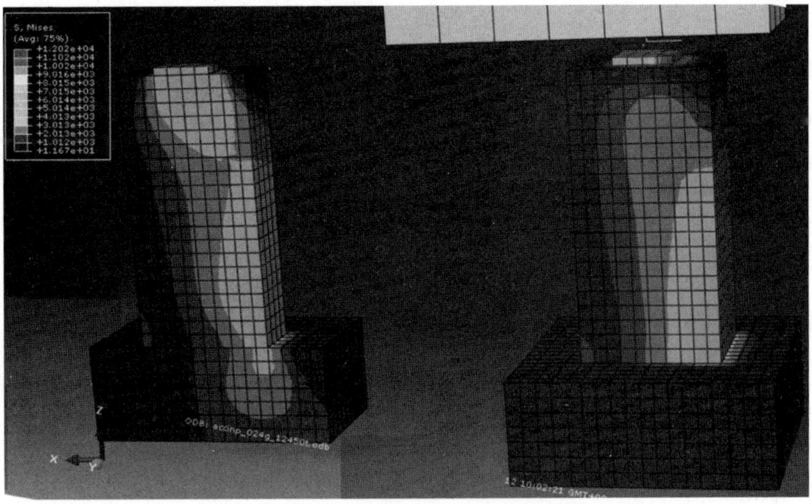

（c）

图 2.3-16　输入地震动峰值加速度为 0.237*g* 时槽墩横向变形最大时刻 Mises 应力云图

（a）无水　（b）半水　（c）满水

2.3.8　小结

通过数值模拟，得到了槽墩结构在地震作用下的动力响应，通过分析得出以下结论。

（1）随着输入地震动峰值加速度的增大，摩擦摆支座的隔震率逐渐增大，即减震效果越来越明显。另一方面，随着输入上部质量的增加，摩擦摆支座的隔震率逐渐减小，也即减震效果越来越不明显。

（2）摩擦摆支座具有滤波作用，可将由下部槽墩向上传播的地震波的高频（短周期）成分过滤掉。此外，随着输入上部质量的增加，不论是槽墩顶部还是上部质量块，其加速度时程都会更偏向低频（长周期）。

（3）随着输入地震动峰值加速度的增大，摩擦摆支座的水平滑移峰值逐渐增大；随着上部质量的增加，摩擦摆支座的水平滑移峰值基本不变。

（4）槽墩混凝土的 Mises 应力在顶部与摩擦摆支座连接处以及底部与承台连接处最大，说明这些位置为薄弱位置。在 E2 地震作用下，槽墩混凝土结构不会发生塑性损伤和破坏。

2.4　渡槽上部结构抗震性能分析

2.4.1　研究目的和方法

开展渡槽整体模型的常规振动台试验，模拟真实场地地震动作用条件下槽墩、摩擦摆支座、渡槽桁架及水体流固耦合等共同作用下渡槽结构的地震响应,通过分析结构应力和位移的变化,评价渡槽上部结构在地震作用下的抗震性能。

常规振动台条件下进行的缩尺模型试验,受重力场和试验测试手段的限制,无法直接得到原型结构真实条件下的杆件应力状态,可以通过模型结构在试验地震工况下的应力变化幅值与原型结构在静力条件下的杆件应力叠加而得到,并以此作为渡槽抗震性能评价的依据。

2.4.2 静力计算结果

为了得到重力条件下钢渡槽不同杆件的应力情况,利用 ABAQUS 有限元软件建立钢渡槽的整体数值模型,分别计算无水和满水(水深 4 m)工况下的结构内力情况,得到的应力分布结果如图 2.4-1 与图 2.4-2 所示。

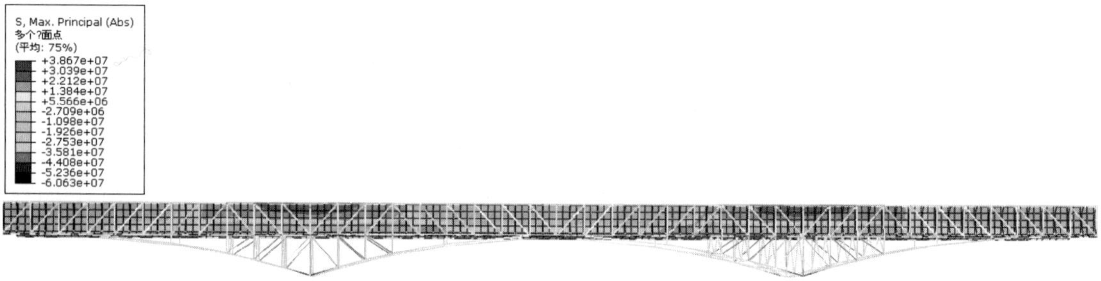

图 2.4-1 无水条件下钢渡槽的应力分布

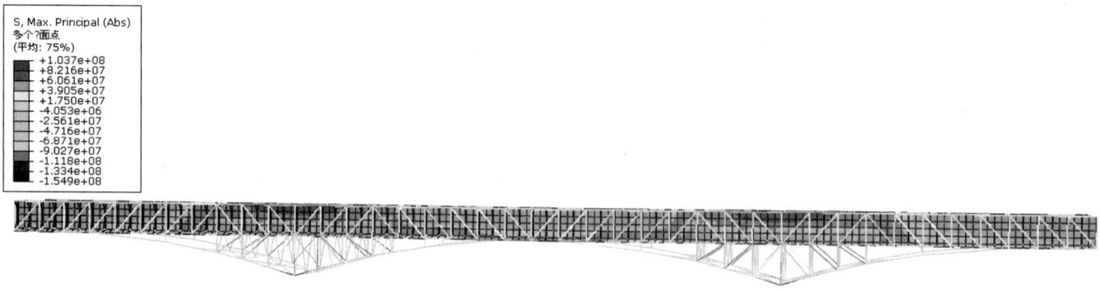

图 2.4-2 满水(水深 4 m)条件下的钢渡槽应力分布

提取模型中杆件的应力,在不同位置不同类型的杆件中选取应力较大的杆件作为典型杆件,在试验模型的相应位置布置应力监测点。将静力条件下的应力与地震工况下杆件的应力变化幅值叠加,即可得到杆件在地震工况下的最大应力。

2.4.3 试验条件及模型设计

2.4.3.1 试验设备

本试验在天津大学滨海土木工程结构与安全重点实验室内开展,该实验室内的振动台为世界首个水下地震模拟振动台台阵（双子台），如图 2.4-3 所示，其可模拟地震空间差动效应和水动力耦合效应，其系统组成及性能特点如下。

图 2.4-3　振动台俯视图

（1）直径 3.6 m，台距 10 m，载重 20 t × 2 的双子水下振动台。

（2）双向造波机群。

（3）长 20 m、宽 10 m、深 3 m 的水池（水深 2 m）。

（4）振动方向：3 向 6 自由度。

（5）最大试件质量：20 t（无水），12 t（有水，水深 2 m）。

（6）最大倾覆力矩：50 t·m（无水），25 t·m（有水，水深 2 m）。

（7）工作频率范围：0.1~100 Hz。

（8）震动波形：正弦波等周期波，地震原波或压缩波，人工拟合波，白噪声等随机波，扫频波。

（9）控制系统可以达到的精度为：位移波形失真度，小于 2%；加速度失真度，低频小于 20%，中频为 5%~20%，高频小于 5%；不均匀度，低频小于 5%，中频段以上小于 10%；非主振方向分量，低频小于 5%，中频段以上小于 10%；背景噪声，所有频段小于 10 gal（1 gal=1 cm/s^2）。

2.4.3.2　相似比尺设计

试验主要针对渡槽结构的整体，结合试验场地条件综合确定模型的长度比尺为 1∶15，原型尺寸跨径布置为 68 m+110 m+68 m，缩尺后模型跨度尺寸为 4.5 m+7.3 m+4.5 m，模型总长度为 16.4 m。试验中将模型的四个槽墩两两固定在一个振动台面上。通过在振动台面上固定刚性底座，扩展台面的尺寸，以满足整体模型的长度要求。试验模型如图 2.4-4 所示。

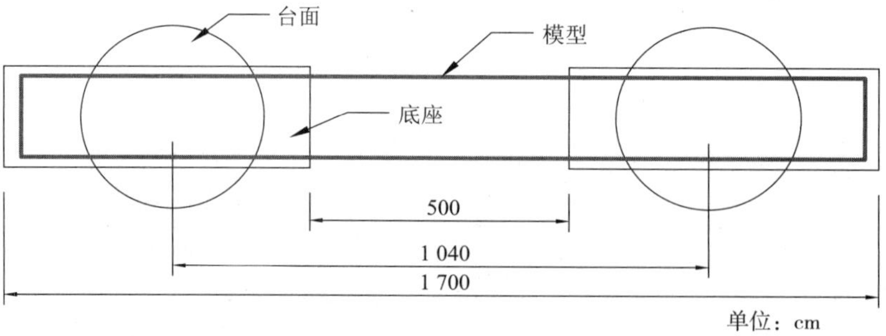

（a）

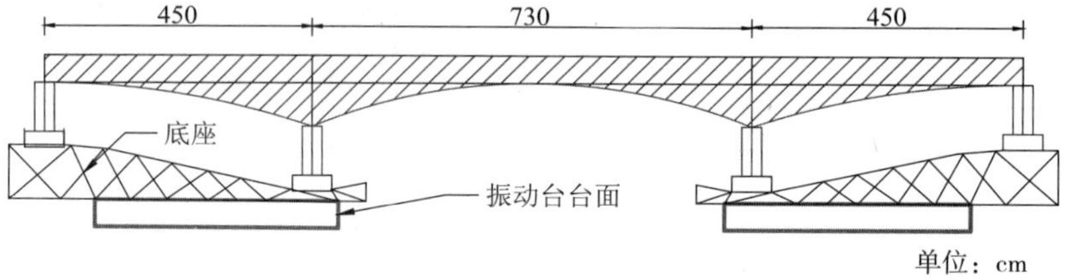

（b）

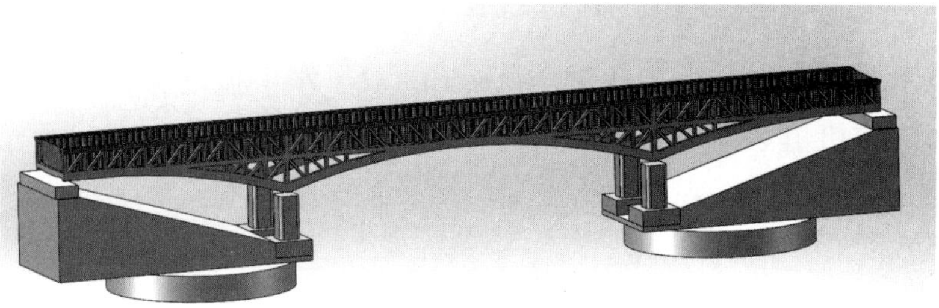

（c）

图 2.4-4 试验模型

（a）平面图 （b）立面图 （c）三维视图

采用原材制作试件，因此弹性模量相似常数 S_E 保持不变。渡槽钢桁架采用截面缩尺及杆件简化的形式，实现比例缩尺；混凝土槽墩采用微粒混凝土和缩小受力钢筋截面的方式，保持混凝土材料本构关系及配筋率不变，实现槽墩比例缩尺。

模型缩尺比取 1/15，加速度相似常数 S_a 取 8，根据模型设计相似关系，水和结构材料的密度相似系数 S_ρ=1.875。对于结构（钢材及混凝土槽墩），采用附加质量配重的方法，解决密度增加的问题；对于槽内水体，其质量相似性是决定渡槽整体结构特性的重要因素，但由于目前条件下无法达到 1.875 倍的相对密度，因此对水体模型采取忽略水深的长度比尺，增大水深的方法满足质量相似，即水深按 1∶8 的比尺进行缩尺。

试验相似比尺设计如表 2.4-1 所示。

表 2.4-1　试验相似比尺设计

物理性能	物理量	相似常数符号	关系式	备注	相似常数
几何性能	长度	S_l	S_l	控制尺寸	1/15
	面积	S_A	S_l^2		1/225
	线位移	S_l	S_l		1/15
	角位移	S_θ	S_l/S_l		1
材料性能	应变	S_ε	S_σ/S_E		1
	弹性模量	S_E	S_σ	控制材料	1
	应力	S_σ	S_σ		1
	密度	S_ρ	$S_\sigma/(S_a \cdot S_l)$		1.875
	质量	S_m	$S_\sigma \cdot S_l^2/S_a$		1/1 800
荷载性能	集中力	S_F	$S_\sigma \cdot S_l^2$		1/225
	线荷载	S_q	$S_\sigma \cdot S_l$		1/15
	面荷载	S_p	S_σ		1
	力矩	S_M	$S_\sigma \cdot S_l^3$		1/3 375
动力性能	阻尼	S_c	$S_\sigma \cdot S_l^{1.5} \cdot S_a^{-0.5}$		0.006
	周期	S_T	$S_l^{0.5} \cdot S_a^{-0.5}$		0.091 287
	频率	S_f	$S_l^{-0.5} \cdot S_a^{0.5}$		10.954
	速度	S_v	$(S_l \cdot S_a)^{0.5}$		0.730
	加速度	S_a	S_a	控制试验	8
结构构件	线刚度	S_k	$S_\sigma \cdot S_l$		1/15
	轴向刚度	S_{EA}	$S_\sigma \cdot S_l^2$		1/225
	抗弯刚度	S_{EI}	$S_\sigma \cdot S_l^4$		1/50 625
	惯性矩	S_I	S_l^4		1/50 625

由于按长度缩尺加工的渡槽模型结构高度只有 467 mm，按照 1∶8 的水深比尺只能模拟 3.7 m 以下的槽内水体，为满足水体质量的相似关系，部分质量采用质量块进行替代，原型结构水深与试验水深对照如表 2.4-2 所示。

表 2.4-2　模型水深对照

序号	原型水深/m	模型水深/mm	附加质量块的质量/t
1	0	0	—
2	1.5	188	—
3	2	250	—
4	2.5	313	—
5	3	375	—
6	4	375	2.23

2.4.3.3 试验模型设计及加工

1)钢结构渡槽模型

桁架结构的相似,主要以桁架杆件轴力等效为原则,原型结构、模型结构的轴力分别如下。

原型结构轴力:

$$N^{\mathrm{P}} = f_{\mathrm{y}}^{\mathrm{P}} A_{\mathrm{tr}}^{\mathrm{P}} \tag{2.4-1}$$

模型结构轴力:

$$N^{\mathrm{M}} = f_{\mathrm{y}}^{\mathrm{M}} A_{\mathrm{tr}}^{\mathrm{M}} \tag{2.4-2}$$

根据轴力相似常数的定义,轴力相似常数为

$$S_N = \frac{N^{\mathrm{M}}}{N^{\mathrm{P}}} = \frac{f_{\mathrm{y}}^{\mathrm{M}} A_{\mathrm{tr}}^{\mathrm{M}}}{f_{\mathrm{y}}^{\mathrm{P}} A_{\mathrm{tr}}^{\mathrm{P}}} = \frac{A_{\mathrm{tr}}^{\mathrm{M}}}{A_{\mathrm{tr}}^{\mathrm{P}}} \cdot S_{f_{\mathrm{y}}} \tag{2.4-3}$$

即

$$A_{\mathrm{tr}}^{\mathrm{M}} = A_{\mathrm{tr}}^{\mathrm{P}} \cdot \frac{S_N}{S_{f_{\mathrm{y}}}} = A_{\mathrm{tr}}^{\mathrm{P}} \cdot \frac{S_\sigma \cdot S_l^2}{S_{f_{\mathrm{y}}}} = \frac{S_\sigma}{S_{f_{\mathrm{y}}}} \cdot S_l^2 \cdot A_{\mathrm{tr}}^{\mathrm{P}} \tag{2.4-4}$$

这样,可以根据原型桁架构件的截面积计算出模型桁架构件的截面积。截面积和前三阶模态频率误差控制在5%以内,材料采用与原型结构相同的钢材。

钢渡槽试验模型杆件具体尺寸如表2.4-3所示。模型加工过程如图2.4-5所示,渡槽钢结构桁架整体模型如图2.4-6所示。

表 2.4-3 模型杆件型号

序号	产品名称	材质	规格/(mm × mm × mm)
1	方管	Q345B	60 × 60 × 2.75
2			60 × 60 × 3
3			60 × 60 × 4
4			60 × 60 × 5
5	矩形管		60 × 30 × 2.5
6			60 × 30 × 2.75
7			90 × 60 × 4
8			40 × 20 × 2
9			40 × 20 × 3

图 2.4-5　模型加工过程

图 2.4-6　渡槽钢结构桁架整体模型

原型渡槽结构总质量 m_1=10 000 t，缩尺后模型质量 m_2=2.96 t，根据相似关系，模型质量应达到 5.56 t，质量不足的部分采用附加质量块进行补充。质量块通过螺杆固定布置在渡槽底板两侧，在考虑螺杆质量后，共需布置 5 kg 标准质量块总计 480 块。渡槽两侧均匀布置的质量块如图 2.4-7 所示。

图 2.4-7　渡槽附加质量块布置

2)混凝土墩模型

槽墩及承台模型按照 1 : 15 进行缩尺,混凝土采用 C40 混凝土,主筋及箍筋配筋率与原型结构保持一致,构件密度的差异通过附加质量块进行调整。混凝土墩模型的加工制作过程如图 2.4-8 至图 2.4-10 所示。

图 2.4-8 钢筋笼加工

图 2.4-9 槽墩及承台模型

图 2.4-10 槽墩模型配重块

3）摩擦摆支座模型

以保证隔震前后结构周期和刚度满足相似关系为原则，对渡槽工程所采用的支座进行 1：15 缩尺，原型及模型支座的参数如表 2.4-4 所示，按模型参数对摩擦摆支座进行定制加工，如图 2.4-11 所示。

表 2.4-4　摩擦摆支座原型及模型参数

物理量	原型参数	模型参数
等效半径/mm	4 000	33.33
摩擦系数	0.03	0.24

图 2.4-11　摩擦摆支座模型

4）刚性底座模型

为保证底座结构刚度，采用钢-混凝土组合结构形式，槽墩底部采用 HN 400 mm × 200 mm × 8 mm × 13 mm 和 HN 300 mm × 200 mm × 8 mm × 12 mm 型钢，内部浇筑混凝土，边墩钢结构支架采用 180 mm × 180 mm × 8 mm 的方钢管进行焊接，模型加工如图 2.4-12 至图 2.4-14 所示。

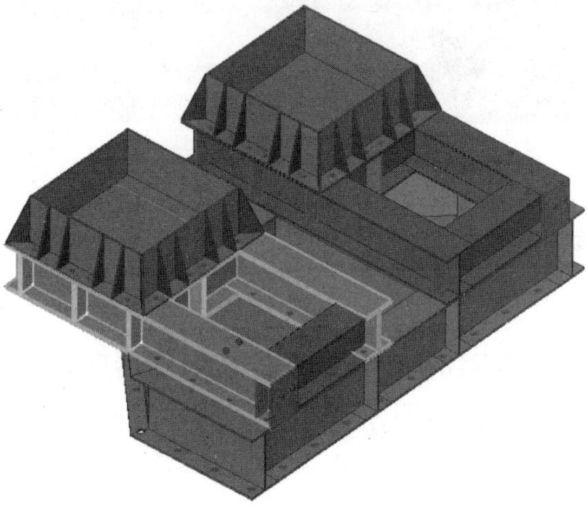

图 2.4-12　中墩底座设计图

图 2.4-13 边墩钢支架设计图

图 2.4-14 刚性底座安装

2.4.4 传感器型号及参数

2.4.4.1 应变计

本次试验使用的微型电阻应变计为中航电测仪器股份有限公司生产的 BF120-3AA 型电阻应变计，如图 2.4-15 所示，其基底尺寸为 6.4 mm × 3.5 mm，敏感栅尺寸为 2.8 mm × 2.0 mm。

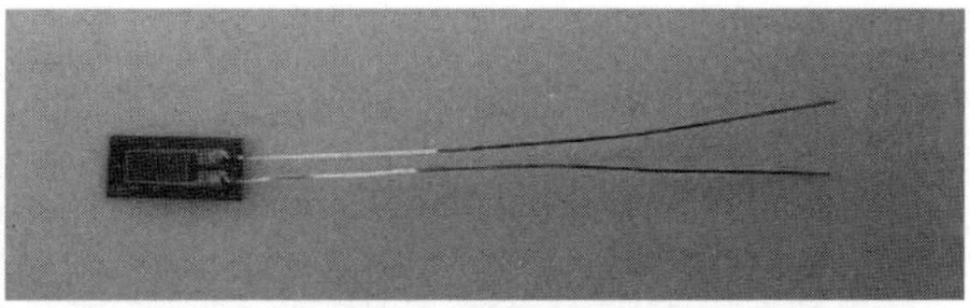

图 2.4-15　BF120-3AA 型电阻应变计

BF 系列电阻应变计采用改性酚醛基底，由康铜箔制成，全封闭结构；可同时实现温度自补偿和蠕变自补偿；精度高，稳定性好，使用简便，应变计电阻范围为 60~1 000 Ω，满足常温性能达到 C3 级传感器的使用要求。应变计具体参数见表 2.4-5。

表 2.4-5　应变计技术指标参数

基底材料	敏感栅材料	电阻值/Ω	对平均电阻值公差	典型灵敏系数
改性酚醛	康铜	120	≤ ± 0.1%	2.00~ 2.20
灵敏系数分散	应变极限	疲劳寿命	使用温度范围/℃	
≤ ± 1%	2.0%	≥ 10^7(± 1 000)	−30~+80	

2.4.4.2　位移测量系统

结构的位移监测采用英国 IMETRUM 公司生产的非接触式位移测量分析系统。该系统采用高分辨率数字工业摄像机并选用合适的镜头，通过视频测量仪器可以对小到 1 mm、大到超过 100 m 的被测物进行测量。利用亚像素技术可精确测量摄像机图像上目标点的位置。

该系统可以测量三维空间的位移和变形，最多同时测量 100 个被测点；保证每个被测点都能达到 200 Hz 以上的采样频率；无须在被测物表面安置特殊的发光靶标或者红外发射靶标；可与试验设备连接，进行动态实时测量，并将测量数据实时传输给外部的数据采集设备。视频采集摄像机如图 2.4-16 所示，图像处理分析系统界面如图 2.4-17 所示。

图 2.4-16　视频采集摄像机

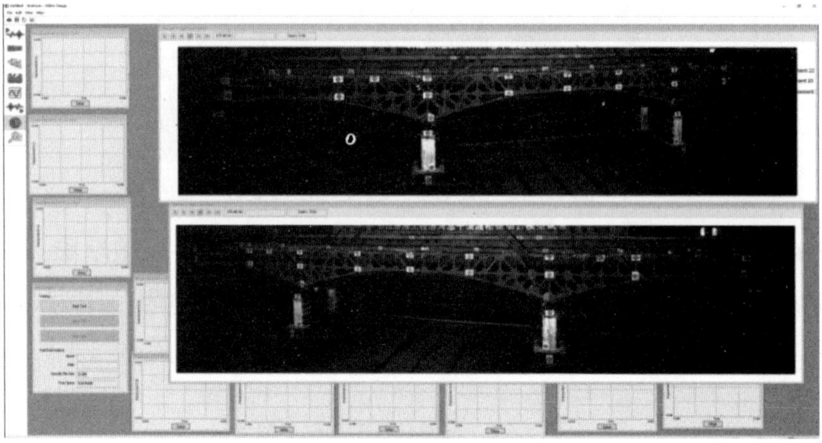

图 2.4-17 图像处理分析系统界面

2.4.4.3 加速度计

本次试验使用的加速度计为美国 PCB 公司生产的 352C33 单向加速度传感器（又称单分量加速度计，见图 2.4-18）和 356A15 三向加速度传感器（又称三分量加速度计，见图 2.4-19）。传感器内部采用陶瓷剪切 ICP（压电集成电路）元件，灵敏度高，可以满足精确振动、冲击、加速度测量和运动监测、控制和测试应用的要求。加速度传感器技术指标参数见表 2.4-6。

图 2.4-18 单向加速度传感器

图 2.4-19 三向加速度传感器

表 2.4-6 加速度传感器技术指标参数

型号	类型	灵敏度/(mV/g)	量程	分辨率(均方根值)	谐振频率/kHz	温度范围/℃
352C33	单向	100	±10g	0.000 15g	≥50	−54~121
356A15	三向	100	±10g	0.000 2g	≥50	−54~121

2.4.4.4 动水压力传感器

本次试验使用的动水压力传感器为南京丹陌电子科技有限公司生产的 DMTY

系列应变式压力盒，如图 2.4-20 所示。该传感器采用应变全桥电路原理，在传感器感应膜内部粘贴高精度的全桥应变片，当外界压力作用在感应膜表面时，引起膜片发生变形，变形传递至应变片，引起应变片的应变变化，使用应变采集设备采集应变变化信息并进行处理运算，即可得到相对应的外界压力，同时可准确消除温度变化对仪器的影响。压力传感器技术指标参数见表 2.4-7。

图 2.4-20　压力传感器

表 2.4-7　压力传感器技术指标参数

型号	精度（满量程）/%	量程/kPa	桥路电阻/Ω	满量程输出/με	温度范围/℃
DMTY-10	≤0.5	10	350	2 000	−54~121

2.4.4.5　支座反力传感器

本次试验使用的支座反力传感器为北京华嘉信达机电设备有限公司生产的 CH-3F300 三向力传感器，如图 2.4-21 所示。该传感器采用电阻应变式原理，性能稳定可靠。传感器高度较小，测量时受弯矩影响小，交叉干扰低。可以同时测量 x、y、z 三个方向的拉伸力和压缩力，各自独立输出毫伏信号。三向力传感器技术指标参数见表 2.4-8。

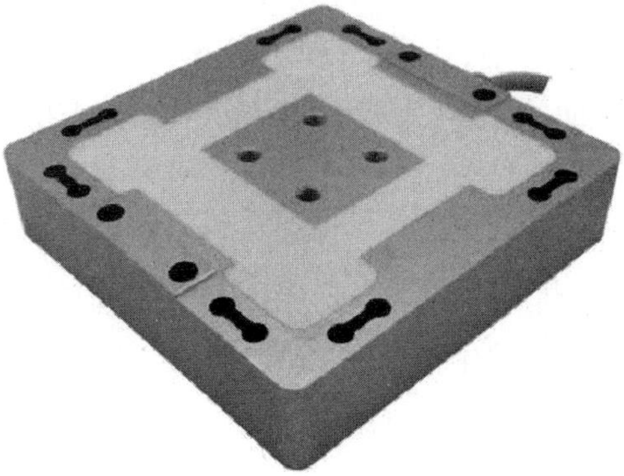

图 2.4-21　三向力传感器

表 2.4-8 三向力传感器技术指标参数

型号	精度(满量程)/%	量程/kN	桥路电阻/Ω	激励电压(DC)/V	温度范围/℃
CH-3F300	≤0.5	x:50 y:50 z:100	350	10~12	-20~65

2.4.5 测点布置

2.4.5.1 杆件应力监测

试验中通过杆件处粘贴的应变片，测量地震作用下杆件的应变增量变化情况，得到杆件中的应力变化，模型典型杆件的应变监测如图 2.4-22 所示。

图 2.4-22 杆件应变片粘贴

钢渡槽主桁架杆件东侧与西侧各布置应力测点 33 个，总计 66 个，平横联杆件应力测点 18 个，钢渡槽应变测点合计 84 个。

2.4.5.2 混凝土应变监测

槽墩在地震动作用下最大的应变响应和可能出现的破坏位置主要位于槽墩底部，同时考虑该槽墩高宽比较小，可能出现剪切破坏，因此在模型底部及中部位置均设置了应变片，用于测量地震过程中槽墩钢筋和混凝土的动态应变响应，应变片布置位置如图 2.4-23 所示。

在粘贴应变片前先将钢筋和混凝土的表面打磨光滑，并在表面涂抹绝缘胶水防止形成通路，粘贴应变片，焊好接线端子并固定，钢筋应变片表面还应做好防水处理，并防止混凝土浇筑过程中发生破坏。

图 2.4-23　钢筋及混凝土应变片

2.4.5.3　加速度监测

为了得到槽墩及渡槽在地震作用下的加速度响应，在槽墩顶和渡槽的跨中、1/4 跨、支座等不同位置分别布置了加速度传感器，典型位置的测点布置如图 2.4-24 所示。

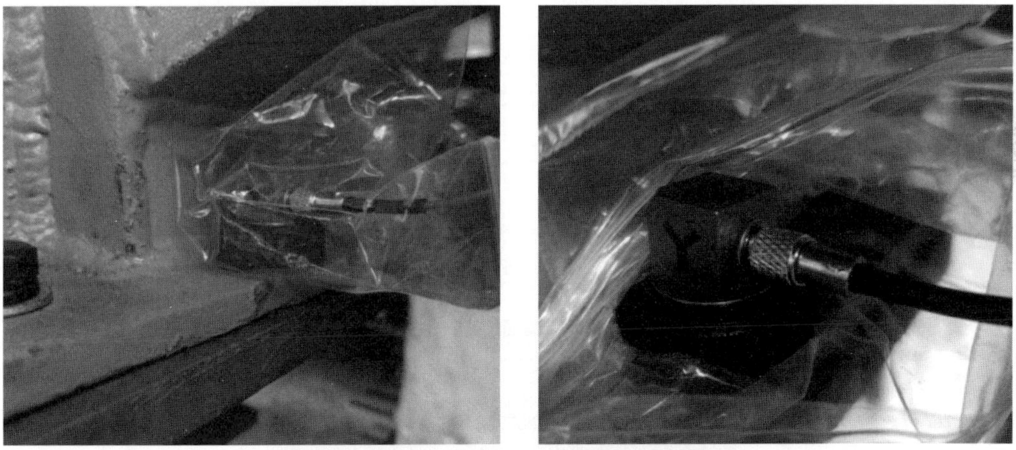

图 2.4-24　加速度传感器布置及防水保护措施

渡槽整体模型中，共使用加速度计 42 个，其中单向加速度计 30 个，三向加速度计 12 个。

2.4.5.4　位移监测

为了得到槽墩及渡槽在地震作用下的位移响应，在槽墩顶和渡槽的支座、跨中、1/4 跨等不同位置分别布置了位移监测点，位移监测点位共计 35 个。

试验中采用的位移计为非接触式位移测量分析系统，为了提高识别的精度，在被测点位置粘贴黑白环相间靶标，如图 2.4-25 所示。

图 2.4-25　位移监测点靶标

2.4.5.5　支座反力监测

为了得到墩顶位置处的支座反力，在墩顶设置了三向力传感器，共计 6 个测点，分别布置在 *A*、*B*、*C*、*D*、*F*、*G* 6 个支座位置处，如图 2.4-26 所示。支座反力传感器的安装如图 2.4-27 所示。

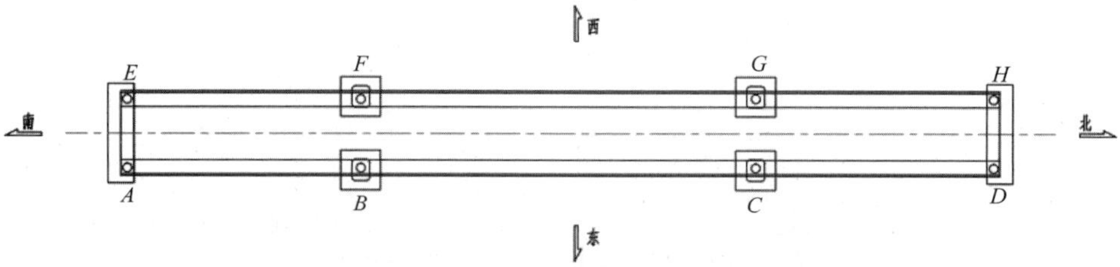

图 2.4-26　支座位置编号

图 2.4-27　支座反力传感器安装

2.4.6 试验过程

（1）根据模型设计方案加工渡槽钢结构模型、槽墩模型、摩擦摆支座，以及刚性底座等辅助试验装置。

（2）根据试验方案，在渡槽及槽墩模型上固定附加质量块。

（3）对渡槽模型中需要监测的杆件及混凝土表面等进行应变片的粘贴。

（4）对试验中的所有传感器设备进行标定和测试。

（5）在振动台台面上依次安装刚性底座、槽墩模型、三向力传感器、摩擦摆支座和渡槽钢结构模型，完成模型组装。

（6）利用不同厚度的垫片调整 8 个支座的竖向反力，使其比例与原型结构一致。

（7）安装加速度、位移等测量系统及动水压力传感器、摄像机、LED 照明灯及其他附属设备。

（8）完成所有传感器与采集仪之间的接线及传感器测试工作。

（9）按照试验工况顺序，按地震动峰值加速度从小到大的原则进行地震动工况的加载，采集和保存试验数据，在完成所有振动工况后停机，完成试验。

试验过程的部分照片如图 2.4-28 至图 2.4-33 所示。

图 2.4-28　渡槽装配

图 2.4-29　位移测点布置

图 2.4-30　传感器接线

图 2.4-31　端部消波装置及上水试验

图 2.4-32　采集仪及各类传感器连线

图 2.4-33 试验监控及数据采集

2.4.7 试验工况

为对渡槽进行抗震性能评价，振动台试验主要针对渡槽内无水和设计水位为 4 m 两种模型工况开展。地震动激励采用安评报告中提供的 E1、E2 系列地震波 6 条，并同时选择同场地类型条件下的天然地震波 El Centro 波作为本次试验的振动激励，具体试验加载工况如表 2.4-9 所示，表中 x 为纵向，y 为横向，z 为竖向。

表 2.4-9 试验加载工况表

序号	振动激励	水深/m	地震动峰值加速度	加载方向
1	白噪声	0	—	x、y、z
2	E1-1		0.123g	$y:x:z$=1∶0.85∶0.65
3	E1-2			
4	E1-3			
5	El Centro 波			
6	白噪声		—	x、y、z
7	白噪声	4	—	x、y、z
8	E1-1		0.123g	$y:x:z$=1∶0.85∶0.65
9	E1-2			
10	E1-3			
11	El Centro 波			
12	白噪声		—	x、y、z

续表

序号	振动激励	水深/m	地震动峰值加速度	加载方向
13	白噪声	0	—	x、y、z
14	E2-1		0.237g	y∶x∶z=1∶0.85∶0.65
15	E2-2			
16	E2-3			
17	El Centro 波			
18	白噪声		—	x、y、z
19	白噪声	4	—	x、y、z
20	E2-1		0.237g	y∶x∶z=1∶0.85∶0.65
21	E2-2			
22	E2-3			
23	El Centro 波			
24	白噪声		—	x、y、z

2.4.8　试验数据分析

2.4.8.1　E1 地震作用

1）杆件应力

试验过程中通过应变片得到杆件的应变变化情况，根据缩尺模型试验的应力应变相似关系，得到原型渡槽结构中的杆件在地震作用下的应力增量动态变化情况，其中典型杆件（拱肋 12#杆）在 E1-1 地震动作用下的动应力时程曲线如图 2.4-34 所示。

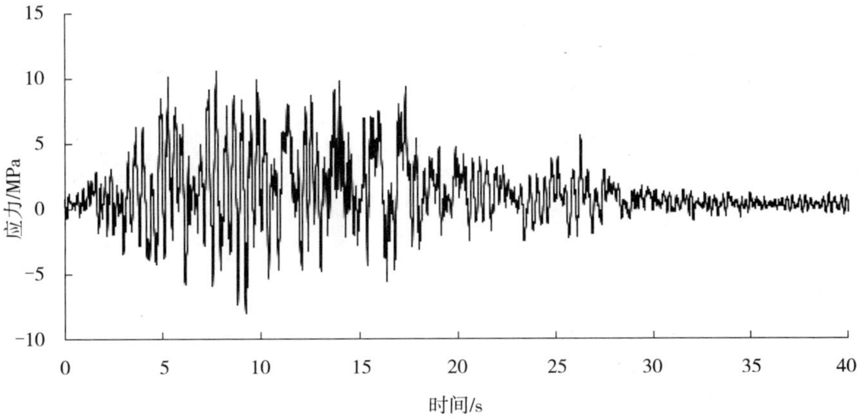

图 2.4-34　拱肋 12#杆动应力时程曲线

渡槽全桥模型对应原型结构应力最大的各类典型杆件(上下弦杆、上下腹杆、拱肋、平横联杆件各 1 根)在 E1 地震作用下的动应力变化幅值情况如表 2.4-10 所示。

表 2.4-10　杆件动应力变化幅值

条件			4#	6#	18a#	20#	12#	29#
E1	无水	E1-1	11.66	19.29	9.09	12.77	10.57	12.96
		E1-2	14.69	14.95	7.32	12.90	13.26	14.98
		E1-3	11.99	18.34	7.77	9.52	12.50	12.30
		El Centro 波	17.09	13.79	7.65	10.78	13.47	15.76
		均值	13.86	16.59	7.96	11.49	12.45	14.00
	4 m 水深	E1-1	22.41	18.91	9.03	10.34	19.65	14.62
		E1-2	28.38	18.25	13.42	13.75	25.48	17.06
		E1-3	17.27	11.12	8.93	10.97	16.31	11.04
		El Centro 波	33.82	37.49	16.84	15.78	32.03	23.93
		均值	25.47	21.44	12.06	12.71	23.37	16.66

从表 2.4-10 中的数据可以看出,中墩位置上弦杆、主跨跨中的下弦杆以及中墩处横槽向斜联杆在地震过程中的动应力较大,表明在地震激励下以上位置处的响应较为剧烈。

由于试验中各种因素的影响,采集的数据具有一定的离散性,为比较渡槽内加水后杆件应力的变化,取 E1 地震作用下杆件应力变化幅值的均值进行比较,如图 2.4-35 所示。

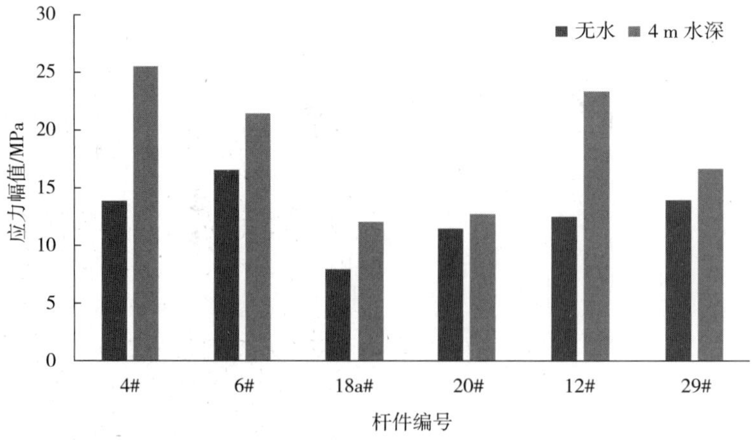

图 2.4-35　E1 地震作用下无水及 4 m 水深工况杆件动应力幅值对比

从图 2.4-35 可以看出,渡槽内 4 m 水深工况下杆件应力变化幅值大于无水工况。

试验结果表明，在 E1 地震作用激励下，渡槽内水体对渡槽杆件结构的应力响应整体上有增大的趋势。

对各地震工况下的结构强度进行验算，通过试验得到杆件在地震作用下的应力变化时程，提取其应力变化的幅值，并与静力条件下杆件的应力结果相叠加，得到杆件在地震作用下的最大应力，如表 2.4-11 所示。试验结果表明，在 E1 地震作用下结构强度能够满足要求。

表 2.4-11　各地震工况下结构强度验算

杆件编号	水深/m	地震作用	静力条件下应力/MPa	地震工况应力变化幅值/MPa	杆件应力/MPa	杆件屈服应力/MPa
4#	0	人工波 E1-1	38.69	11.66	50.35	345
6#			30.96	19.29	50.25	345
18a#			22.33	9.09	31.42	420
20#			-51.87	12.77	-64.64	345
12#			-60.70	10.57	-71.27	420
29#			-35.72	12.96	-48.69	345
4#		人工波 E1-2	38.69	14.69	53.38	345
6#			30.96	14.95	45.91	345
18a#			22.33	7.32	29.66	420
20#			-51.87	12.90	-64.77	345
12#			-60.70	13.26	-73.96	420
29#			-35.72	14.98	-50.70	345
4#		人工波 E1-3	38.69	11.99	50.67	345
6#			30.96	18.34	49.30	345
18a#			22.33	7.77	30.11	420
20#			-51.87	9.52	-61.39	345
12#			-60.70	12.50	-73.20	420
29#			-35.72	12.30	-48.03	345
4#		El Centro 波	38.69	17.09	55.78	345
6#			30.96	13.79	44.75	345
18a#			22.33	7.65	29.99	420
20#			-51.87	10.78	-62.65	345
12#			-60.70	13.47	-74.17	420
29#			-35.72	15.76	-51.48	345

续表

杆件编号	水深/m	地震作用	静力条件下应力/MPa	地震工况应力变化幅值/MPa	杆件应力/MPa	杆件屈服应力/MPa
4#	4	人工波 E1-1	103.77	22.41	126.18	345
6#			86.19	18.91	105.10	345
18a#			-64.01	9.03	-73.04	420
20#			-124.91	10.34	-135.25	345
12#			-155.09	19.65	-174.74	420
29#			-98.77	14.62	-113.38	345
4#		人工波 E1-2	103.77	28.38	132.15	345
6#			86.19	18.25	104.44	345
18a#			-64.01	13.42	-77.43	420
20#			-124.91	13.75	-138.67	345
12#			-155.09	25.48	-180.57	420
29#			-98.77	17.06	-115.83	345
4#		人工波 E1-3	103.77	17.27	121.04	345
6#			86.19	11.12	97.31	345
18a#			-64.01	8.93	-72.94	420
20#			-124.91	10.97	-135.88	345
12#			-155.09	16.31	-171.40	420
29#			-98.77	11.04	-109.81	345
4#		El Centro 波	103.77	33.82	137.59	345
6#			86.19	37.49	123.68	345
18a#			-64.01	16.84	-80.85	420
20#			-124.91	15.78	-140.69	345
12#			-155.09	32.03	-187.12	420
29#			-98.77	23.93	-122.70	345

2)渡槽端部位移

根据渡槽设计方案，钢结构渡槽与混凝土渡槽相接处设有大变位止水伸缩缝，该伸缩缝的变形技术要求为：纵向变形 ± 175 mm，竖向变形 ± 15 mm，横向变形 ± 15 mm。由于混凝土引桥与钢结构渡槽结构形式具有较大差异，地震工况下二者不是协同变形，当变形缝的相对位移超过限值时，可能出现漏水风险。由于混凝土渡槽两侧后期回填土和恢复道路，可以按混凝土渡槽端部与地面运动一致考虑，因此变形缝的变形情况按槽端与地面的相对位移情况进行评价。

通过常规振动台模型试验，得到了不同地震动作用下钢结构渡槽端部与地面的相对位移情况，如表 2.4-12 所示。

表 2.4-12　渡槽端部最大位移

工况	地震激励	纵向最大位移/mm	横向最大位移/mm
无水	E1-1	10.85	11.82
	E1-2	7.88	14.54
	E1-3	8.66	13.07
	El Centro 波	10.98	34.20
4 m 水深	E1-1	11.77	10.25
	E1-2	8.67	13.24
	E1-3	5.65	8.99
	El Centro 波	12.28	32.51

从表 2.4-12 可以看出，场地安评波 E1 地震作用下，渡槽端部的纵向最大位移为 11.77 mm，横向最大位移为 14.54 mm，略低于允许限值，基本满足抗震需求；但在同场地类型的 El Centro 波激励下，槽端的横向最大位移达到了 34.20 mm，超过了止水带的允许限制，存在一定的漏水风险。

2.4.8.2　E2 地震作用

1）杆件应力

试验过程中通过应变片得到杆件的应变变化情况，根据缩尺模型试验的应力应变相似关系，得到原型渡槽结构中的杆件在地震作用下的应力增量动态变化情况，其中典型杆件（拱肋 12#杆）在 E2 地震动作用下的动应力时程曲线如图 2.4-36 所示。

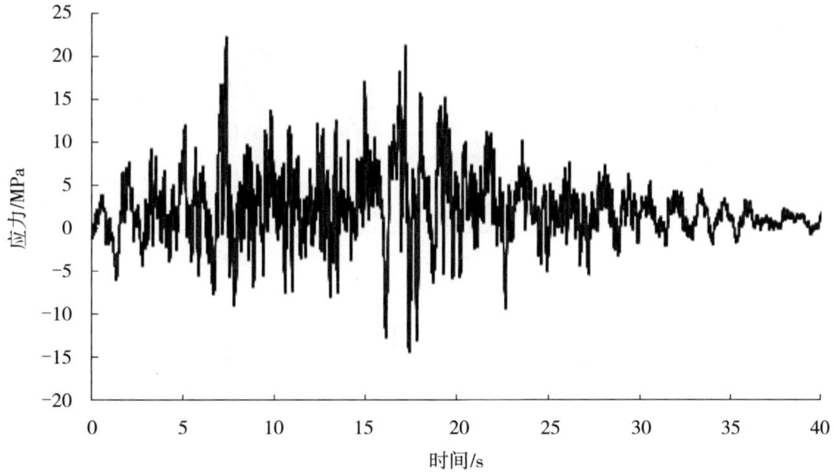

图 2.4-36　拱肋 12#杆动应力时程曲线

渡槽模型对应原型结构杆件在 E2 地震作用下的应力变化幅值情况如表 2.4-13 所示。

表 2.4-13　杆件动应力变化幅值

条件			4#	6#	18a#	20#	12#	29#
E2	无水	E2-1	21.37	19.72	11.96	18.15	22.24	22.00
		E2-2	20.62	19.89	10.33	16.73	16.42	20.88
		E2-3	17.10	25.01	11.26	14.88	16.50	21.62
		El Centro 波	24.22	27.88	12.70	14.52	21.65	25.92
		均值	20.83	23.13	11.56	16.07	19.20	22.60
	4 m 水深	E2-1	31.47	23.42	12.89	14.84	26.86	25.50
		E2-2	29.23	25.28	17.51	18.99	29.16	22.34
		E2-3	28.11	18.89	12.95	15.09	24.30	21.69
		El Centro 波	39.20	26.72	16.49	21.33	32.67	28.06
		均值	32.00	23.58	14.96	17.56	28.25	24.40

从表 2.4-13 可以看出，中墩位置上弦杆、主跨跨中的下弦杆以及中墩处横槽向斜联杆在地震过程中的动应力较大，表明在地震激励下以上位置处响应较为剧烈。

由于试验中各种因素的影响，采集的数据具有一定的离散性，为比较渡槽内加水后杆件应力的变化，取 E2 地震作用下杆件应力变化幅值的均值进行比较，如图 2.4-37 所示。

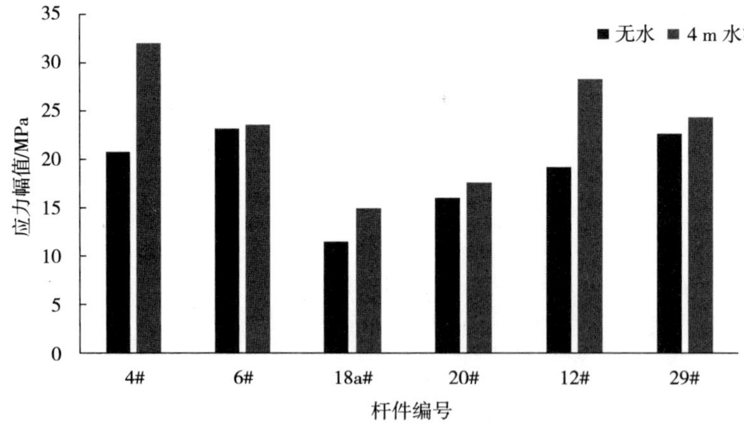

图 2.4-37　E2 地震作用下无水及 4 m 水深工况杆件动应力幅值对比

从图 2.4-37 可以看出，渡槽内 4 m 水深工况下杆件应力变化幅值大于无水工况。试验结果表明，在 E2 地震作用激励下，渡槽内水体对渡槽杆件结构的应力响应整体上有增大的趋势。

对各地震工况下的结构强度进行验算，通过试验得到杆件在地震作用下的应力变化时程，提取其应力变化的幅值，并与静力条件下杆件的应力结果相叠加，得到杆件在地震作用下的最大应力，如表 2.4-14 所示。试验结果表明，在 E2 地震作用下结构强度能够满足要求。

表 2.4-14　各地震工况下结构强度验算

杆件编号	水深/m	地震作用	静力条件下应力/MPa	地震工况应力变化幅值/MPa	杆件应力/MPa	杆件屈服应力/MPa
4#	0	人工波 E2-1	38.69	21.37	60.06	345
6#			30.96	19.72	50.68	345
18a#			22.33	11.96	34.29	420
20#			−51.87	18.15	−70.01	345
12#			−60.70	22.24	−82.94	420
29#			−35.72	22.00	−57.73	345
4#		人工波 E2-2	38.69	20.62	59.31	345
6#			30.96	19.89	50.85	345
18a#			22.33	10.33	32.67	420
20#			−51.87	16.73	−68.60	345
12#			−60.70	16.42	−77.12	420
29#			−35.72	20.88	−56.60	345
4#		人工波 E2-3	38.69	17.10	55.79	345
6#			30.96	25.01	55.97	345
18a#			22.33	11.26	33.60	420
20#			−51.87	14.88	−66.74	345
12#			−60.70	16.50	−77.20	420
29#			−35.72	21.62	−57.34	345
4#		El Centro 波	38.69	24.22	62.90	345
6#			30.96	27.88	58.84	345
18a#			22.33	12.70	35.04	420
20#			−51.87	14.52	−66.39	345
12#			−60.70	21.65	−82.35	420
29#			−35.72	25.92	−61.64	345
4#	4	人工波 E2-1	103.77	31.47	135.24	345
6#			86.19	23.42	109.62	345
18a#			−64.01	12.89	−76.90	420
20#			−124.91	14.84	−139.76	345
12#			−155.09	26.86	−181.95	420
29#			−98.77	25.50	−124.27	345

续表

杆件编号	水深/m	地震作用	静力条件下应力/MPa	地震工况应力变化幅值/MPa	杆件应力/MPa	杆件屈服应力/MPa
4#	4	人工波 E2-2	103.77	29.23	133.00	345
6#			86.19	25.28	111.47	345
18a#			-64.01	17.51	-81.52	420
20#			-124.91	18.99	-143.91	345
12#			-155.09	29.16	-184.25	420
29#			-98.77	22.34	-121.11	345
4#		人工波 E2-3	103.77	28.11	131.88	345
6#			86.19	18.89	105.08	345
18a#			-64.01	12.95	-76.96	420
20#			-124.91	15.09	-140.00	345
12#			-155.09	24.30	-179.39	420
29#			-98.77	21.69	-120.45	345
4#		El Centro 波	103.77	39.20	142.97	345
6#			86.19	26.72	112.91	345
18a#			-64.01	16.49	-80.50	420
20#			-124.91	21.33	-146.25	345
12#			-155.09	32.67	-187.76	420
29#			-98.77	28.06	-126.83	345

从表 2.4-14 可以看出，中墩位置上弦杆、主跨跨中的下弦杆以及中墩处横槽向斜联杆在地震过程中的最大应力较大，且与屈服应力的比值相对较大，最可能发生屈服，表明在地震激励下以上杆件是渡槽抗震的薄弱位置。

2）渡槽端部位移

通过常规振动台模型试验，得到了不同地震动作用下钢结构渡槽端部与地面的相对位移情况，如表 2.4-15 所示。

表 2.4-15 渡槽端部最大位移

工况	地震激励	纵向最大位移/mm	横向最大位移/mm
无水	E2-1	27.71	50.15
	E2-2	28.37	46.77
	E2-3	22.50	40.67
	El Centro 波	30.41	48.07

续表

工况	地震激励	纵向最大位移/mm	横向最大位移/mm
4 m水深	E2-1	20.79	20.88
	E2-2	19.45	36.78
	E2-3	11.08	18.23
	El Centro 波	16.63	39.89

从表 2.4-15 可以看出，在 E2 地震作用下，渡槽端部位移较 E1 地震作用均有明显增大，纵向最大位移增大到 30.41 mm，仍小于止水带允许的限值 175 mm；但横向最大位移已达到 50.15 mm，超过了止水带的允许限制 15 mm，存在较高的漏水风险。

2.4.9 小结

通过开展渡槽整体模型的常规振动台试验，模拟真实场地地震动作用条件下槽墩、摩擦摆支座、渡槽桁架及水体流固耦合等共同作用下渡槽结构的地震响应，通过分析杆件应力和位移的变化，得到如下结论。

（1）在场地地震动作用激励下，渡槽内水体对渡槽杆件结构的应力响应整体上有增大的趋势。

（2）钢结构渡槽在 E1、E2 地震作用下主体结构强度满足抗震要求。

（3）渡槽端部有发生止水带破坏并导致漏水的风险，E1 地震作用下风险较小，E2 地震作用下风险较高。由于变形缝止水带为可更换装置，对整体抗震性能影响不大。

2.5 摩擦摆支座地震响应分析

2.5.1 研究目的和方法

开展渡槽整体模型的常规振动台试验，模拟真实场地地震动作用条件下槽墩、摩擦摆支座、渡槽桁架及水体流固耦合等共同作用下渡槽结构的地震响应，通过分析摩擦摆支座上下的加速度和位移响应，研究摩擦摆支座的隔震效果和抗震性能。

2.5.2 试验方案设计

本试验方案与 2.4 节相同，试验模型、测点布置和试验工况均一致，此处不再赘述。

2.5.3 试验数据分析

2.5.3.1 加速度分析

利用加速度传感器,得到渡槽主墩支座上下位置处的加速度时程曲线,如图 2.5-1 至图 2.5-3 所示。

从图 2.5-1 至图 2.5-3 可以看出,地震波在从基底向上部墩顶传播的过程中,地震动峰值加速度由 1.215 m/s^2 增大到 21.262 m/s^2,表明槽墩对地震加速度有明显的放大效应;在经过支座后,传递到上部渡槽的地震动峰值加速度由 21.262 m/s^2 减小到 9.018 m/s^2,表明支座起到了明显的减震作用。其他工况中加速度时程变化规律相同,不再列出。计算渡槽的 4 个主墩支座的隔震率,结果如表 2.5-1 所示。

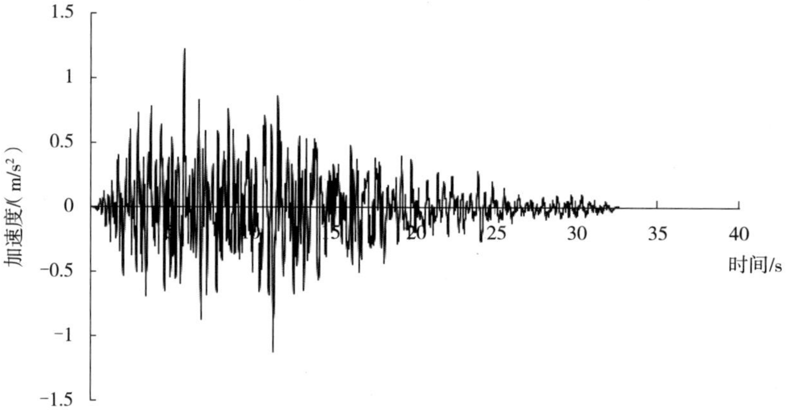

图 2.5-1 槽墩承台底地震动输入时程曲线

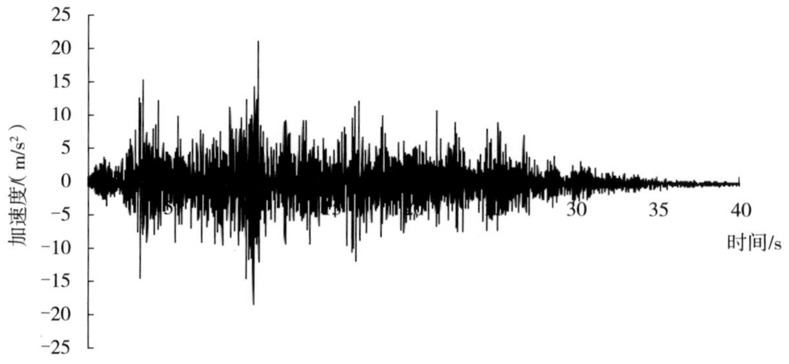

图 2.5-2 槽墩墩顶(支座下部)加速度时程曲线

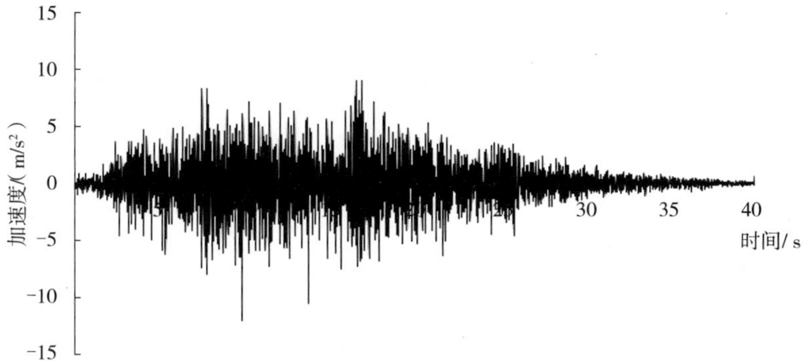

图 2.5-3　渡槽底(支座上部)加速度时程曲线

表 2.5-1　各地震工况下主墩摩擦摆支座的隔震率

工况	水深/m	*B* 处	*C* 处	*F* 处	*G* 处
人工波 E1-1	0	37.75%	20.36%	33.09%	42.02%
人工波 E1-2		39.15%	19.84%	40.55%	37.86%
人工波 E1-3		42.40%	11.54%	28.48%	1.99%
El Centro 波		65.53%	21.36%	63.25%	25.61%
人工波 E1-1	4	19.67%	17.18%	36.47%	9.78%
人工波 E1-2		27.52%	19.39%	41.26%	40.94%
人工波 E1-3		47.99%	1.78%	29.40%	14.41%
El Centro 波		47.66%	2.50%	33.23%	6.09%
人工波 E2-1	0	−25.25%	27.94%	−29.18%	47.12%
人工波 E2-2		25.50%	22.42%	49.65%	41.42%
人工波 E2-3		33.90%	36.58%	49.27%	53.71%
El Centro 波		41.76%	6.89%	46.75%	73.31%
人工波 E2-1	4	47.62%	13.93%	51.74%	52.61%
人工波 E2-2		32.49%	27.07%	29.97%	39.32%
人工波 E2-3		48.34%	21.86%	58.30%	22.52%
El Centro 波		48.54%	38.11%	65.49%	36.15%

从表 2.5-1 可以看出，不同工况条件下，支座隔震率存在差异，除个别工况因支座复位情况差异等因素造成的隔震率偏小或不隔震，大部分支座的隔震率为 20%~50%，表现出明显的隔震作用。

2.5.3.2 位移分析

通过位移测量系统得到地震作用下渡槽结构的位移时程，通过差值得到支座上下的相对位移时程，其中典型的相对位移曲线如图 2.5-4 所示。

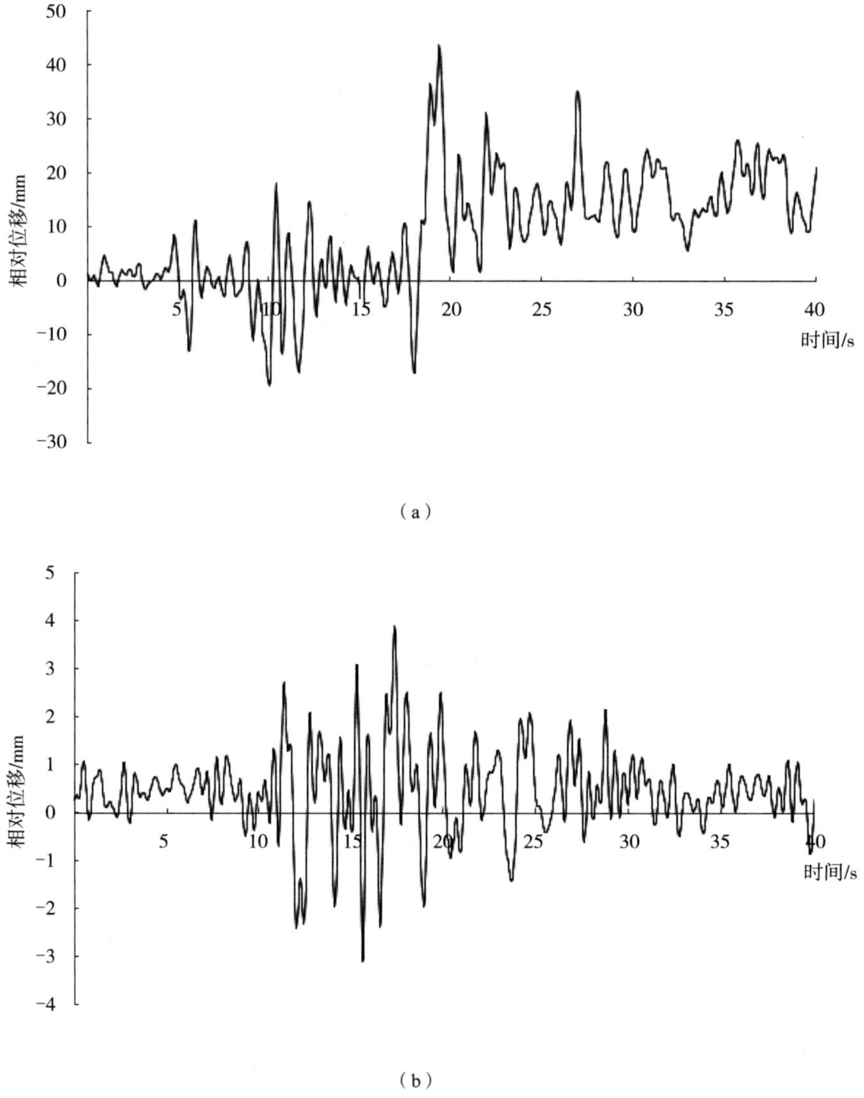

图 2.5-4 人工波作用下墩支座的相对位移时程

（a）A 墩支座 （b）B 墩支座

从图 2.5-4 可以看出，在振动试验过程中支座上下之间发生了明显的相对滑动，并且在地震动结束后相对位移量较小，体现出摩擦摆支座在地震结束后的自复位性能。

按照安评报告中的 E1、E2 以及 El Centro 波地震动，本组试验共包括 16 个工况下的振动台试验，支座上下的相对位移如表 2.5-2 所示。

表 2.5-2　地震作用下支座的相对位移

工况	水深/m	边墩支座最大相对位移/mm	中墩支座最大相对位移/mm
人工波 E1-1	0	11.82	9.99
人工波 E1-2		14.54	8.16
人工波 E1-3		13.07	6.17
El Centro 波		34.20	25.32
人工波 E1-1	4	10.25	5.61
人工波 E1-2		13.24	8.79
人工波 E1-3		8.99	3.89
El Centro 波		32.51	28.04
人工波 E2-1	0	50.15	15.58
人工波 E2-2		46.77	43.34
人工波 E2-3		40.67	19.03
El Centro 波		48.07	43.67
人工波 E2-1	4	20.88	13.80
人工波 E2-2		36.78	27.79
人工波 E2-3		18.23	18.12
El Centro 波		39.89	23.94

从表 2.5-2 可以看出，不同地震动激励条件下支座的相对位移情况不同，场地人工波比 El Centro 波工况下的相对位移小，表明支座的相对位移情况与地震动输入的特性具有相关性。随着地震动峰值加速度的增大，E2 作用下的支座相对位移明显大于 E1，表明大震条件下支座相对滑动和隔震效果更加明显。通过对比设计水位和无水工况可以看出，槽内水体会减小支座的相对位移量，对支座的隔震效果产生一定的影响。

此外，还可以看出，在人工波 E1、E2 以及 El Centro 波地震作用下，支座的最大相对位移为 48.07 mm，小于摩擦摆支座的设计抗震位移量 100 mm，因此摩擦摆支座在抗震位移方面能够满足渡槽工程场地的抗震要求。

2.5.4　小结

通过开展渡槽整体模型的常规振动台试验，模拟真实场地地震动作用条件下槽墩、摩擦摆支座、渡槽桁架及水体流固耦合等共同作用下渡槽结构的地震响应，通过分析摩擦摆支座上下的加速度和位移响应，得到如下结论。

（1）不同工况条件下，支座隔震率存在差异，大部分支座的隔震率为 20%~50%，表现出明显的隔震作用。

（2）支座相对位移情况与地震动输入的特性具有相关性。大震条件下支座相对滑动和隔震效果更加明显。

（3）设计水位条件下，槽内水体会减小支座的相对位移量，对支座的隔震效果产生一定的影响。

（4）在场地人工波 E1、E2 以及 El Centro 波地震作用下，支座的最大相对位移为 48.07 mm，小于摩擦摆支座的设计抗震位移量 100 mm，表明摩擦摆支座在抗震位移方面能够满足渡槽工程场地的抗震要求。

2.6 结论

本章建立了考虑流固耦合的渡槽抗震性能试验分析方法，通过对湑河总干渠渡槽开展离心机振动台试验、常规振动台试验以及数值模拟，得到了地震工况下桩基础、槽墩、钢渡槽、摩擦摆支座等渡槽重要结构构件的地震响应，通过分析得到如下结论。

（1）湑河总干渠渡槽整体结构在场地 E1、E2 地震作用下均能够满足抗震要求。

（2）渡槽端部有发生止水带破坏并导致漏水的风险，E1 地震作用下风险较小，E2 地震作用下风险较高。由于变形缝止水带为可更换装置，故对整体抗震性能的影响不大。

（3）桩基与承台交接处、岩土分界面处桩身弯矩值较大，这两个位置是桩基在地震过程中最先可能发生破坏的位置；承台与岩土分界面之间，桩身弯矩随着埋深的增大先减小后增大。

（4）地震工况下，槽墩混凝土应力在顶部与摩擦摆支座连接处以及底部与承台连接处最大，这些位置为抗震薄弱位置。

（5）摩擦摆支座上部地震动峰值加速度较下部均有降低，隔震效果明显，与 E1 地震作用相比，E2 地震作用下的隔震效果更明显；摩擦摆支座具有滤波作用，可将由下部槽墩向上传播的地震波的高频（短周期）成分滤掉。

第 3 章　渭河总干渠渡槽地震响应影响因素分析

3.1　概述

超大通航渡槽内部大质量水体对渡槽地震响应的影响并不明确，本章以水与结构的流固耦合作用为基础，逐步开展从动水压力、渡槽节段地震响应到渡槽整体地震响应的分析，并对渡槽地震响应进行影响因素分析。研究内容包括以下三项。

1）渡槽侧壁形状对动水压力的影响分析

通过离心机振动台模型试验，采用侧壁分别是平板和波形板的两种形式的刚性渡槽模型，分析槽内壁动水压力的分布规律和影响因素，并通过对比波形板与平板两种侧壁形式的渡槽在动水压力上的差异，分析渡槽侧壁形状对动水压力的影响。

2）大质量水体对渡槽节段的地震响应分析

通过离心机振动台模型试验，模拟槽墩、摩擦摆支座、渡槽桁架及水体流固耦合等共同作用下渡槽节段的地震响应，通过分析动水压力、杆件应力、槽墩应变等，研究渡槽内大质量水体在渡槽抗震中的作用。

3）大型渡槽整体地震响应的影响因素分析

通过开展渡槽整体模型的振动台试验，对水深、支座形式、地震动激励等影响因素进行分析，得到其地震响应的变化规律。

3.2　渡槽侧壁形状对动水压力的影响分析

3.2.1　研究目的和方法

为研究渡槽侧壁形状对动水压力的影响，采用侧壁分别是平板和波形板两种形式的刚性渡槽模型，通过离心机振动台模型试验，分析槽内壁动水压力的分布规律和影响因素，并通过对比波形板与平板两种侧壁形式的渡槽在动水压力上的差异，分析渡槽侧壁形状对动水压力的影响。

3.2.2　试验原理

土工离心模型试验的原理同样适用于水体。渡槽内水体对槽壁的作用主要体现在其水压力上，在水工结构常规的缩尺模型试验中，要满足水压力的相似关系，水体密度需提高相应的倍数，但目前可实现的水体密度增大方法仅能达到 1.5 倍，因此常规的缩尺模型试验难以再现原型的应力特性。而在超重力场中，1/*N* 缩尺的模型在离心加速度为 *Ng* 的环境下，模型水压力与原型相似，能再现原型水工结构的应力、应变、变形及破坏机理等。

试验的相似准则、相关的试验设备等与第 2 章相同，此处不再赘述。

3.2.3　模型设计

结合离心机振动台台面尺寸、地震动频率范围等因素，综合确定本组试验的相似比尺为 1 : 30。平板模型和波形板模型的渡槽内净空尺寸为：长 770 mm，宽 543 mm，高 300 mm。渡槽模型采用钢材。试验中槽内水深为 230 mm，在 30*g* 条件下，可以模拟原型 6.9 m 水深在 16 m 宽的渡槽内的水体振动所形成的动水压力变化。

平板侧壁渡槽模型设计如图 3.2-1 所示。

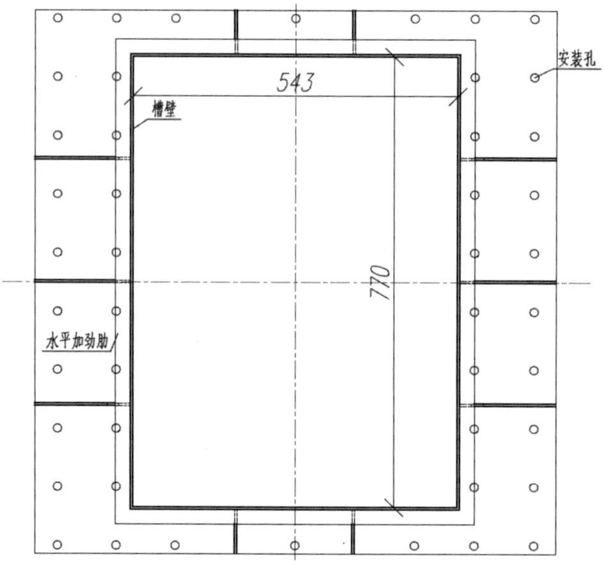

(a)

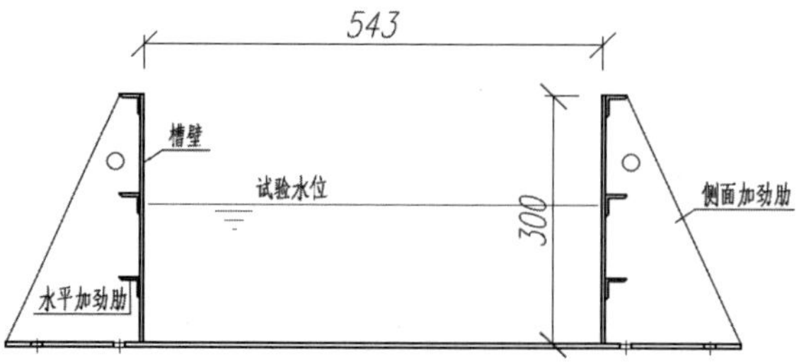

(b)

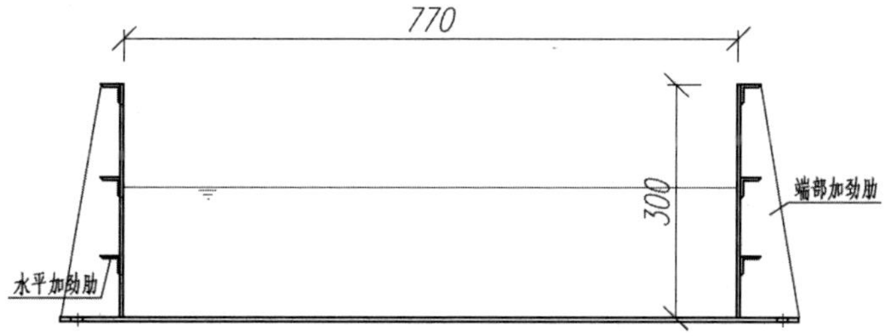

（c）

图 3.2-1　平板侧壁渡槽模型(单位:mm)

（a）平面图　（b）横断面图　（c）纵断面图

波形板侧壁渡槽模型设计如图 3.2-2 所示。

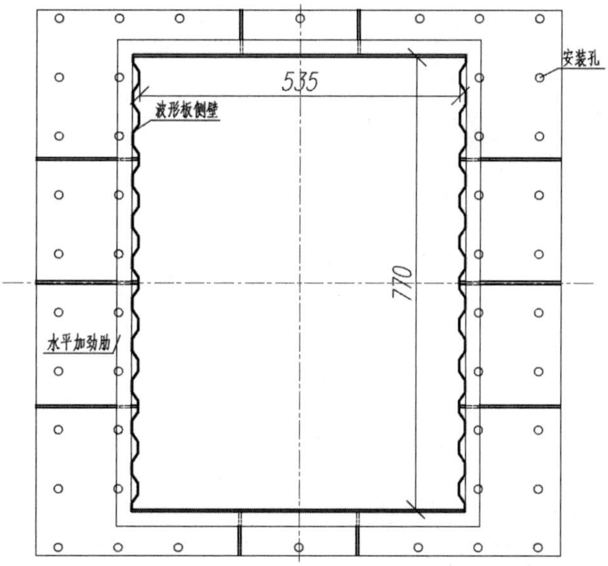

（a）

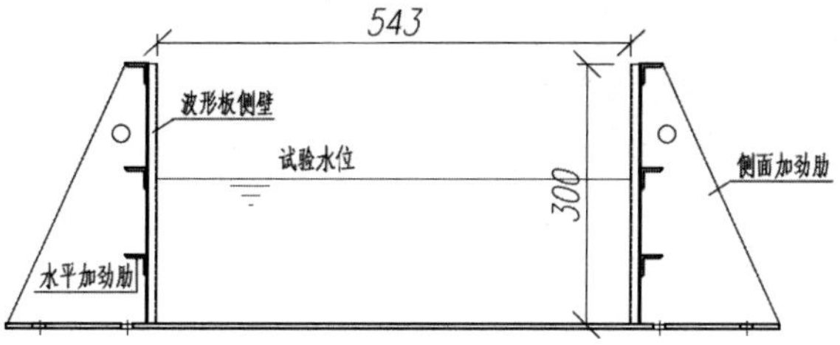

（b）

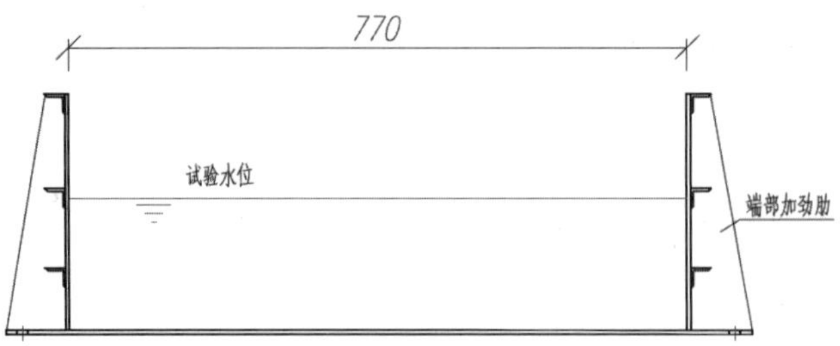

（c）

图 3.2-2　波形板侧壁渡槽模型(单位:mm)

(a)平面图　(b)横断面图　(c)纵断面图

平板和波形板渡槽模型加工如图 3.2-3 所示,试验过程如图 3.2-4 所示。

图 3.2-3　刚性渡槽模型加工

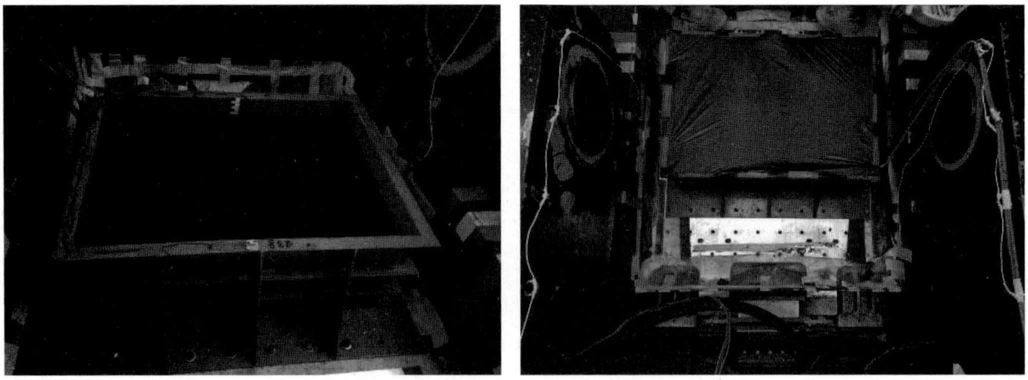

图 3.2-4　平板和波形板渡槽试验照片

3.2.4　试验加载工况

地震动的频率成分较为复杂,为了在试验中分析频率对渡槽内动水压力的影响,选取地震波中若干典型频率,分别将正弦波施加在渡槽上,进行渡槽与水体的流固耦合振动试验，并在试验中分析不同的加速度幅值对动水压力的影响，平板侧壁和波形板侧壁试验加载工况分别如表 3.2-1 和表 3.2-2 所示。

表 3.2-1　平板渡槽试验加载工况

工况	波形	原型		离心模型	
		频率/Hz	加速度幅值/(m^2/s)	频率/Hz	加速度幅值/(m/s^2)
P1-1	正弦波（P1 试验）	0.75	2.00	22.50	60.00
P1-2		1.00		30.00	
P1-3		2.00		60.00	
P1-4		3.00		90.00	
P1-5		4.00		120.00	
P1-6		5.00		150.00	
P2-1	正弦波（P2 试验）	2.00	0.50	60.00	15.00
P2-2			1.00		30.00
P2-3			2.50		75.00
P2-4			5.00		150.00

表 3.2-2　波形板渡槽试验加载工况

工况	波形	原型		离心模型	
		频率/Hz	加速度幅值/(m/s^2)	频率/Hz	加速度幅值/(m/s^2)
B1-1	正弦波（B1 试验）	0.75	2.00	22.50	60.00
B1-2		1.00		30.00	
B1-3		2.00		60.00	
B1-4		3.00		90.00	
B1-5		4.00		120.00	
B1-6		5.00		150.00	
B2-1	正弦波（B2 试验）	2.00	0.50	60.00	15.00
B2-2			1.00		30.00
B2-3			2.50		75.00
B2-4			5.00		150.00

试验采用正弦波激励，振动幅值在初始和结束阶段采用渐变形式，离心机振动台台面采集到的典型加速度时程如图 3.2-5 所示。

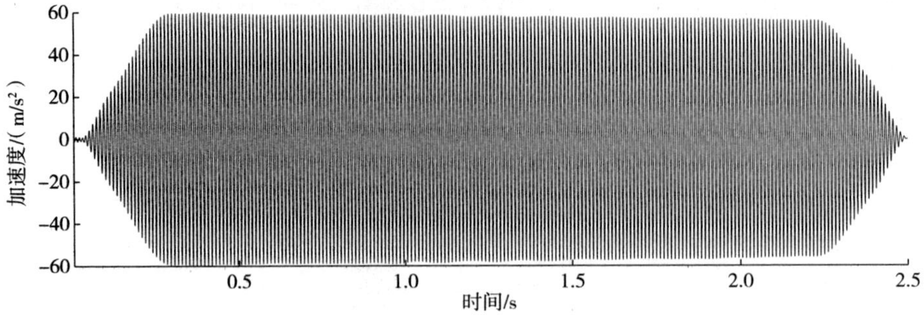

(a)

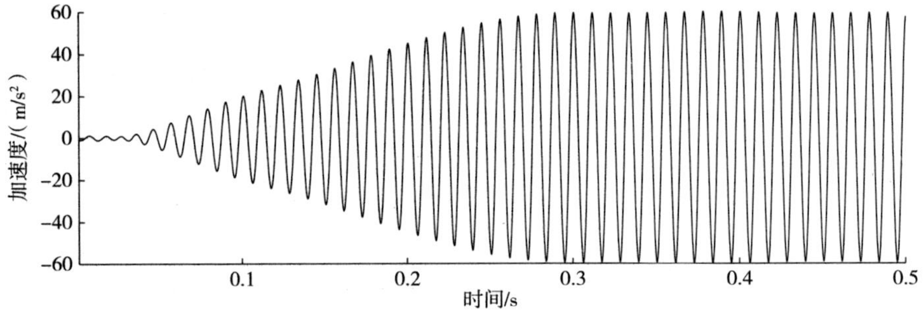

(b)

图 3.2-5　离心机振动台台面加速度时程

(a)0~2.5 s 完整加速度时程　(b)0~0.5 s 局部放大

3.2.5　监测方案

本次试验主要监测侧壁及底板动水压力变化情况，采用压力传感器进行测量，平板模型与波形板模型采用相同的测点布置方案，具体布置如图 3.2-6 至图 3.2-8 所示。

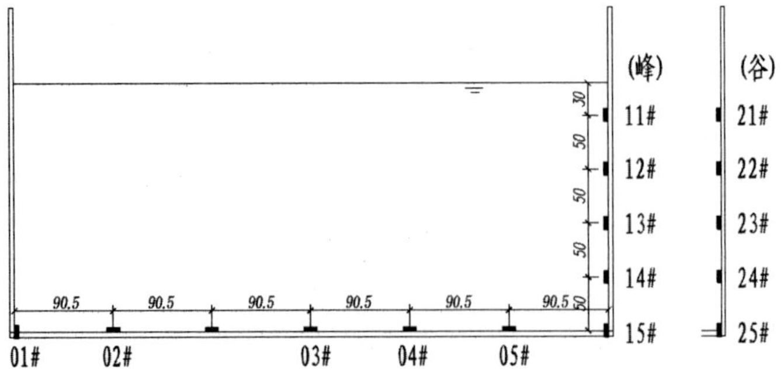

图 3.2-6　水压力测点布置方案

图 3.2-7　波形板模型测点布置

图 3.2-8　平板模型测点布置

3.2.6　试验数据分析

3.2.6.1　平板渡槽动水压力响应分析

1)内壁动水压力时程

内壁典型动水压力时程曲线如图 3.2-9 所示。

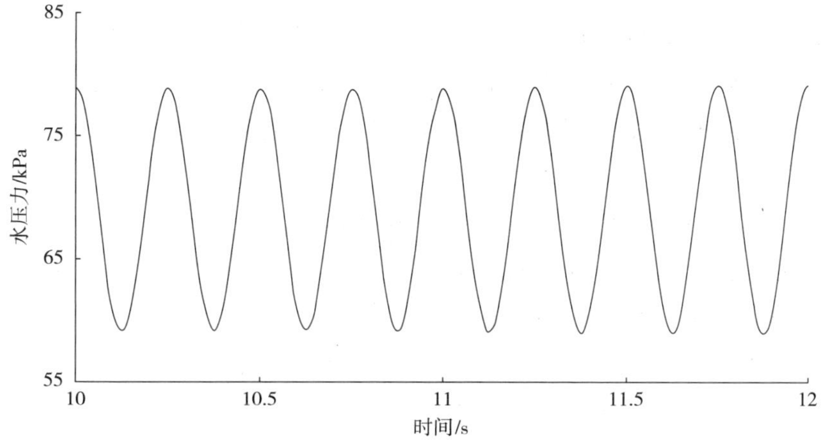

图 3.2-9　典型动水压力时程曲线

可以看出,在正弦波振动激励下,渡槽内部水体与侧壁之间的水压力变化曲线也是正弦波形式,频率与振动激励相同,不同位置处的动水压力曲线在幅值和相位上有所差异。波形板模型的水压力变化曲线与此类似,后续不再列出。

2)底板动水压力分布规律

通过渡槽内布置的压力传感器,采集到地震激励过程中渡槽相应位置所受的动水压力。P1-3 工况下平板渡槽底板动水压力分布情况如图 3.2-10 所示。

由图 3.2-10 可知,底板动水压力响应峰值在中部最小,为 1.1 kPa,两侧最大,为 11.2 kPa,底板动水压力响应峰值呈中间小两边大的漏斗状分布,即越靠近侧壁,底板的动水压力响应峰值越大。

3）侧壁动水压力竖向分布规律

选取典型 P1-3 工况分析平板渡槽侧壁动水压力竖向分布情况，如图 3.2-11 所示。

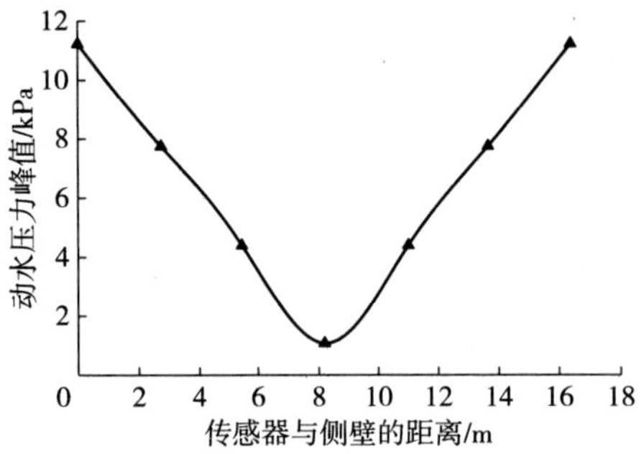

图 3.2-10 平板渡槽底板动水压力响应峰值（P1-3 工况）

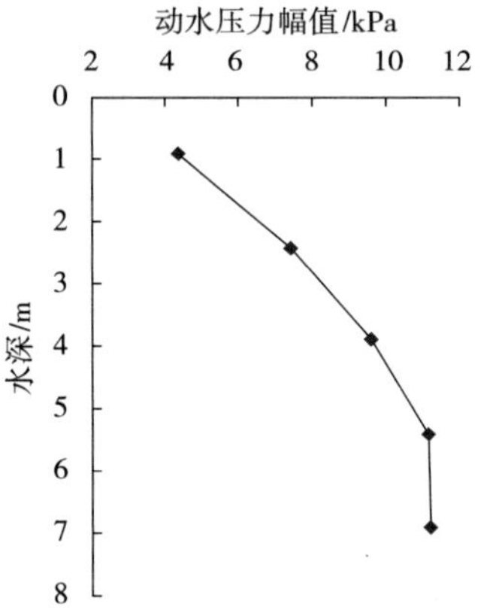

图 3.2-11 平板渡槽侧壁动水压力响应峰值（P1-3 工况）

由图 3.2-11 可知，平板渡槽侧壁动水压力响应峰值随水深的增加而逐渐增大，顶部峰值最小，为 4.4 kPa，底部峰值最大，为 11.2 kPa。与静水压力分布规律不同的是，动水压力响应峰值在水深方向并不是线性增加的，随着水深增大，动水压力幅值增加量逐渐减小。

4）地震频率对平板侧壁动水压力的影响（P1 试验）

通过 P1 试验中不同频率的正弦波激励，模拟地震不同频率成分对平板渡槽侧壁动水压力的影响，得到同一点位在不同频率下的动水压力幅值变化情况，如图 3.2-12 所示。

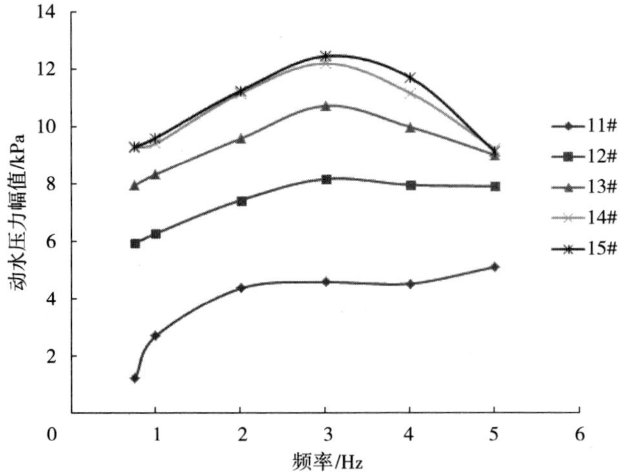

图 3.2-12 平板渡槽侧壁动水压力幅值随频率变化曲线

从图 3.2-12 可以看出，在相同幅值的正弦波激励条件下，侧壁动水压力幅值随振动频率变化而变化，当振动频率小于 3 Hz 时，侧壁动水压力幅值随频率的增大而增大，当振动频率大于 3 Hz 时，侧壁动水压力幅值随频率的增大而减小。

侧壁动水压力幅值竖向分布规律随频率的变化情况如图 3.2-13 所示。

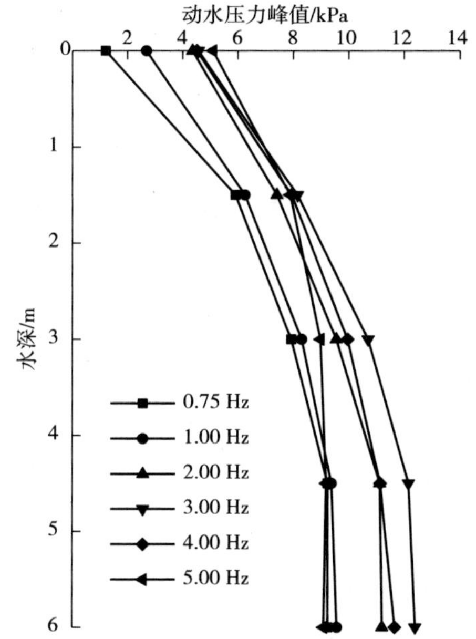

图 3.2-13　侧壁动水压力幅值竖向分布规律随频率变化曲线

从图 3.2-13 可以看出，频率在影响动水压力幅值的同时，也影响其竖向分布规律，在高频率（如 3 Hz 以上）的情况下，动水压力随水深的增加量显著减小，使得动水压力幅值沿竖向的分布更加均匀。

5）地震幅值对平板侧壁动水压力的影响（P2 试验）

通过 P2 试验中同一频率、不同地震动峰值加速度的正弦波激励，得到同一点位在不同地震动峰值加速度下的动水压力幅值变化情况，如图 3.2-14 所示。

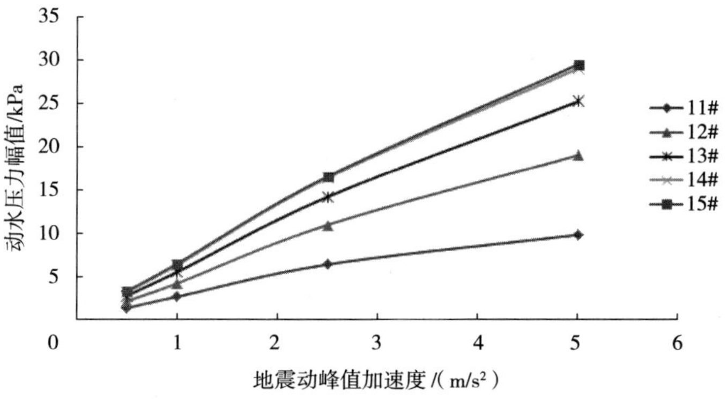

图 3.2-14　同一测点处动水压力幅值随地震动峰值加速度变化曲线

对比同一测点不同地震动峰值加速度下的动水压力幅值,可以看出,动水压力幅值随着地震动峰值加速度的增大而增大,并且基本呈现线性增长的关系。

侧壁动水压力幅值竖向分布规律随地震动峰值加速度的变化情况如图 3.2-15 所示。

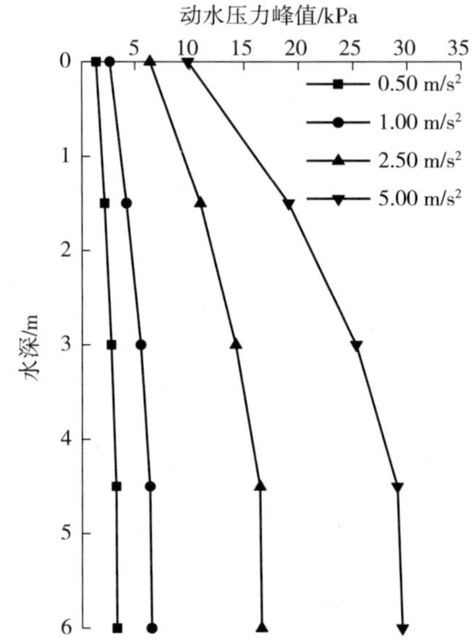

图 3.2-15 不同地震幅值下平板渡槽侧壁动水压力分布规律

由图 3.2-15 可知,随着激励幅值的增加,平板渡槽侧壁动水压力幅值竖向分布规律基本保持一致,随着水深的增大,动水压力变化峰值增加量均逐渐减小。

3.2.6.2 波形板渡槽动水压力响应分析

1)底板动水压力分布规律

通过渡槽内布置的压力传感器,采集到地震激励过程中渡槽相应位置所受的动水压力。B1-3 工况下波形板渡槽底板动水压力分布情况如图 3.2-16 所示。

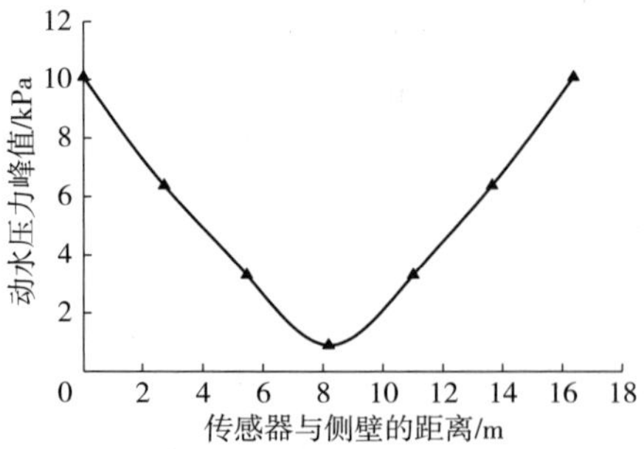

图 3.2-16 波形板渡槽底板动水压力响应峰值(B1-3 工况)

由图 3.2-16 可知,底板动水压力响应峰值的最小值为 0.9 kPa,最大值为 10.1 kPa,

底板动水压力响应峰值呈中间小两边大的漏斗状分布，即越靠近侧壁，底板的动水压力变化峰值越大，与平板模型的规律一致。

2）侧壁动水压力分布规律

选取典型 B1-3 工况，分析波形板渡槽侧壁动水压力分布情况，如图 3.2-17 所示。

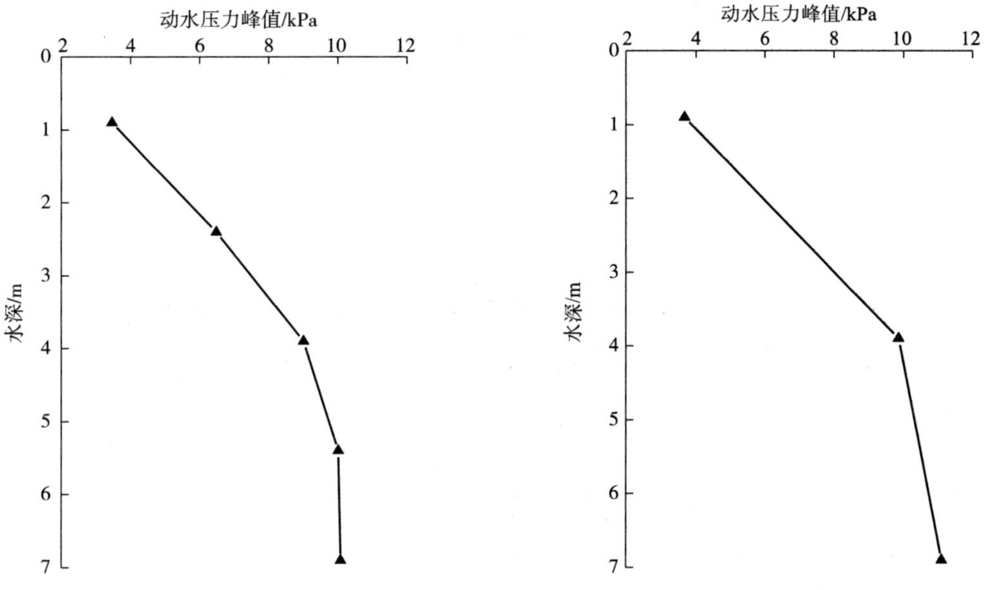

图 3.2-17　波形板渡槽侧壁动水压力响应峰值

（a）波峰　（b）波谷

由图 3.2-17 可知，波形板渡槽侧壁动水压力响应峰值随水深的增加而逐渐增大，侧壁波峰处动水压力响应峰值顶部最小，为 3.5 kPa，底部最大，为 10.1 kPa；侧壁波谷处动水压力响应峰值顶部最小，为 3.7 kPa，底部最大，为 11.1 kPa。与静水压力分布规律不同的是，动水压力变化峰值在水深方向并不是线性增加的，随着水深的增大，动水压力变化峰值增加量逐渐减小。该规律与平板模型一致。

从图 3.2-17 还可以看出，对于波形板，同一水深处，侧壁波谷处的动水压力响应峰值大于波峰处，该规律也存在于其他振动工况中。其原因在于波形板的形状特殊，斜面部分的侧壁反射回的水压力波会在波谷处相遇，从而形成更大的动水压力峰值。

3）地震频率对波形板侧壁动水压力的影响

通过 B1 试验中不同频率的正弦波激励，模拟地震不同频率成分对波形板渡槽侧壁动水压力的影响，得到同一点位在不同频率下的动水压力幅值变化情况，以波峰处为例，如图 3.2-18 所示。

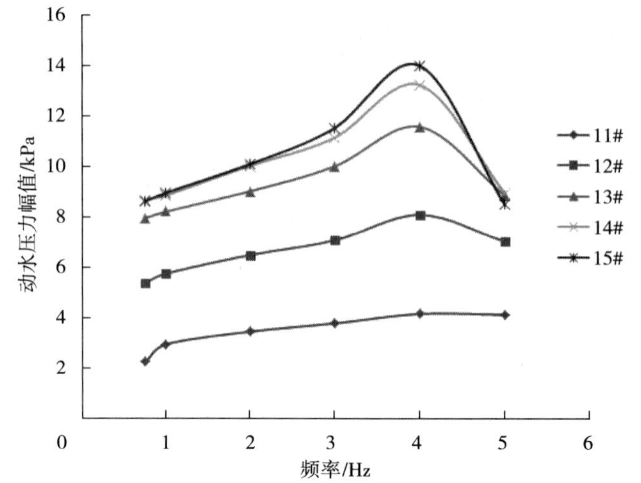

图 3.2-18　波形板渡槽侧壁动水压力变化幅值随频率变化曲线

从图 3.2-18 可以看出，在相同幅值的正弦波激励条件下，侧壁动水压力幅值随振动频率变化而变化，当振动频率小于 4 Hz 时，侧壁动水压力幅值随频率的增大而增大，当振动频率大于 4 Hz 时，侧壁动水压力幅值随频率的增大而减小。

平板与波形板模型的峰值频率分别是 3 Hz 和 4 Hz，这可能是因为当前水深和槽宽条件下峰值响应频率介于 3~4 Hz，或者是由波形侧壁对动水压力的反射影响造成的，后续将在数值模型中加以分析和验证。

4）地震幅值对波形板侧壁动水压力的影响

通过 B2 试验中同一频率、不同地震动峰值加速度的正弦波激励，得到同一点位在不同地震动峰值加速度下的动水压力幅值变化情况，以波峰处为例，如图 3.2-19 所示。

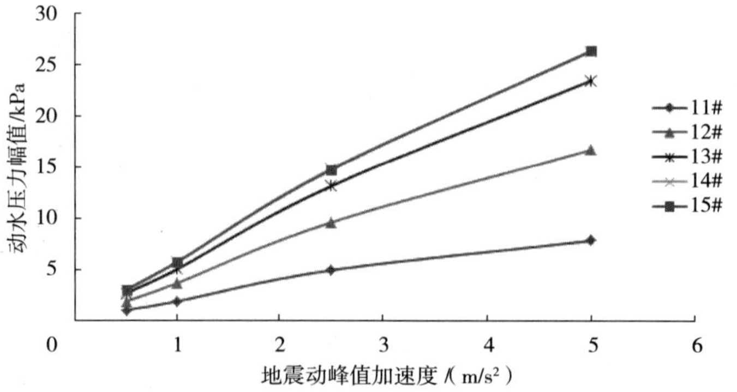

图 3.2-19　同一测点处动水压力幅值随地震动峰值加速度变化曲线

通过对比同一测点相同频率、不同振动峰值下的动水压力幅值，可以看出，动水压力幅值随着地震动峰值加速度的增大而增大，并且基本呈现线性增长。这与平板模型的规律一致。

3.2.6.3　平板和波形板渡槽侧壁动水压力的对比

以侧壁动水压力幅值作为对比标准，分析波形板侧壁在渡槽抗震中起到的作用。取波形板侧壁底部波峰与波谷处动水压力峰值的均值，与平板模型相同位置处的动水压力幅值进行对比，如图 3.2-20 所示。

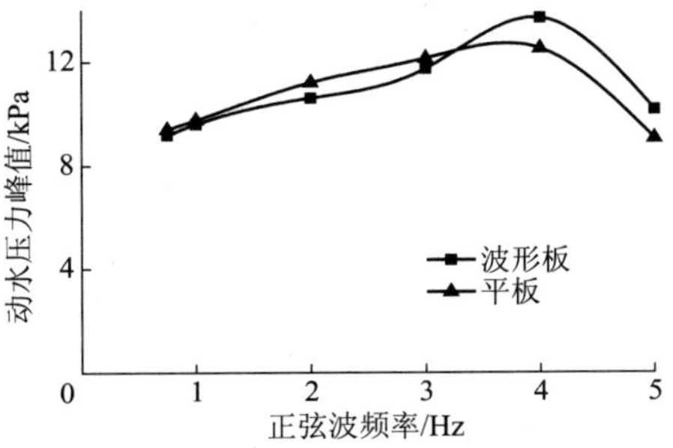

图 3.2-20　不同地震频率下平板和波形板渡槽侧壁动水压力幅值对比

从图 3.2-20 可以看出，激振频率在 3 Hz 以下时，波形板渡槽侧壁动水压力幅值小于平板渡槽，最大减小量为平板渡槽的 5.4%(2 Hz 工况下)，表明该条件下波形板具有一定的减震效果；频率达到 4 Hz 以上后，波形板渡槽侧壁动水压力幅值大于平板渡槽，表明该条件下波形板不具有减震效果。试验结果表明，波形板的减震效果与地震动的频率相关，在 3 Hz 以下时波形板具有一定的减震效果， 4 Hz 以上时其不具有减震效果。综合判断，波形板侧壁在渡槽抗震方面的作用不显著。

3.2.7　小结

通过离心机振动台试验，得到了正弦波激励下平板和波形板渡槽的动水压力响应，通过分析可以得出以下结论。

(1)渡槽底板动水压力幅值呈中间小、两边大的漏斗状分布，即越靠近侧壁处，动水压力幅值越大。

(2)渡槽侧壁动水压力幅值竖向分布不均匀，动水压力幅值随水深的增加而增大，而且增大趋势是非线性的，随着水深的增大，动水压力幅值增加量逐渐减小。

(3)渡槽动水压力幅值与地震激励的地震动峰值加速度正相关，随着加速度增大，动水压力幅值线性增大。

(4)渡槽动水压力幅值与地震激励频率有关：在频率小于 3 Hz 时，动水压力幅值随频率的增大而增大；当频率大于 4 Hz 时，动水压力幅值随频率的增大而减小。

(5)波形板的减震效果与地震动的频率相关，波形板在 3 Hz 以下时具有一定程度的减震效果，动水压力峰值降低约 5%； 4 Hz 以上时不具有减震效果。综合判断，波形板侧壁在渡槽抗震方面作用不显著。

3.3　大质量水体对渡槽节段的地震响应分析

3.3.1　研究目的和方法

试验模拟槽墩、摩擦摆支座、渡槽桁架及水体流固耦合等共同作用下渡槽节段的地震响应，通过分析动水压力、杆件应力、槽墩应变等，研究渡槽内大质量水体在渡槽抗震中的作用。

将渡槽节段及内部水体转化为等效质量进行地震响应离心机振动台试验，将槽墩及渡槽位移和应力响应等试验结果与流固耦合试验的结果进行对比分析，对等效质量法的适用性进行分析。另外，利用试验结果标定数值模型，用全桥等效质量法分析槽墩的抗震性能。

3.3.2　试验模型设计

3.3.2.1　槽墩模型

原型结构渡槽中墩处的承台是两个独立结构，如图 3.3-1 所示，考虑两处承台及下部桩基均位于基岩中，将其简化为整体结构，结合离心机振动台台面尺寸及安装要求，对槽墩及承台模型进行设计。

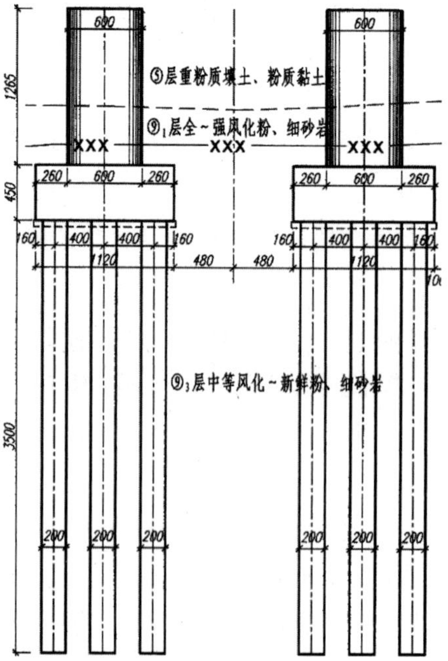

图 3.3-1　原型槽墩结构(单位:cm)

槽墩尺寸按照 1∶30 进行缩尺，混凝土采用 C40 混凝土，主筋及箍筋配筋率与原型结构保持一致。模型设计及加工制作过程如图 3.3-2 至图 3.3-4 所示。

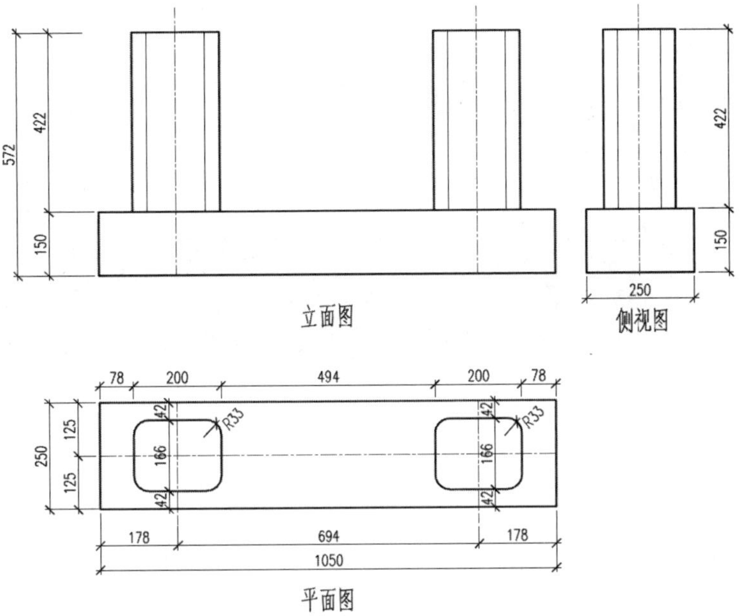

图 3.3-2　承台及槽墩模型设计图（单位：mm）

图 3.3-3　钢筋笼加工及混凝土浇筑

3.3.2.2　渡槽节段模型

渡槽节段选取中墩上部两侧共 4 个桁节长度的子结构作为研究对象，按轴向刚度等效原则对原型结构的主要构件按 1∶30 进行缩尺，截面积和前三阶模态频率误差控制在 5%以内，材料采用与原型结构相同的钢材。原型及模型主要杆件尺寸如表 3.3-1 所示。

图 3.3-4　槽墩及承台模型

表 3.3-1　原型及模型主要杆件尺寸

原型杆件编号	模型杆件编号	模型尺寸/(mm × mm × mm)
4	1	30 × 30 × 2.2
8	2	30 × 40 × 1.2
11	3	30 × 60 × 2
12	4	30 × 60 × 2.75
14a	5	30 × 30 × 1.8
15	5	30 × 30 × 1.8
15a	5	30 × 30 × 1.8
17	13	15 × 30 × 2
18	5	30 × 30 × 1.8
19	1	30 × 30 × 2.2
20	1	30 × 30 × 2.2
25	12	40 × 20 × 1.8
26/2	6	13 × 13 × 1
27	7	15 × 20 × 1
28	8	20 × 30 × 1
29	9	10 × 20 × 1
16	10	10 × 30 × 1.5
16a/2	8	20 × 30 × 1
19/2	10	10 × 30 × 1.5
29/2	11	10 × 10 × 0.8

由于是节段模型（图 3.3-5），槽内壁两端设封堵钢板，钢板与侧壁之间留有 5 mm 的缝隙，用柔性玻璃胶连接，这样既可以减小对两侧壁的振动影响，也可以起到防水密闭的效果。

图 3.3-5　渡槽节段试验模型

3.3.2.3　摩擦摆支座模型

以保证隔震前后结构周期和刚度满足相似关系为原则，对渡槽工程所采用的支座进行 1∶30 缩尺，原型及模型支座的参数如表 3.3-2 所示。

表 3.3-2　摩擦摆支座原型及模型参数

物理量	原型参数	模型参数
等效半径/mm	4 000	133
设计位移/mm	100	3.33
摩擦系数	0.05	0.05
上部质量块的质量/kg	9×10^6	333.3

按设计尺寸对模型进行加工，设计图及加工完成的摩擦摆支座如图 3.3-6 和图 3.3-7 所示。

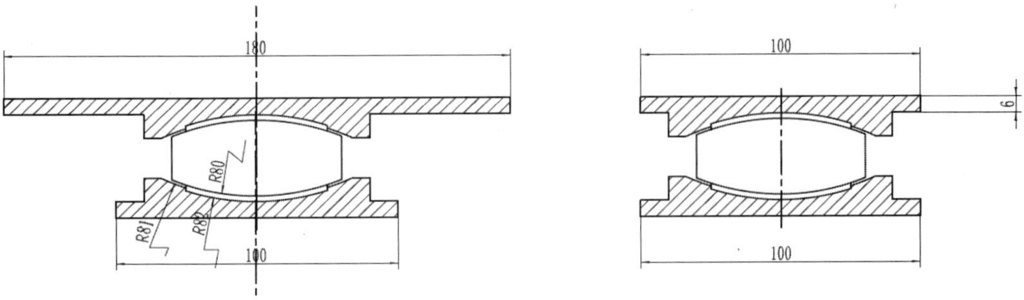

图 3.3-6　摩擦摆支座模型设计图（单位：mm）

图 3.3-7　摩擦摆支座模型

3.3.3　地震动输入

根据安评报告，试验中采用 E1、E2 地震动，加速度时程曲线分别如图 3.3-8 和图 3.3-9 所示，对槽墩及渡槽节段模型进行地震响应分析。

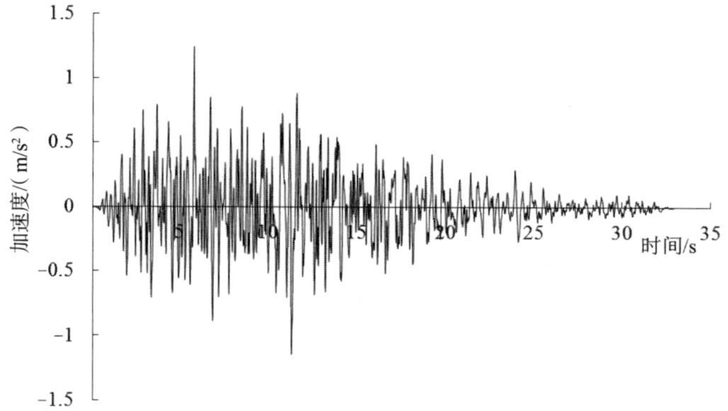

(a)

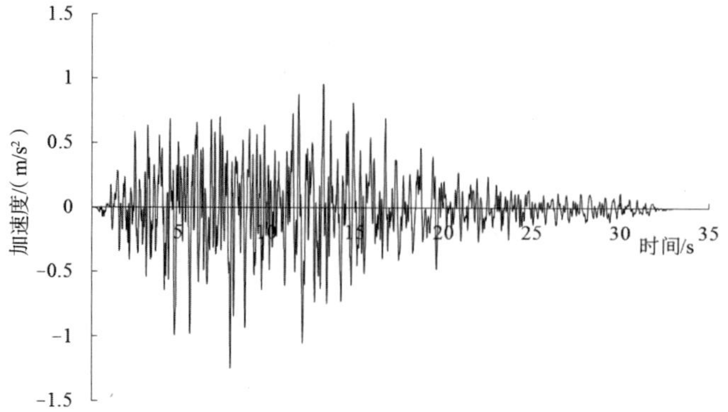

(b)

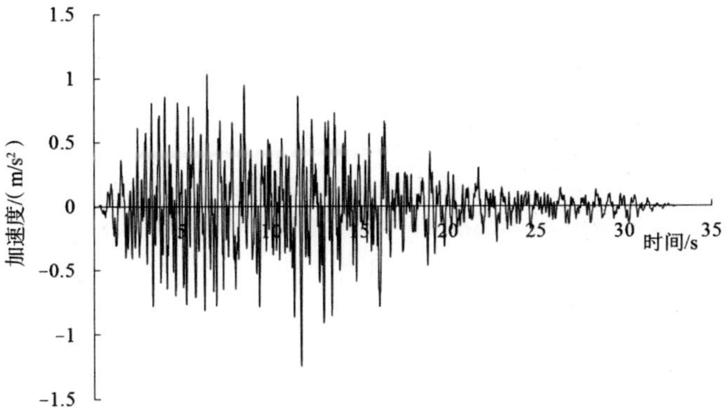

（c）

图 3.3-8　E1 地震作用下的加速度时程曲线

（a）E1-1　（b）E1-2　（c）E1-3

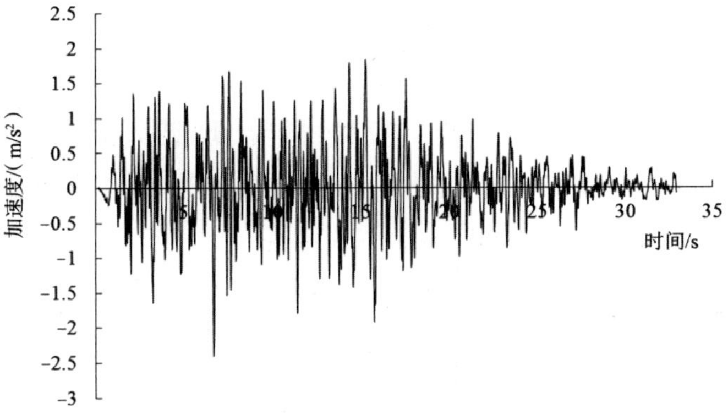

（a）

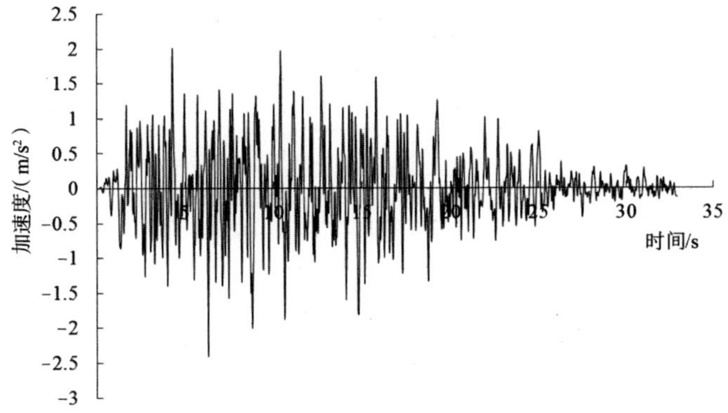

（b）

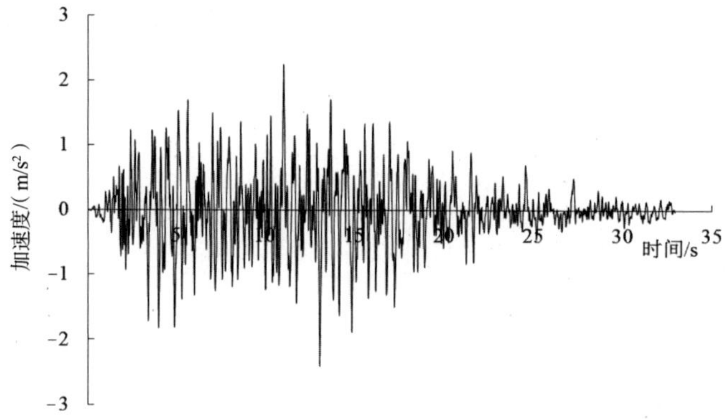

（c）

图 3.3-9　E2 地震作用下的加速度时程曲线

（a）E2-1　（b）E2-2　（c）E2-3

3.3.4　监测方案

3.3.4.1　槽墩应变

槽墩在地震动作用下最大的应变响应和可能出现破坏的位置主要是槽墩底部，因此在模型底部设置了应变片，用于测量地震过程中槽墩钢筋和混凝土的动态应变响应，应变片布置位置如图 3.3-10 所示。

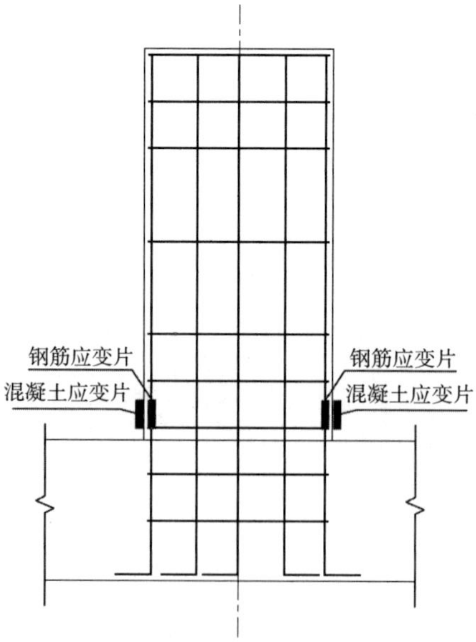

图 3.3-10　槽墩应变测点布置图

在粘贴应变片前，先将钢筋和混凝土的表面打磨光滑，并在表面涂抹绝缘胶水防止形成通路，然后粘贴应变片，焊好接线端子并固定，钢筋应变片表面还应做好防水处理，并防止混凝土浇筑过程中发生破坏(图 3.3-11)。

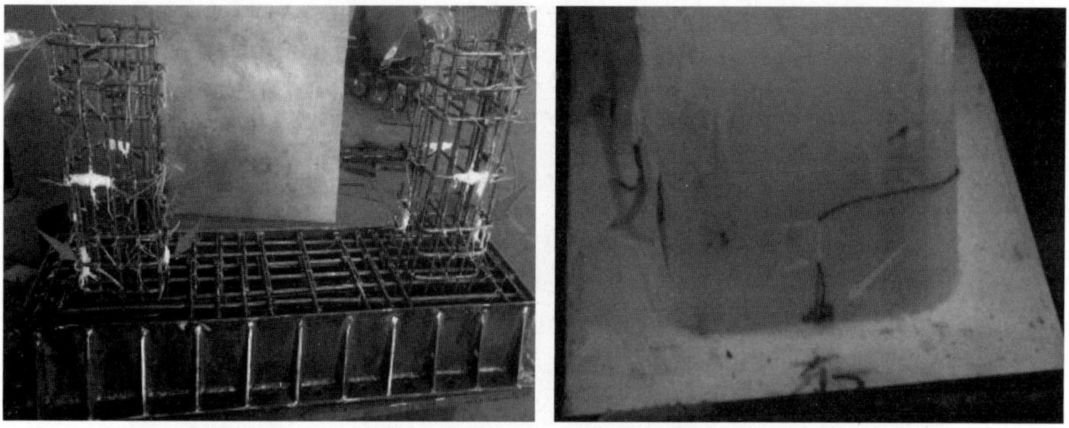

图 3.3-11　钢筋及混凝土应变片

3.3.4.2　加速度和位移

为了得到槽墩及渡槽在地震作用下的加速度和位移响应，在槽墩顶和渡槽底部分别布置了加速度和激光位移传感器，测点布置如图 3.3-12 和图 3.3-13 所示。

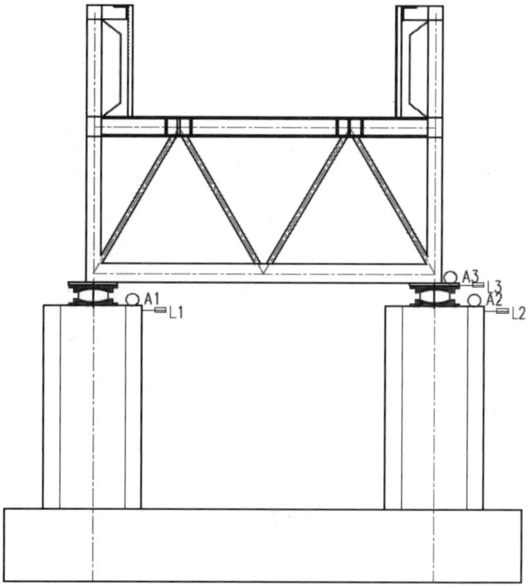

图 3.3-12　加速度和位移测点布置

图 3.3-13 渡槽激光位移传感器及墩顶加速度传感器

3.3.4.3 动水压力

为研究地震工况下槽内水体与侧壁之间的相互作用，在槽内布置了水压力监测点，测点布置如图 3.3-14 和图 3.3-15 所示。

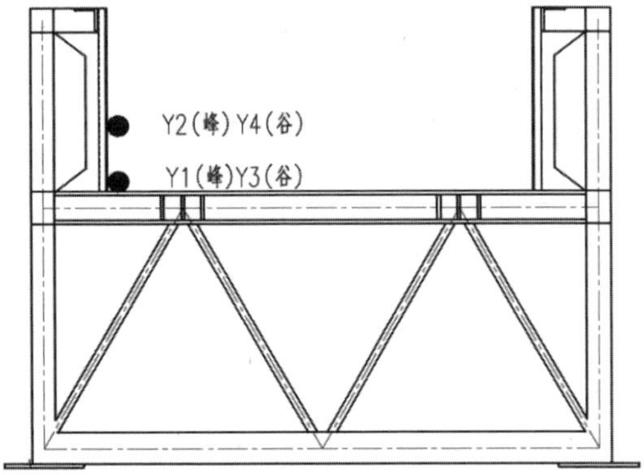

图 3.3-14 测点布置图

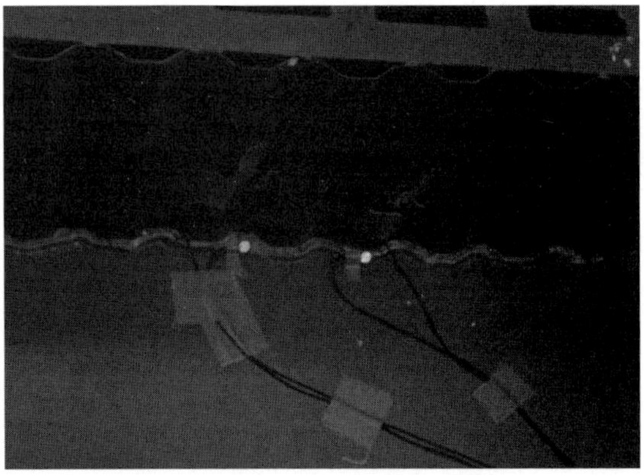

图 3.3-15 动水压力监测

3.3.4.4 杆件应力

试验中通过杆件处粘贴的应变片测量地震作用下杆件的应变增量变化情况，得到杆件中的应力变化，模型主要杆件的编号如图 3.3-16 所示，杆件应变片的粘贴如图 3.3-17 所示。

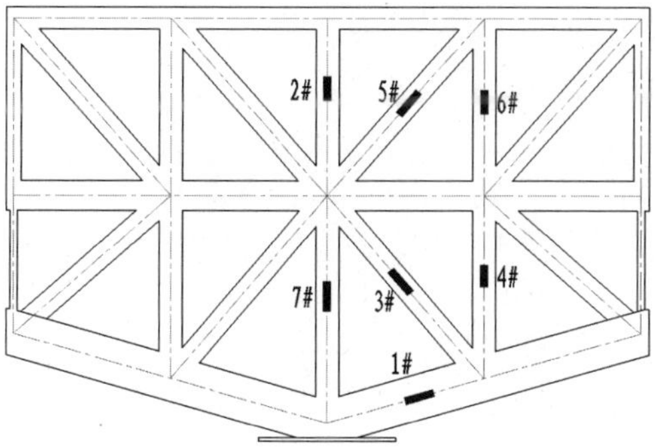

图 3.3-16　杆件应变片布置及编号

图 3.3-17　杆件应变片粘贴

3.3.5　试验过程

（1）根据模型设计方案加工渡槽节段模型、槽墩模型、摩擦摆支座，并进行支架等辅助试验装置的加工。

（2）对渡槽节段模型中需要监测的杆件进行应变片的粘贴，并在槽内粘贴压力传感器。

（3）在离心机振动台内依次安装槽墩模型、摩擦摆支座和渡槽节段模型，完成模型组装和调平。

（4）安装加速度、位移等传感器、摄像机、LED 照明灯及其他附属配件。

（5）完成接线及传感器清零工作，启动离心机开始试验，以 10g 为一级，分级加载至 30g。

（6）进行无水条件下渡槽节段的地震响应试验，按照地震动峰值加速度从小到大的原则进行地震动工况的加载，采集和保存试验数据，在完成所有振动工况后停机。

（7）在渡槽内加入水，进行考虑流固耦合的渡槽节段地震响应试验，试验工况与无水工况相同，采集和保存数据后停机。

（8）将槽内的水排空，并放入与水等质量的质量块进行固定，进行等效质量法的渡槽节段地震响应试验，试验工况与有水工况相同，采集和保存数据后停机，完成试验。

试验过程的部分照片如图 3.3-18 至图 3.3-23 所示。

图 3.3-18　槽墩及摩擦摆支座安装

图 3.3-19　渡槽模型安装

图 3.3-20　流固耦合工况

图 3.3-21　等效质量工况

图 3.3-22　离心机振动台内安装

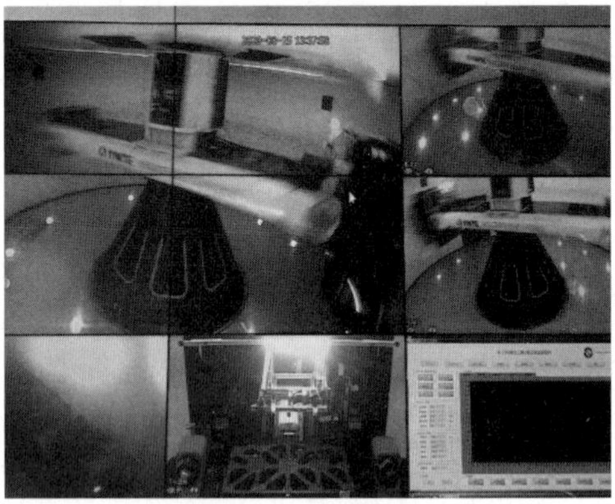

图 3.3-23　离心试验

3.3.6　试验数据分析

3.3.6.1　考虑流固耦合的渡槽节段地震响应

1)加速度分析

E2 地震作用下,满水条件下承台、槽墩顶、渡槽的加速度时程曲线如图 3.3-24 所示。

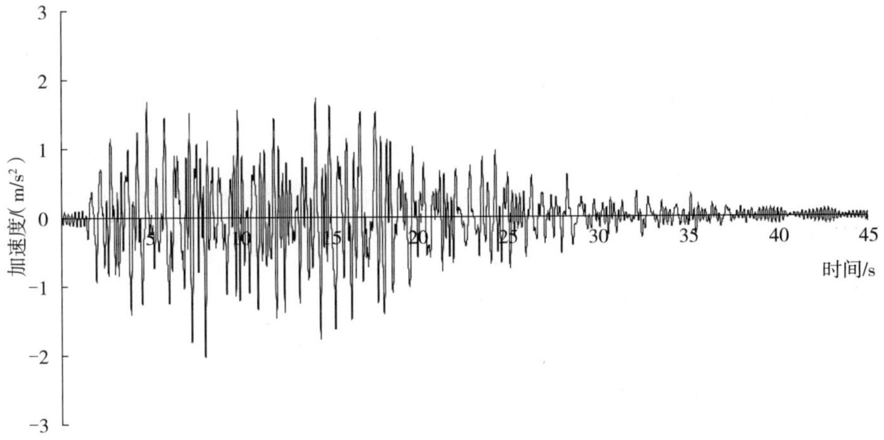

(a)

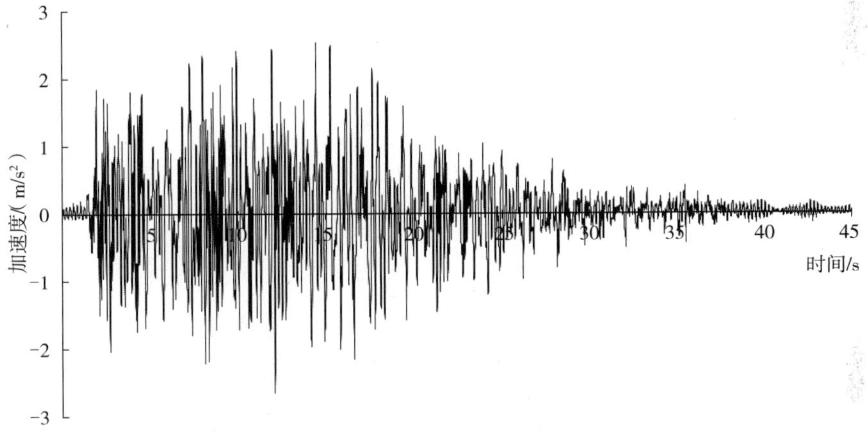

(b)

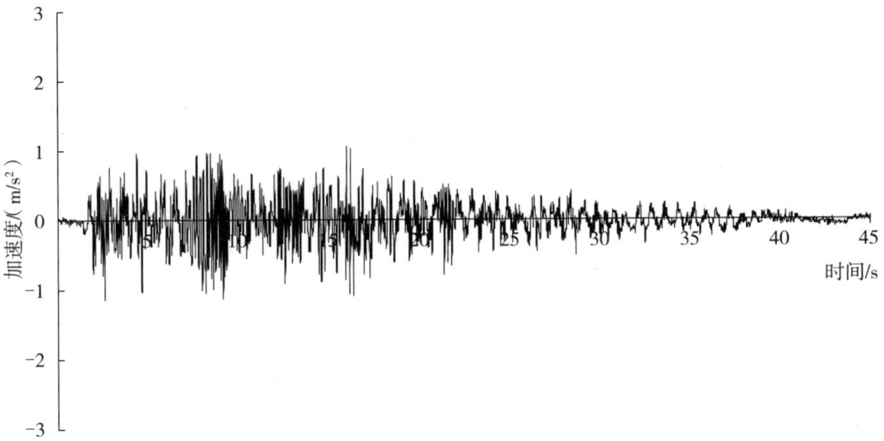

(c)

图 3.3-24　E2 地震作用下满水工况下的加速度时程曲线

(a)承台　(b)槽墩顶　(c)渡槽

从图 3.3-24 可以看出,槽墩顶的地震动峰值加速度大于承台的地震动峰值加速度,槽墩对地震动加速度具有明显的放大效应;摩擦摆支座使渡槽的地震动峰值加速度明显小于槽墩顶部的地震动峰值加速度。其他工况下的地震动峰值加速度变化规律相同,时程曲线不再列出。

为了分析不同频域段加速度在渡槽结构内的传递规律,对以上加速度时程进行频谱分析得到其傅里叶谱(图 3.3-25)。

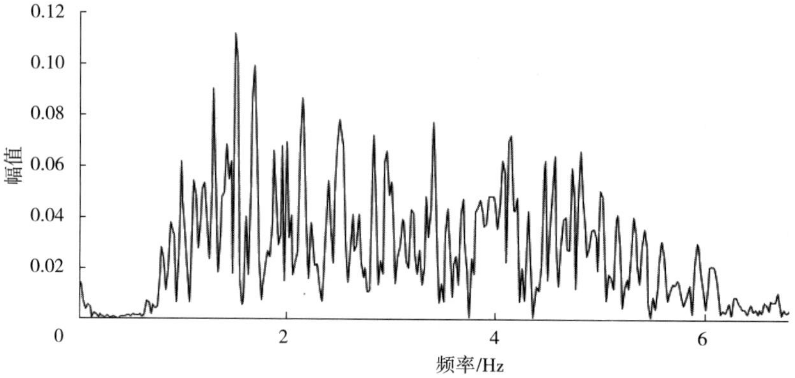

(a)

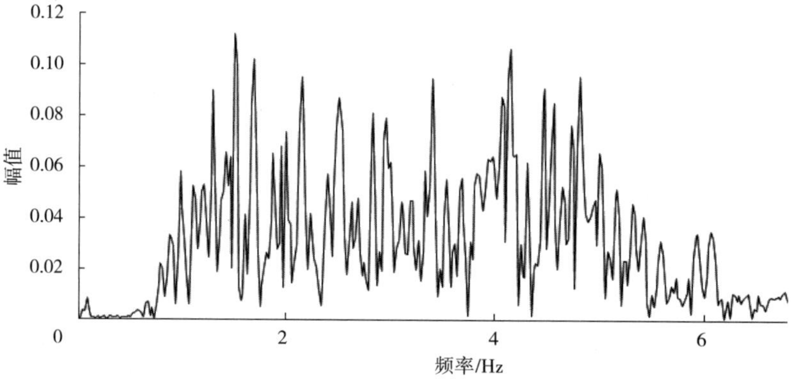

(b)

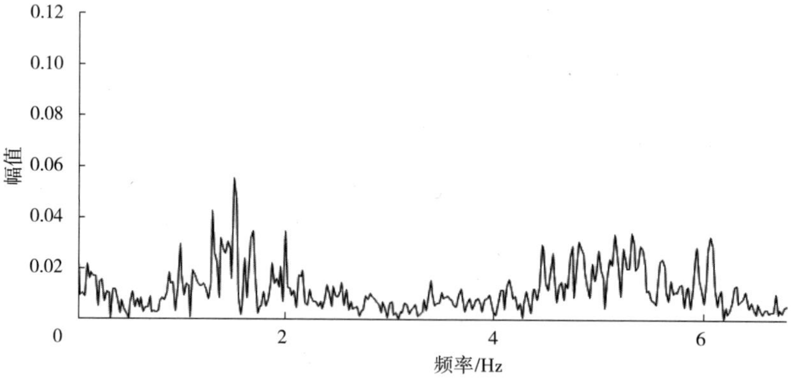

(c)

图 3.3-25 加速度时程傅里叶谱

(a)承台 (b)槽墩顶 (c)渡槽

从模型不同部位的加速度时程傅里叶谱可以看出，地震动从承台向上经过槽墩向墩顶传递过程中，2~6 Hz 频域段加速度幅值有了一定的增大，体现出槽墩的放大效应；在经过自振频率约 0.25 Hz 的摩擦摆支座后，传递到上部渡槽结构频率 1 Hz 以上的加速度幅值均有了大幅下降，表现出明显的隔震效果。

2）动水压力分析

E2-1 地震作用下，满水工况下槽内壁动水压力时程曲线如图 3.3-26 所示。

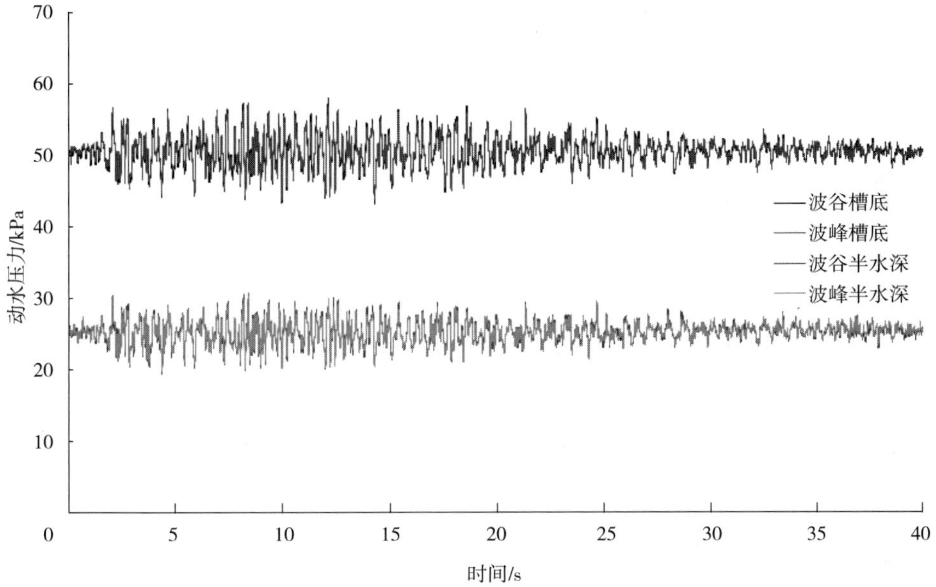

图 3.3-26　E2-1 地震作用下槽内壁动水压力

从图 3.3-26 可以看出，在地震激励下槽内壁形成的动水压力变化的波形与渡槽加速度波形较为接近；侧壁底部的动水压力变化幅值最大，随着水深变小而变小；在同一水深条件下，波形板波谷处的动水压力变化幅值略大于波峰，不仅体现在最大值上，也体现在大多数波形的极值点处。不同工况条件下，槽侧壁底部动水压力幅值如图 3.3-27 所示。

从图 3.3-27 可以看出，E2 地震作用下的槽内壁动水压力幅值均大于 E1 地震作用下的值，即随着地震动峰值加速度的增大，槽内壁动水压力变大，E1 地震作用下槽底最大动水压力幅值为 5.6 kPa，E2 地震作用下槽底最大动水压力幅值为 8.3 kPa；在不同地震动作用下，波谷处的动水压力大于波峰处，试验条件下两者相差 2%~10%。

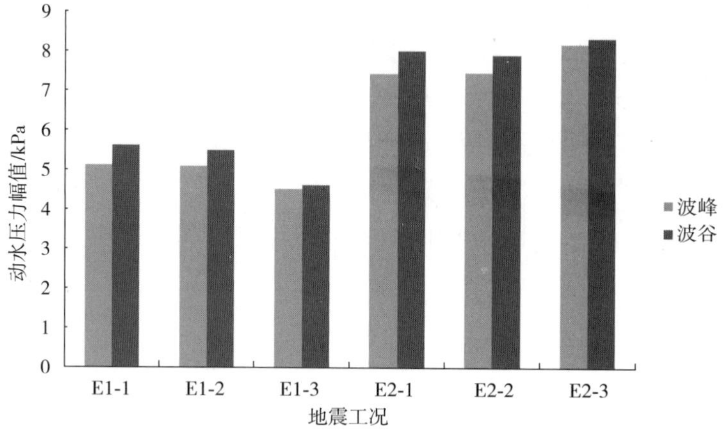

图 3.3-27　槽侧壁底部动水压力幅值

3）杆件应力

试验过程中通过应变片得到杆件的应变变化情况，根据缩尺模型试验的应力应变相似关系，得到原型渡槽结构中的杆件在地震作用下的应力增量动态变化情况，其中典型杆件（下腹杆 7#杆）在 E2-1 地震动作用下的动应力时程曲线如图 3.3-28 所示。

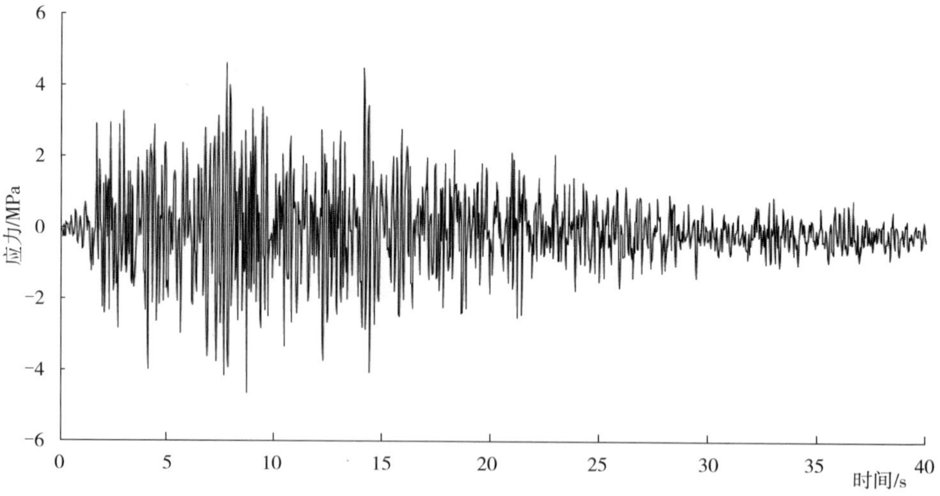

图 3.3-28　下腹杆 7#杆动应力时程曲线

渡槽节段模型对应原型结构杆件在 E1、E2 地震作用下的动应力变化幅值情况如表 3.3-3 所示。

表 3.3-3　杆件动应力变化幅值

单位：MPa

条件			1#	2#	3#	4#	5#	6#	7#
E1	无水	E1-1	1.03	0.75	0.85	1.35	0.66	0.55	2.63
		E1-3	1.20	0.79	0.84	1.44	0.72	0.59	2.58
		均值	1.12	0.77	0.85	1.40	0.69	0.57	2.61
	有水	E1-1	1.50	0.77	0.87	1.50	0.60	0.58	2.96
		E1-2	1.41	0.75	1.08	1.72	0.86	0.62	3.34
		E1-3	1.20	0.77	0.85	1.47	0.66	0.51	2.80
		均值	1.37	0.76	0.93	1.56	0.71	0.57	3.03
E2	无水	E2-2	1.91	1.22	1.24	2.18	1.13	0.78	4.40
		E2-3	1.97	1.07	1.20	2.06	1.01	0.74	4.15
		均值	1.94	1.15	1.22	2.12	1.07	0.76	4.28
	有水	E2-1	2.32	1.30	1.37	2.56	0.93	0.79	4.67
		E2-2	2.36	1.12	1.90	2.96	1.34	0.71	5.69
		E2-3	2.28	1.43	1.60	2.91	1.23	0.81	5.62
		均值	2.32	1.28	1.62	2.81	1.17	0.77	5.33

由于试验中各种因素的影响，采集的数据具有一定的离散性，为比较渡槽内加水后杆件应力的变化，取 E1、E2 地震作用下的杆件应力变化幅值的均值进行比较，如图 3.3-29 所示。

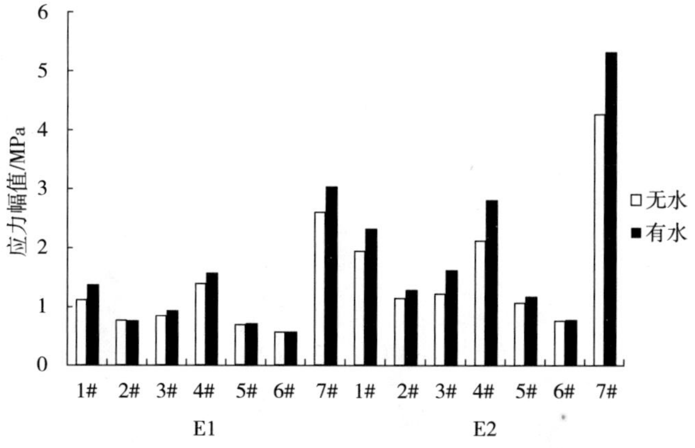

图 3.3-29　无水及有水工况下杆件动应力幅值对比

从图 3.3-29 可以看出，渡槽内有水工况下杆件应力变化幅值与无水工况相比，除了 2#杆件在 E1 地震作用下动应力幅值小幅变小外，其余工况均为变大趋势，并且在 E2 工况下的增大幅度更为明显。试验结果表明，渡槽内存在水体会增大杆件结构的应力响应幅值，部分杆件在大震工况下的增大效果尤为明显。

4）槽墩应力

为了分析槽内大质量水体在渡槽地震响应中的作用效果，采集并对比 E1、E2 地震作用下，无水和有水两组试验工况下槽墩钢筋和混凝土的应变，如表 3.3-4 所示。

表 3.3-4　无水及有水工况下槽墩动应变幅值　　单位：με

工况	地震激励	钢筋应变			混凝土应变		
		Z1	Z2	均值	S1	S2	均值
无水	E1-1	16.00	14.61	15.23	21.61	17.53	20.30
	E1-3	15.27	15.02		22.96	19.10	
有水	E1-1	15.33	14.47	15.70	19.27	17.01	18.93
	E1-2	15.83	17.54		17.99	19.36	
	E1-3	14.96	16.06		18.45	21.51	
无水	E2-1	22.98	23.87	23.69	29.36	28.83	28.90
	E2-2	20.96	23.16		28.21	28.63	
	E2-3	23.02	28.13		29.69	28.69	
有水	E2-1	23.78	23.58	22.63	28.77	27.70	27.94
	E2-2	19.49	23.16		23.46	29.11	
	E2-3	20.71	25.07		27.79	30.83	

由于试验中各种因素的影响，采集的数据具有一定的离散性，为比较渡槽内加水后地震响应的变化，取 E1、E2 地震作用下槽墩钢筋和混凝土应变的均值进行比较，如图 3.3-30 所示。

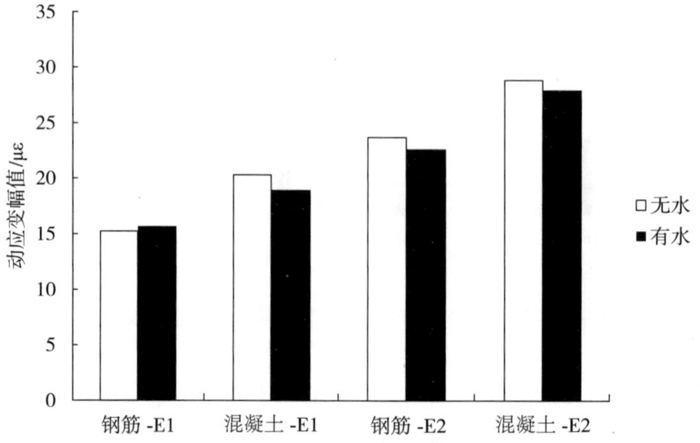

图 3.3-30　无水及有水工况槽墩动应变幅值对比

从图 3.3-30 可以看出，与无水工况相比，在 E1 地震作用下，有水工况的钢筋应变幅值变化不明显，混凝土应变幅值略有降低；在 E2 地震作用下，有水工况的槽墩钢筋和混凝土的应变幅值均有所降低，但总体降低幅度较小，约 5%。因此，渡槽内水体对槽墩结构的地震响应的影响并不明显。

3.3.6.2　槽墩结构地震响应分析

按等效质量法对槽墩进行抗震性能分析时，由于全桥质量较大，不能在离心机内实现，因此在离心机内进行部分等效质量模型试验，并用试验结果标定和验证数值模型，再利用数值模型进行全桥质量的槽墩抗震性能分析，数值模拟部分详见 2.3 节。

为了分析墩顶质量对槽墩地震响应的影响规律，选取本试验中无水工况与配重工况下的槽墩钢筋及混凝土应变进行分析，结果如表 3.3-5 所示。

表 3.3-5　无水及配重工况下槽墩动应变幅值　单位：με

工况	地震激励	钢筋应变			混凝土应变		
		Z1	Z2	均值	S1	S2	均值
无水	E1-1	16.00	14.61	15.23	21.61	17.53	20.30
	E1-3	15.27	15.02		22.96	19.10	
配重	E1-1	22.10	22.91	21.25	24.44	25.27	24.50
	E1-2	23.51	21.10		24.38	26.95	
	E1-3	18.62	19.24		21.16	24.81	
无水	E2-1	22.98	23.87	23.69	29.36	28.83	28.90
	E2-2	20.96	23.16		28.21	28.63	
	E2-3	23.02	28.13		29.69	28.69	
配重	E2-1	27.24	27.98	30.18	29.88	39.23	36.08
	E2-2	30.52	34.49		32.84	44.54	
	E2-3	29.60	31.23		33.72	36.27	

由于试验中各种因素的影响，采集到的数据具有一定的离散性，为比较无水和配重工况下地震响应结果的差异，取 E1 和 E2 地震作用下槽墩钢筋和混凝土应变的均值进行比较，如图 3.3-31 所示。

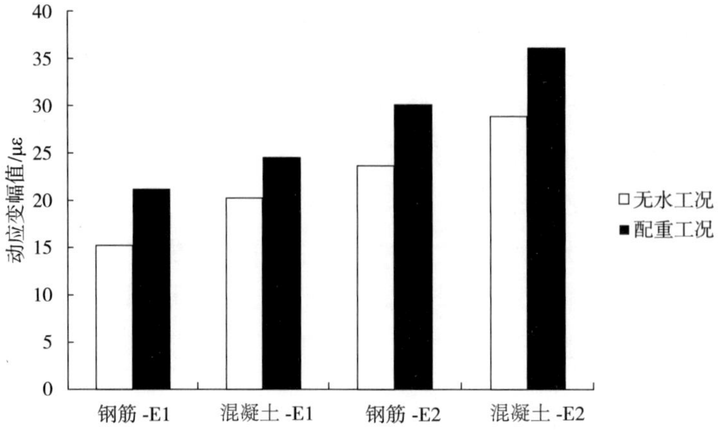

图 3.3-31 无水及配重工况下的槽墩动应变幅值

从图 3.3-31 可以看出，增加配重块后，槽墩钢筋和混凝土的应变幅值变大。试验结果表明，槽墩地震响应会随着墩顶等效质量的增大而增大，采用等效质量法对槽墩进行抗震性能分析时，考虑全桥质量+满水工况为最不利工况。

3.3.6.3 等效质量法与流固耦合作用差异分析

等效质量法在渡槽抗震设计中通常用于对槽墩结构的抗震计算分析，为对等效质量法的适用性进行分析，选取槽墩的钢筋和混凝土应变，比较考虑流固耦合作用和等效质量法试验中的动应变幅值，如表 3.3-6 所示。

表 3.3-6 配重及有水工况下槽墩动应变幅值 单位：με

工况	地震激励	钢筋应变			混凝土应变		
		Z1	Z2	均值	S1	S2	均值
等效质量法	E1-1	22.10	22.91	21.25	24.44	25.27	24.50
	E1-2	23.51	21.10		24.38	26.95	
	E1-3	18.62	19.24		21.16	24.81	
流固耦合	E1-1	15.33	14.47	15.70	19.27	17.01	18.93
	E1-2	15.83	17.54		17.99	19.36	
	E1-3	14.96	16.06		18.45	21.51	
等效质量法	E2-1	27.24	27.98	30.18	29.88	39.23	36.08
	E2-2	30.52	34.49		32.84	44.54	
	E2-3	29.60	31.23		33.72	36.27	
流固耦合	E2-1	23.78	23.58	22.63	28.77	27.70	27.94
	E2-2	19.49	23.16		23.46	29.11	
	E2-3	20.71	25.07		27.79	30.83	

由于试验中各种因素的影响，采集到的数据具有一定的离散性，为比较等效质量法和流固耦合法在地震响应结果上的差异，取 E1 和 E2 地震作用下的槽墩钢筋和混凝土应变的均值进行比较，如图 3.3-32 所示。

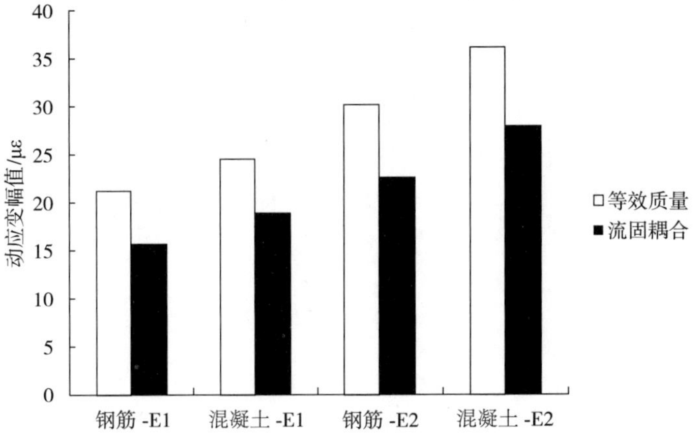

图 3.3-32　配重及有水工况下的槽墩动应变幅值

从图 3.3-32 可以看出，在分析槽墩地震响应时，不同地震作用下等效质量法得到的槽墩钢筋和混凝土的应变幅值均比流固耦合法大，相差 30%左右。采用等效质量法进行渡槽槽墩结构抗震分析时，其计算结果偏大，是偏安全的。

3.3.7　小结

通过槽墩及渡槽节段地震响应离心机振动台模型试验，得到了地震激励下的杆件应力、槽墩钢筋及混凝土应变、墩顶和渡槽加速度响应值，通过分析可以得出以下结论。

（1）在地震工况下，槽内水体会增大渡槽杆件结构的应力响应值，在大震工况下尤为明显。

（2）槽墩顶的地震动峰值加速度大于承台的地震动峰值加速度，槽墩对加速度具有明显的放大效应，2~6 Hz 频域段放大效应较为显著；渡槽的地震动峰值加速度小于槽墩顶部的地震动峰值加速度，摩擦摆支座上部结构 1 Hz 以上频域段的加速度幅值均大幅下降，表现出明显的隔震效果。

（3）渡槽侧壁底部的动水压力变化幅值最大，随着水深变小而变小；在同一水深条件下，波形板波谷处的动水压力变化幅值略大于波峰，不仅体现在最大值上，也体现在大多数波形的极值点处。

（4）槽墩地震响应会随着墩顶等效质量的增大而增大。

（5）采用等效质量法进行渡槽结构抗震分析时，其计算结果偏大，是偏安全的。与固定质量相比，水体的流固耦合作用在地震过程中起到了消能作用，显著降低了渡槽结构的地震响应。

3.4 大型渡槽整体地震响应的影响因素分析

3.4.1 研究目的和思路

由于湑河总干渠渡槽的结构形式是钢结构桁架式梁拱组合体系的三跨结构，结构受力体系复杂，不同因素交互影响，因此对渡槽整体模型的影响因素采用全面试验法进行分析，包括支座形式（固定与摩擦摆支座）、地震动激励（典型的 4 种频域组成）、水深（3~5 种水深变化），从而进行整体分析。

3.4.2 模型试验方案

本模型试验中采用的试验设备、模型设计及加工、测点布置及传感器参数等均与 2.4 节相同，此处不再赘述。

3.4.3 试验工况

对渡槽整体模型地震响应可能的影响因素（水深、支座形式、地震动波形、加载方向及幅值等）开展试验研究，试验工况如表 3.4-1 所示。

表 3.4-1 试验加载工况

序号	振动激励	水深/m	地震动峰值加速度	支座形式	加载方向
1	白噪声	0	—	滑动	三向
2	E1-1		0.034g		横向
3	E1-1				竖向
4	白噪声	1.5	—		三向
5	E1-1		0.034g		横向
6	E1-1				竖向
7	白噪声	2	—		三向
8	E1-1		0.034g		横向
9	E1-1				竖向
10	白噪声	2.5	—		三向
11	E1-1		0.034g		横向
12	E1-1				竖向
13	白噪声	3	—		三向
14	E1-1		0.034g		横向
15	E1-1				竖向

续表

序号	振动激励	水深/m	地震动峰值加速度	支座形式	加载方向
16	Ⅰ号波	0	0.1g	滑动	横向
17	Ⅱ号波				横向
18	Ⅲ号波				横向
19	Ⅳ号波				横向
20	Ⅰ号波	1.5			横向
21	Ⅱ号波				横向
22	Ⅲ号波				横向
23	Ⅳ号波				横向
24	Ⅰ号波	3			横向
25	Ⅱ号波				横向
26	Ⅲ号波				横向
27	Ⅳ号波				横向
28	白噪声	0	—	固定	三向
29	Ⅰ号波		0.1g		横向
30	Ⅱ号波				横向
31	Ⅲ号波				横向
32	Ⅳ号波				横向
33	白噪声	1.5	—		三向
34	Ⅰ号波		0.1g		横向
35	Ⅱ号波				横向
36	Ⅲ号波				横向
37	Ⅳ号波				横向
38	白噪声	3	—		三向
39	Ⅰ号波		0.1g		横向
40	Ⅱ号波				横向
41	Ⅲ号波				横向
42	Ⅳ号波				横向

试验中选用的地震波除一条为场地安评波外，其余四条均为来自 PEER NGA-West2 数据库的天然地震波，分别为 Chi-Chi 6.2 级地震（1999 年）波、Chi-Chi 5.9 级地震（1999 年）波、Northridge 6.7 级地震（1994 年）波、Whittier Narrows 6.0 级地震（1987 年）波，分别称为Ⅰ~Ⅳ号波。四条天然地震波的加速度时程如图 3.4-1 所示（峰值归一化）。

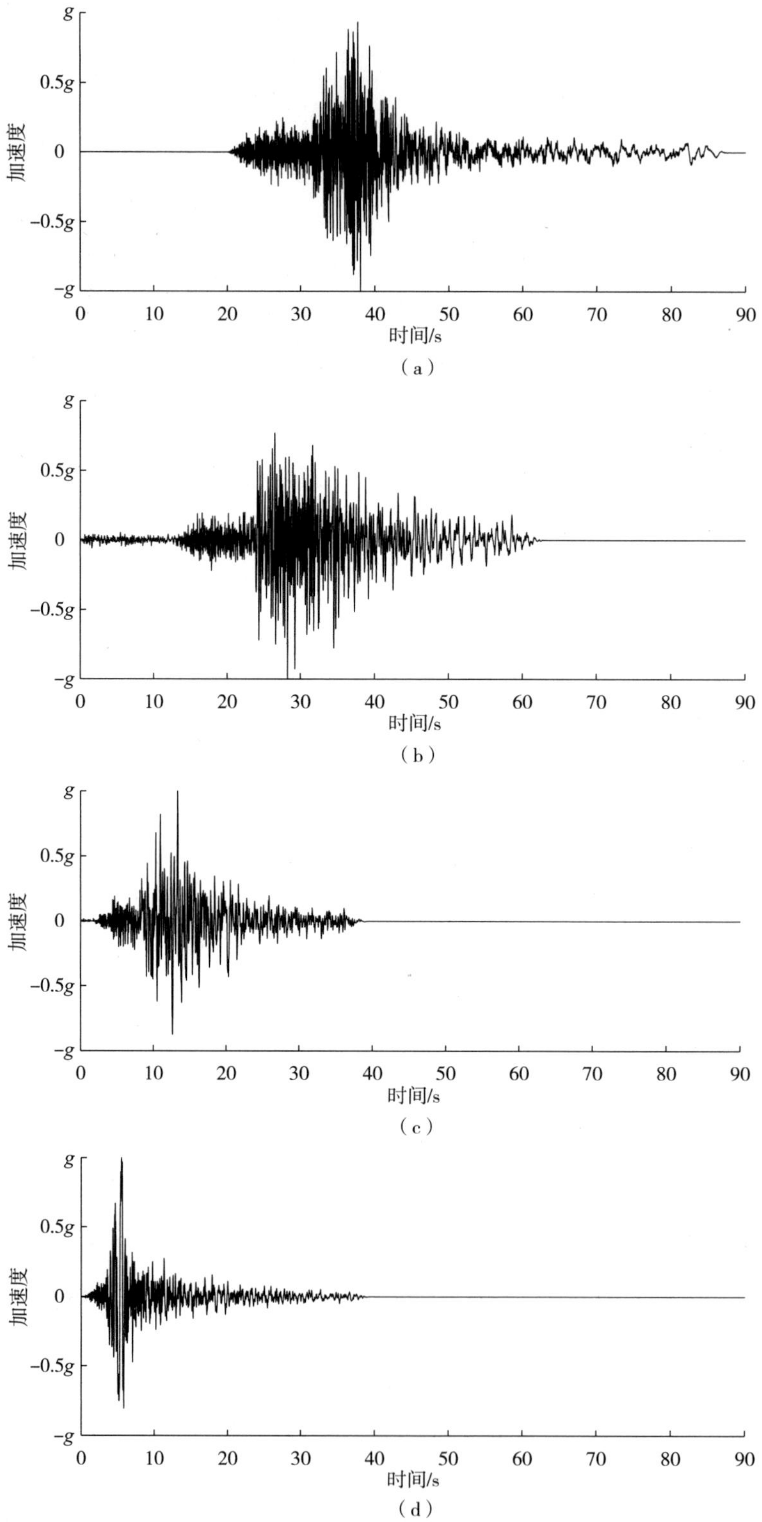

图 3.4-1　四条天然地震波的加速度时程

(a)Ⅰ号波　(b)Ⅱ号波(c)Ⅲ号波　(d)Ⅳ号波

四条天然地震波的傅里叶幅值谱和反应谱分别如图 3.4-2 和图 3.4-3 所示。通过对比可知，四条地震波的频率成分差异较大，从Ⅰ号波到Ⅳ号波，地震波频带逐渐变窄且向低频移动。四条地震波加速度反应谱的卓越周期也有明显不同，从Ⅰ号波到Ⅳ号波，地震波加速度反应谱的卓越周期逐渐增大，最大达到 0.7 s。

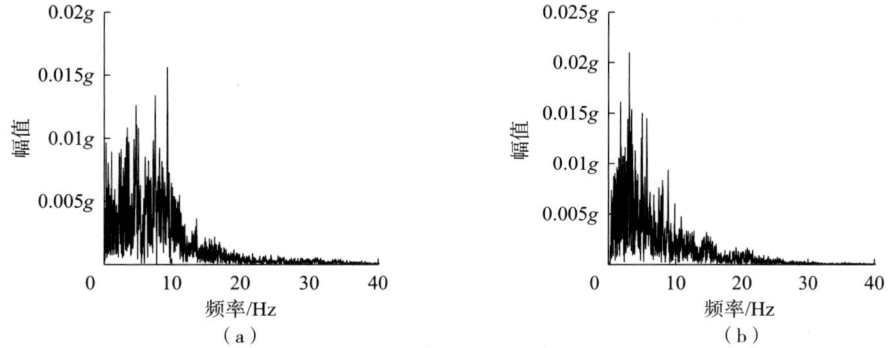

图 3.4-2　四条天然地震波的傅里叶幅值谱

(a)Ⅰ号波　(b)Ⅱ号波　(c)Ⅲ号波　(d)Ⅳ号波

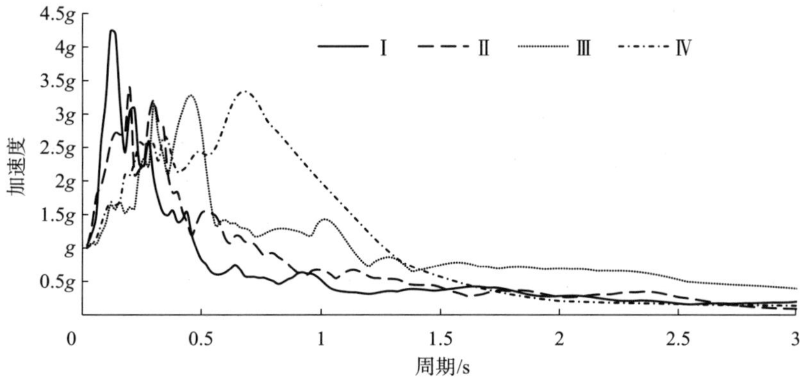

图 3.4-3　四条天然地震波的加速度反应谱

3.4.4 试验数据分析

3.4.4.1 结构基频影响

通过台面输入三向白噪声振动激励，对不同水深条件下整体结构的响应进行分析，得到的结构基频如表 3.4-2 所示。

表 3.4-2 不同支座的结构基频

水深/m	摩擦摆支座的结构基频/Hz			固定支座的结构基频/Hz		
	纵向	横向	竖向	纵向	横向	竖向
0	8	5	33	8	5	30
1.5	7	4	17	8	5	19
2	7	4	16	—	—	—
2.5	7	4	15	—	—	—
3	7	4	14	8	4	16

从表 3.4-2 可以看出，摩擦摆支座与固定支座工况的结构基频基本相同，分析其主要原因是，白噪声的幅值较小，摩擦摆支座尚未发生相对滑动，因此响应与固定支座的差别较小。

在支座形式不变的条件下，随着水深增大，渡槽整体模型在纵向的基频基本保持不变，主要是由于槽内水体与侧壁在纵向振动上的相互作用较弱，水深的增大对基频影响不大。

渡槽整体模型在横向的基频略有降低，主要是由于槽壁横向振动受到槽内水体的流固耦合作用，该作用与横桥向的运动幅值相关，白噪声的振动幅值较小，因此造成基频略有降低。

渡槽整体模型在竖向的基频明显降低，其主要原因是渡槽与水体在竖向上的流固耦合作用比横向更强，较小的振动幅值造成整体结构基频的较大幅度下降。

3.4.4.2 支座形式对渡槽振动模态的影响

为了研究支座形式对渡槽振动模态的影响，选取无水和 3 m 水深工况下，中墩、边墩及跨中位置处的位移峰值，如表 3.4-3 所示。

表 3.4-3 渡槽典型位置位移峰值

单位：mm

工况	支座形式	边墩处底板	中墩处底板	跨中处底板	中墩拱脚
无水	固定支座	29.77	30.17	32.34	28.80
	滑动支座	36.50	27.74	30.91	26.05

续表

工况	支座形式	边墩处底板	中墩处底板	跨中处底板	中墩拱脚
3 m 水深	固定支座	27.19	27.37	28.71	26.08
	滑动支座	39.90	32.54	33.49	29.26

从表 3.4-3 可以看出,不同工况下,中墩拱脚位置处位移峰值最小,向上传递到渡槽底板时位移有所放大。

为了更直观地表现渡槽结构的变形形态,将以上数据用散点图形式表示,如图 3.4-4 所示。

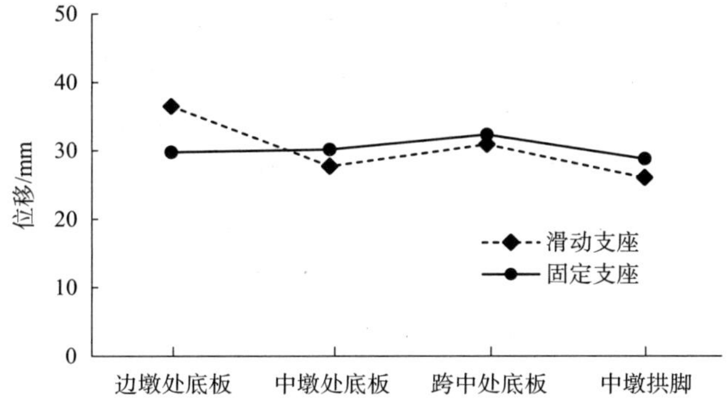

（a）

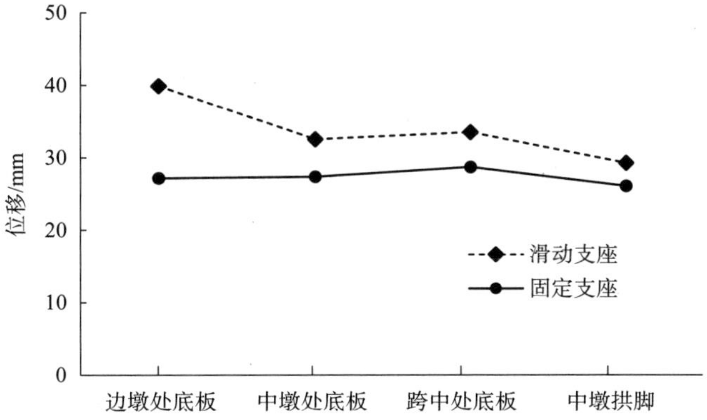

（b）

图 3.4-4　渡漕典型位置位移峰值

（a）无水工况　（b）3 m 水深工况

对比摩擦摆支座与固定支座结构不同位置处的位移峰值可以发现,在相同的台面激励波形和幅值($0.1g$)条件下,不同支座形式渡槽中墩、边墩和跨中位置的位移响应峰值不同。

对于无水工况,采用固定支座的渡槽,底板最大位移发生在跨中处,边墩及中墩位移峰值相差不大;采用滑动支座的渡槽,底板最大位移发生在边墩处,且在数值上明显大于中墩及跨中位置，可见其渡槽横向的运动模态较固定支座发生了明显改变。滑动支座对渡槽边墩底板的放大作用更为明显，表现出明显的鞭梢效应，而固定支座由于边墩结构与支座固定，这种放大效应并不明显。因此，支座类型会直接影响渡槽结构的整体模态。

对于有水工况，试验数据表明，以上结论同样成立。

由于渡槽端部变形缝处设有止水带，而止水带的允许变形量通常较小，因此渡槽整体模态的选择对于渡槽抗震分析具有重要的意义，对于连续多跨渡槽结构，可以考虑在不同支座处采用不同的减隔震支座形式或参数。

3.4.4.3　整体结构响应多因素影响分析

根据以上两节的分析内容，水深、支座形式都对结构的频率、模态等特性产生重要影响，而不同地震动的频率组成也具有较大差异，三者综合起来会对渡槽整体的地震响应产生不同程度的影响。为了对这三个重要的影响因素进行分析，选取中墩支座水平反力峰值作为评价标准，对以上三者的影响进行分析。

1）水深和地震动影响下支座的抗震性能分析

水深、地震波及支座影响下的支座水平力如图 3.4-5 所示。

无水工况下，固定支座的支座水平力均比滑动支座大，因此，对于无水条件，滑动支座比固定支座具有更好的减隔震效果和抗震性能。

在 1.5 m 水深工况下，滑动支座与固定支座的支座水平力相当，表明该水位下，支座形式对结构的抗震性能影响不大。

在 3 m 水深工况下，Ⅰ、Ⅱ号波激励下，支座水平反力相当，但在Ⅲ、Ⅳ号波激励下，固定支座的支座水平反力大于滑动支座，表明对于频域成分较窄、低频成分较多的地震动输入，滑动支座的设置将会对整体结构的抗震性能产生不利影响。

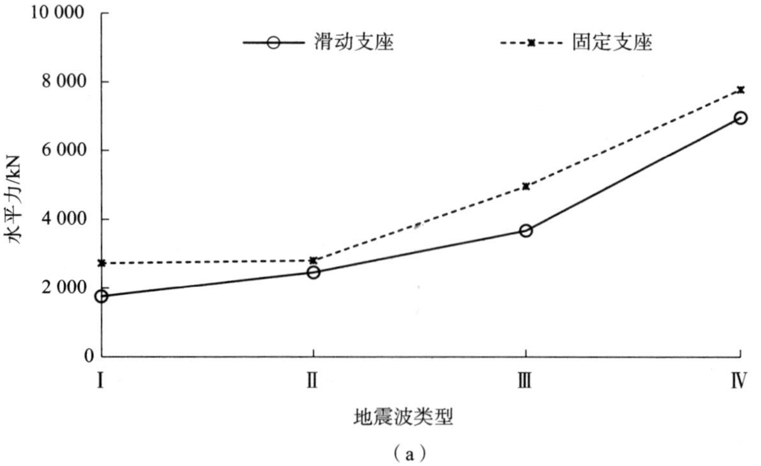

（a）

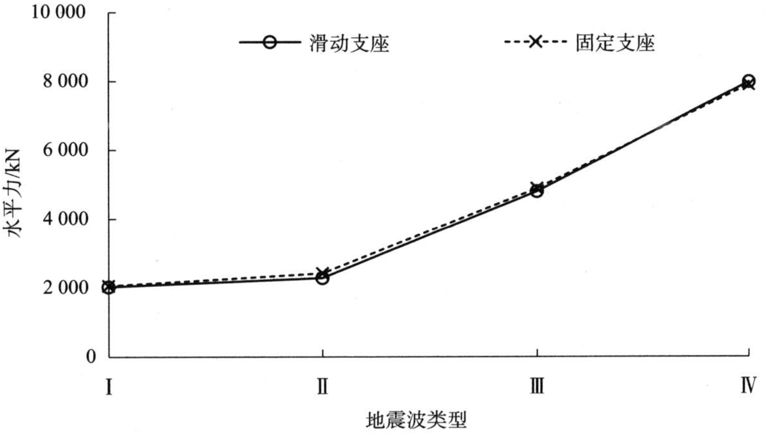

（b）

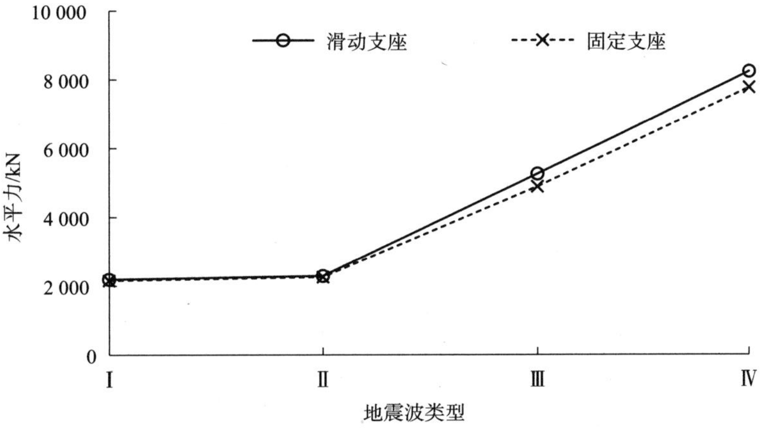

（c）

图 3.4-5　水深、地震波及支座影响下的支座水平力

（a）无水无况　（b）1.5 m 水深工况　（c）3 m 水深工况

2）支座和地震动影响下水深的抗震性能分析

水深、地震波及支座影响下的支座水平力如图 3.4-6 所示。

对于设置了滑动支座的渡槽结构，在Ⅰ、Ⅱ号波激励下，支座反力与水深关系不大，表明对于频域成分较宽、低频成分较少的地震波，水深对整体抗震性能的影响不大；在Ⅲ、Ⅳ号波激励下，随着水深的增大，支座反力逐渐增大，表明对于频域成分较窄、低频成分较多的地震波，槽内水体的流固耦合作用不利于整体结构的抗震。

对于设置了固定支座的渡槽结构，在Ⅰ、Ⅱ号波激励下，无水工况的支座反力略大于有水工况，表明对于频域成分较宽、低频成分较少的地震波，槽内水体的流固耦合作用有利于整体结构的抗震；在Ⅲ、Ⅳ号波激励下，支座反力与水深关系不大，表明对于频域成分较窄、低频成分较多的地震波，水的流固耦合作用对整体抗震性能的影响不大。

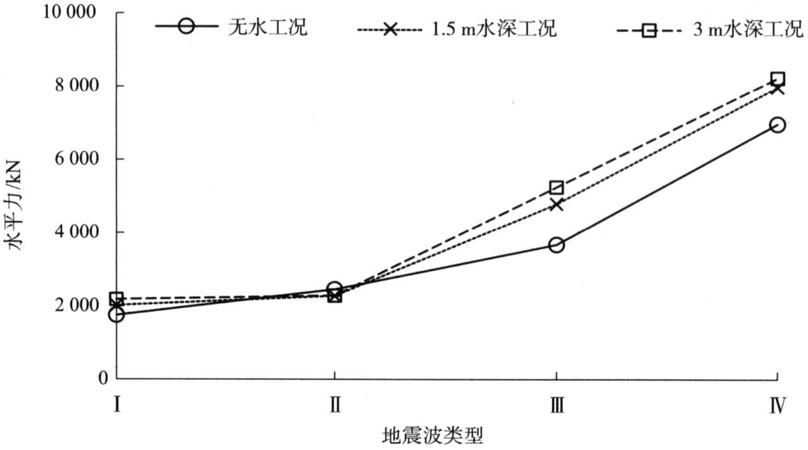

（a）

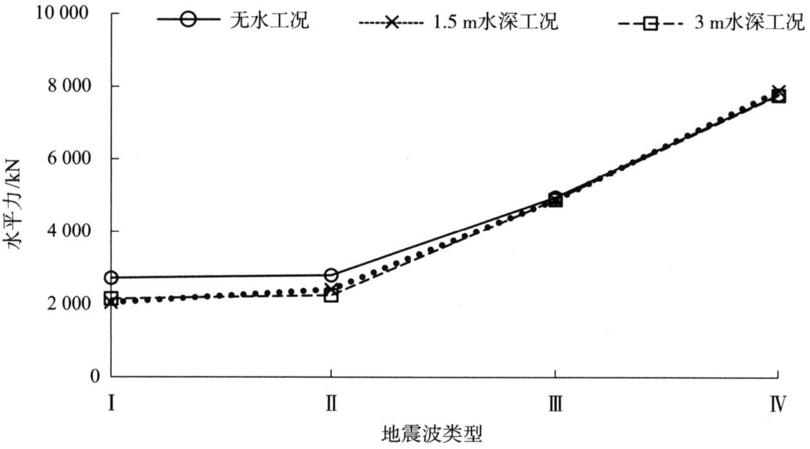

（b）

图 3.4-6 水深、地震波及支座影响下的支座水平力

（a）滑动支座 （b）固定支座

3.4.4.4 水深对湃河总干渠渡槽地震响应的影响

根据以上研究成果，水深、支座形式及地震动参数对整体结构的地震响应不是独立的，存在一定相关性，对于特定渡槽需根据工程实际情况开展研究。针对湃河总干渠渡槽的场地地震动及支座形式，开展场地多遇地震条件下，水深对整体结构地震响应的试验研究。

1）振动台试验数据分析

通过振动台试验得到结构横向加速度、位移、杆件应力、槽墩结构的响应随水深的变化趋势，如图 3.4-7 所示。

从图 3.4-7 可以看出，随着水深增加，结构的加速度、位移、应力等响应值均存在一定的波动，但整体变化趋势不明显。分析其原因，可能是由于模型在较小的地震动激励作用下，结构的整体地震响应较小，水体与结构的流固耦合作用所产生的影响相对不明显，模型系统及试验采集误差影响了作用效果的识别。

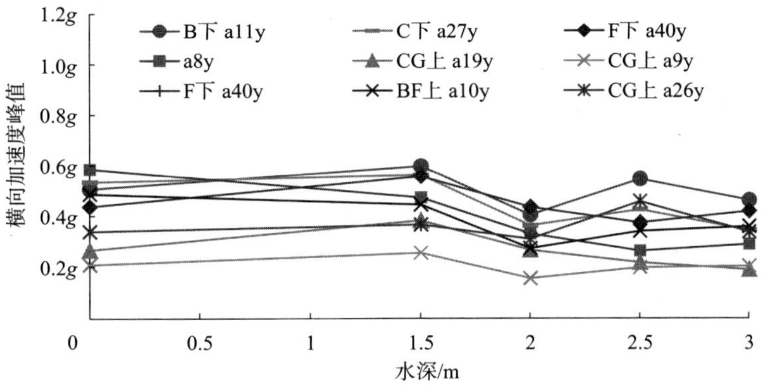

（a）

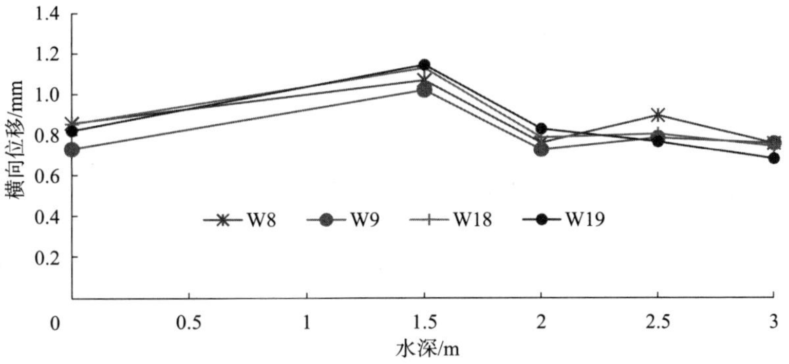

（b）

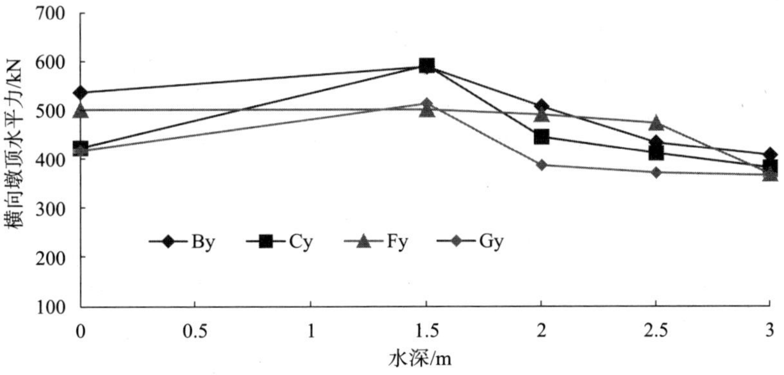

（c）

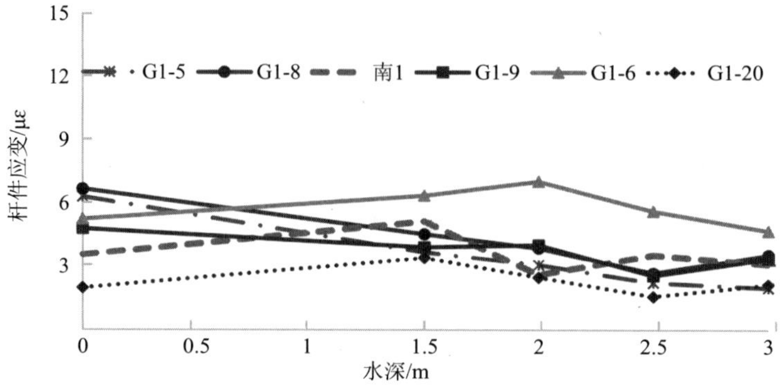

（d）

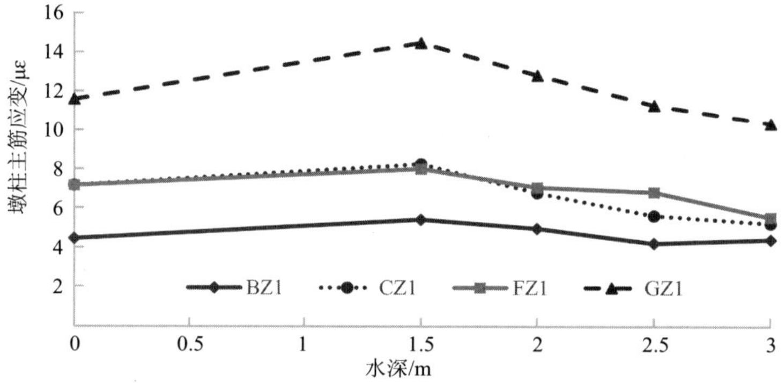

（e）

图 3.4-7　振动台试验中水深对结构相关参数的影响

（a）横向峰值加速度　（b）横向位移　（c）横向墩顶水平力　（d）杆件应变　（e）墩柱主筋应变

2）数值模拟分析

根据离心机试验数据分析的结论，大震工况下流固耦合对整体结构地震响应的影响效果会更加明显，而模型试验中大震可能在结构中产生损伤累积，继而影响试验结果，因此考虑采用数值模拟对水深的影响规律进行进一步研究。水深影响的数值模型此处不进行赘述。通过数值模拟得到 0 m、1.5 m、2 m、2.5 m、3 m、4 m 水深工况下结构在 E2 地震作用下的响应变化规律。

通过数值模拟得到了结构横向位移、杆件应力、槽墩应力随水深的变化趋势，如图 3.4-8 所示。

从图 3.4-8 可以看出，随着水深增大，渡槽的槽墩及上部钢桁架结构的应力变化存在一定的波动，总体上呈现出较为明显的增长趋势，但上部结构的位移增长趋势并不明显。分析其原因：首先，随着槽内水体质量的增大，水平地震作用下结构的内力均增大；其次，槽内水体与渡槽之间的相对运动存在相位差，其中反向的相对运动会进一步增大杆件的应力响应，且在一定程度上降低上部渡槽整体的位移增大趋势。结合第 4 章的研究成果，对于破坏模式以支座滑动位移过大为主的渡槽结构，水体与槽壁之间的流固耦合作用对渡槽整体起到了较好的减震作用。

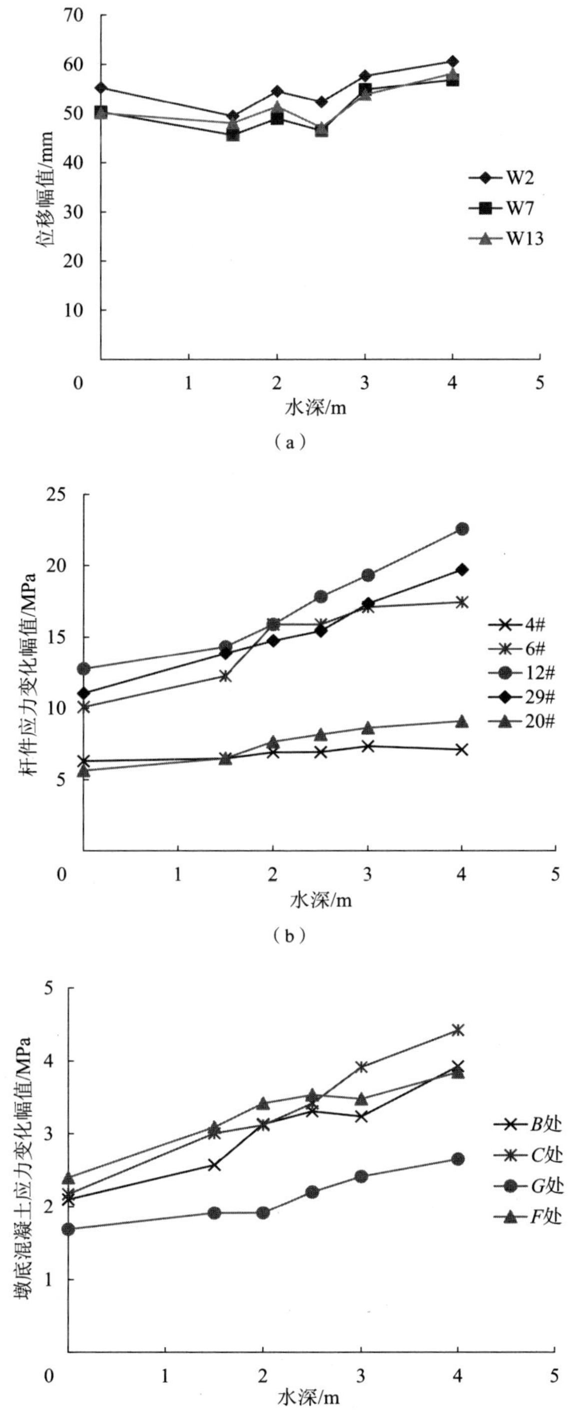

（a）

（b）

（c）

图 3.4-8　数值模拟中水深对结构相关参数的影响

（a）横向位移　（b）杆件应力　（c）槽墩应力

3.4.5 小结

通过对渡槽整体模型开展振动台试验，对支座形式、地震动激励、水深等影响因素进行分析，得到如下结论。

（1）在支座形式不变的条件下，随着水深增大，渡槽整体模型在纵向的基频基本保持不变，横向的基频略有降低，竖向的基频明显降低。

（2）支座类型会直接影响结构的整体模态，滑动支座会放大渡槽端部的响应。

（3）无水工况下，滑动支座比固定支座具有更好的抗震性能；3 m 水深条件下，对于频域成分较窄、低频成分较多的地震动输入，滑动支座的设置将会对整体结构的抗震性能产生不利影响。

（4）固定支座的渡槽结构，对于频域成分较宽、低频成分较少的地震波，槽内水体的流固耦合作用有利于整体结构的抗震。

（5）对于湃河总干渠渡槽，随着水深增大，渡槽的槽墩及上部钢桁架结构的应力总体呈现出较为明显的增长趋势，但上部结构的位移增长趋势并不明显。水体与槽壁之间的流固耦合作用，可以在一定程度上降低上部渡槽的位移响应，降低发生支座位移过大的风险。

（6）大质量水体对渡槽整体地震响应的影响程度与地震动的强度有关，地震动强度越大，影响越显著。

3.5 结论

本章建立了符合水体和结构重力分布规律且能反映水自身流体特性的模型试验方法，对超大通航渡槽内大质量水体对渡槽的地震响应进行了分析，开展了从动水压力、渡槽节段地震响应到渡槽整体地震响应的研究，并对渡槽地震响应进行影响因素分析。通过研究，得到的主要结论如下。

1）渡槽动水压力的分布规律及影响因素

渡槽底板动水压力幅值分布呈中间小、两边大的漏斗状分布，即越靠近侧壁，动水压力幅值越大；侧壁动水压力幅值竖向分布不均匀，随水深的增加而增大；而且增大趋势是非线性的，随着水深增大，动水压力幅值增加量逐渐减小；渡槽动水压力幅值与地震激励的峰值加速度正相关，随着加速度增大，动水压力幅值线性增大；渡槽动水压力幅值与地震激励频率有关；波形板的减震效果与地震动的频率相关。

2）大质量水体对渡槽地震响应的影响

在地震工况下，槽内水体会增大渡槽杆件结构的应力响应值。

大质量水体对渡槽地震响应的影响程度与地震动的强度有关，地震动强度越大，影响越显著。

与固定质量相比，水体的流固耦合作用在地震过程中起到了消能作用，明显降低了渡槽结构的地震响应。

3）渡槽整体地震响应的影响因素

随着水深增大，渡槽整体模型在纵向的基频基本保持不变，横向的基频略有降低，竖向的基频明显降低。

支座类型会直接影响结构的整体模态，滑动支座会放大渡槽端部的响应。

无水工况下，滑动支座比固定支座具有更好的抗震性能；3 m 水深条件下，对于频域成分较窄、低频成分较多的地震动输入，滑动支座的设置将会对整体结构的抗震性能产生不利影响。

固定支座的渡槽结构，对于频域成分较宽、低频成分较少的地震波，槽内水体的流固耦合作用有利于整体结构的抗震。

对于泾河总干渠渡槽，随着水深增大，渡槽的槽墩及上部钢桁架结构的应力总体呈现出较为明显的增长趋势，但上部结构的位移增长趋势相对不明显。水体与槽壁之间的流固耦合作用，可以在一定程度上降低上部渡槽的位移响应，降低发生支座位移过大的风险。

第 4 章　渭河总干渠渡槽地震破坏模式研究

4.1　概述

第 2 章中为了对渡槽的抗震性能进行分析，建立了渭河总干渠渡槽的整体模型，并开展了振动台试验，受振动台加载性能的限制，当前试验模型的质量条件下已无法进一步提高台面峰值加速度，因此不能在试验条件下使渡槽模型进入整体破坏状态。为了进一步研究超大通航渡槽的破坏模式，采用试验标定过的数值模型对渡槽在强震作用下的破坏模式进行深入研究。

首先，通过对渡槽地震响应试验数据的分析，识别所有可能发生的破坏模式及其对整体结构的影响程度，确定破坏判别标准；其次，利用数值模型不断提高地震动强度，研究不同破坏模式发生的先后顺序以及最终的极限破坏状态，并开展影响因素分析。技术路线如图 4.1-1 所示。

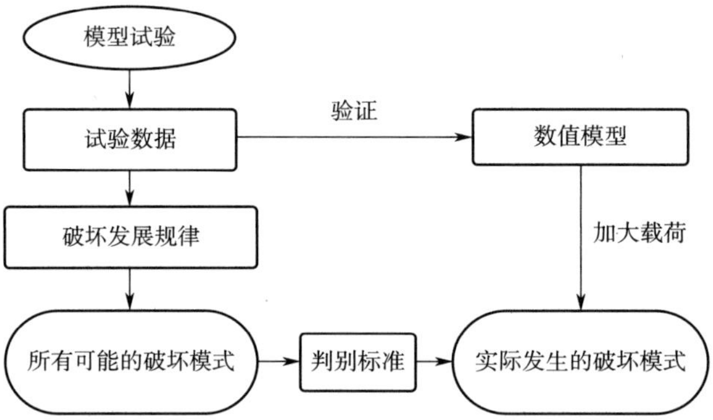

图 4.1-1　技术路线

4.2　渡槽破坏模式识别

综合理论分析、模型试验、数值模拟和专家咨询等多种手段，对渡槽的破坏模式进行了综合识别，得到了渡槽可能发生的破坏模式：桩基破坏、变形缝破坏、桁架杆件破坏、支座滑动位移过大和槽墩破坏等。

4.2.1　桩基破坏

为了得到桩基础在地震作用下的破坏模式，在离心机振动台上建立土体-桩基-承台物理试验模型，利用离心机内应力场可以准确模拟桩-土之间的相互作用，获得桩基在地震作用下的响应，试验方案及过程详见 2.2 节。通过对试验数据进行分析，得到边墩桩基不同深度处在 E1、E2 地震作用下的弯矩包络值，如图 4.2-1 所示。

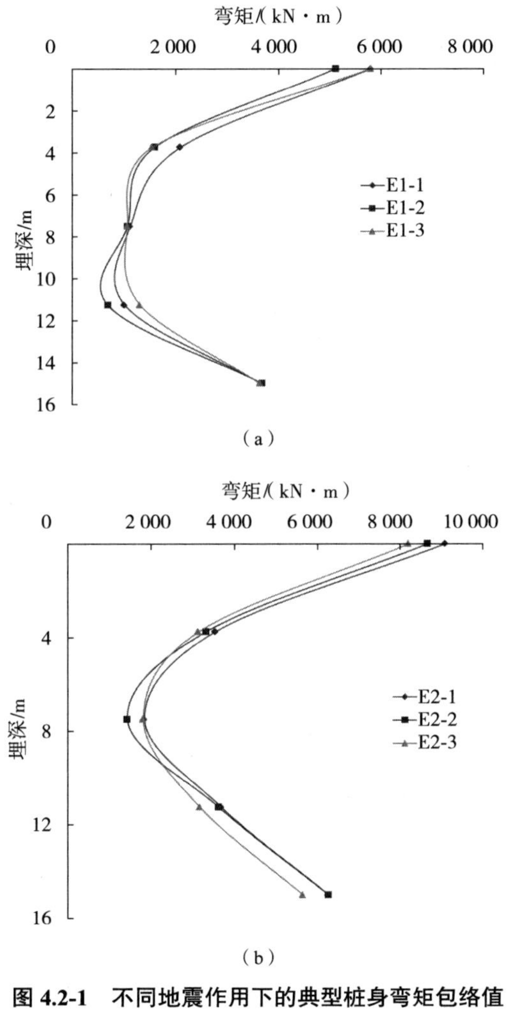

图 4.2-1　不同地震作用下的典型桩身弯矩包络值

(a)E1 作用　(b)E2 作用

从图 4.2-1 可以看出，随着地震动作用峰值的增大，桩身弯矩值均有一定的增大，但总体分布规律基本一致，即桩身弯矩随埋深的增大表现出先减小后增大的趋势，桩顶与承台交接处、岩土分界面处桩身弯矩值较大，这主要是由于这两个位置的约束条件，其中桩顶与承台交接处弯矩最大，E1、E2 作用下分别达到桩基极限弯矩值的 30%和 46%。通过试验数据分析，随着地震动的继续增大，桩顶和承台交接处将首先发生破坏。

承台相接处桩基发生的弯曲破坏，由于受到被动土压力和摩擦力的影响，对结构侧向抗力的影响较小；同时，湑河总干渠渡槽的边墩不是主受力墩，只承担了10%~20%的竖向荷载，因此当桩基发生破坏时，对整体的影响较小，将该破坏模式判别为轻度破坏。

4.2.2 变形缝破坏

根据渡槽设计方案，钢结构渡槽与混凝土渡槽相接处设有大变位止水伸缩缝，该伸缩缝的变形技术要求为：纵向变形 ±175 mm；竖向变形 ±15 mm；横向变形 ±15 mm。由于混凝土引桥与钢结构渡槽结构形式具有较大差异，地震工况下二者不是协同变形，当变形缝的相对位移超过限值时，可能出现漏水风险。由于混凝土渡槽两侧后期回填土和恢复道路，可以按混凝土渡槽端部与地面运动一致考虑，因此变形缝的变形情况按槽端与地面的相对位移情况进行评价。

通过常规振动台模型试验，得到不同地震动作用下钢结构渡槽端部与地面的相对位移，如表 4.2-1 所示。

表 4.2-1 渡槽端部最大位移

工况	地震激励	地震动峰值加速度	纵向最大位移/mm	横向最大位移/mm
无水	E1-1	0.123*g*	10.85	11.82
	E1-2		7.88	14.54
	E1-3		8.66	13.07
	El Centro 波		10.98	34.20
4 m 水深	E1-1		11.77	10.25
	E1-2		8.67	13.24
	E1-3		5.65	8.99
	El Centro 波		12.28	32.51
无水	E2-1	0.237*g*	27.71	50.15
	E2-2		28.37	46.77
	E2-3		22.50	40.67
	El Centro 波		30.41	48.07
4 m 水深	E2-1		20.79	20.88
	E2-2		19.45	36.78
	E2-3		11.08	18.23
	El Centro 波		16.63	39.89

从表 4.2-1 可以看出，场地安评波 E1 地震作用下，渡槽端部的纵向最大位移为

11.77 mm，横向最大位移为 14.54 mm，略低于允许限值，基本满足抗震需求；但在同场地类型的 El Centro 波激励下，槽端的横向最大位移达到 34.20 mm，超过止水带的允许限值，存在一定的漏水风险。

在 E2 地震作用下，渡槽端部位移均明显增大，纵向最大位移增大到 28.37 mm，但仍小于允许限值 175 mm；但横向最大位移已达 50.15 mm，超过止水带的允许限值，存在较高的漏水风险。

渡槽的中墩为主受力墩，承担了整体 80%~90%的主要竖向力，地震工况下，大部分地震力通过中墩传递到渡槽结构体系内，端部及跨中位置的位移均出现类似鞭梢效应的放大，端部放大效应更为明显。

根据以上分析，地震工况下渡槽端部变形较大时，会发生变形缝止水带的破坏，造成渡槽漏水。由于变形缝止水带为可更换装置，对整体抗震性能影响不大，故将该破坏模式判别为轻度破坏。

4.2.3　桁架杆件破坏

通过常规振动台模型试验，得到了 E2 地震动作用下钢结构渡槽桁架结构典型位置杆件的应力响应情况，如表 4.2-2 所示。其中，4#杆件为位于中墩位置的上弦杆，6#杆件为位于跨中位置的下弦杆，18a#杆件为上腹杆，12#杆件为拱肋，20#杆件为下腹杆，29#杆件为 M 形的横联杆。

表 4.2-2　地震工况下典型杆件应力响应情况

杆件编号	水深/m	地震作用	静力条件下应力/MPa	地震工况应力变化幅值/MPa	动应力/静应力	杆件总应力/MPa	杆件屈服应力/MPa	总应力/屈服强度
4#	4	人工波 E1-1	103.77	22.41	22%	126.18	345	37%
6#	4		86.19	18.91	22%	105.1	345	30%
18a#	4		−64.01	9.03	14%	−73.04	420	17%
20#	4		−124.91	10.34	8%	−135.25	345	39%
12#	4		−155.09	19.65	13%	−174.74	420	42%
29#	4		−98.77	14.62	15%	−113.38	345	33%
4#	4	人工波 E1-2	103.77	28.38	27%	132.15	345	38%
6#	4		86.19	18.25	21%	104.44	345	30%
18a#	4		−64.01	13.42	21%	−77.43	420	18%
20#	4		−124.91	13.75	11%	−138.67	345	40%
12#	4		−155.09	25.48	16%	−180.57	420	43%
29#	4		−98.77	17.06	17%	−115.83	345	34%

续表

杆件编号	水深/m	地震作用	静力条件下应力/MPa	地震工况应力变化幅值/MPa	动应力/静应力	杆件总应力/MPa	杆件屈服应力/MPa	总应力/屈服强度
4#	4	人工波 E1-3	103.77	17.27	17%	121.04	345	35%
6#	4		86.19	11.12	13%	97.31	345	28%
18a#	4		-64.01	8.93	14%	-72.94	420	17%
20#	4		-124.91	10.97	9%	-135.88	345	39%
12#	4		-155.09	16.31	11%	-171.4	420	41%
29#	4		-98.77	11.04	11%	-109.81	345	32%
4#	4	El Centro 波	103.77	33.82	33%	137.59	345	40%
6#	4		86.19	37.49	43%	123.68	345	36%
18a#	4		-64.01	16.84	26%	-80.85	420	19%
20#	4		-124.91	15.78	13%	-140.69	345	41%
12#	4		-155.09	32.03	21%	-187.12	420	45%
29#	4		-98.77	23.93	24%	-122.7	345	36%
4#	4	人工波 E2-1	103.77	31.47	30%	135.24	345	39%
6#	4		86.19	23.42	27%	109.62	345	32%
18a#	4		-64.01	12.89	20%	-76.9	420	18%
20#	4		-124.91	14.84	12%	-139.76	345	41%
12#	4		-155.09	26.86	17%	-181.95	420	43%
29#	4		-98.77	25.5	26%	-124.27	345	36%
4#	4	人工波 E2-2	103.77	29.23	28%	133	345	39%
6#	4		86.19	25.28	29%	111.47	345	32%
18a#	4		-64.01	17.51	27%	-81.52	420	19%
20#	4		-124.91	18.99	15%	-143.91	345	42%
12#	4		-155.09	29.16	19%	-184.25	420	44%
29#	4		-98.77	22.34	23%	-121.11	345	35%
4#	4	人工波 E2-3	103.77	28.11	27%	131.88	345	38%
6#	4		86.19	18.89	22%	105.08	345	30%
18a#	4		-64.01	12.95	20%	-76.96	420	18%
20#	4		-124.91	15.09	12%	-140	345	41%
12#	4		-155.09	24.3	16%	-179.39	420	43%
29#	4		-98.77	21.69	22%	-120.45	345	35%

续表

杆件编号	水深/m	地震作用	静力条件下应力/MPa	地震工况应力变化幅值/MPa	动应力/静应力	杆件总应力/MPa	杆件屈服应力/MPa	总应力/屈服强度
4#	4	El Centro 波	103.77	39.2	38%	142.97	345	41%
6#	4		86.19	26.72	31%	112.91	345	33%
18a#	4		−64.01	16.49	26%	−80.5	420	19%
20#	4		−124.91	21.33	17%	−146.25	345	42%
12#	4		−155.09	32.67	21%	−187.76	420	45%
29#	4		−98.77	28.06	28%	−126.83	345	37%

从地震工况下动应力幅值与静力条件下的应力比值可以看出，4#中墩上弦杆和6#跨中下弦杆以及 29# M 形横联杆对地震作用响应较为敏感。这主要是由于三向地震作用下，跨中位置相对于中墩有较大的相对位移，使中墩支座和跨中位置整体侧弯及竖弯，造成该位置处杆件应力增幅较大；另外，水平地震作用在经过支座向上部渡槽传递时，主要通过渡槽两侧桁架之间底板下的 M 形横联杆进行传递，因此，该位置处在地震工况下的应力增幅也较大。

从杆件的总应力与屈服强度比值可以看出，12#拱肋、20#下腹杆和 29# M 形横联杆将会随着地震响应的增大最先发生破坏，而且由于这些杆件集中于中墩支座上部，有可能导致整体结构的连续倒塌，震害后果较为严重，故将该破坏模式判别为严重破坏。

当前设计条件下，渭河总干渠渡槽桁架杆件的安全裕度较高，出现桁架结构杆件破坏及连续倒塌的风险较低。

4.2.4 支座滑动位移过大

通过常规振动台模型试验，得到 E1、E2 地震动作用下钢结构渡槽中墩位置支座的相对滑动位移情况，如表 4.2-3 所示。

表 4.2-3 支座位移响应峰值

工况	水深/m	B 墩支座最大相对位移/mm	C 墩支座最大相对位移/mm
人工波 E1-1	0	9.989	6.132
人工波 E1-2	0	8.158	5.274
人工波 E1-3	0	6.169	7.718
El Centro 波	0	25.319	14.033
人工波 E1-1	4	5.607	4.639
人工波 E1-2	4	8.794	7.107
人工波 E1-3	4	3.898	4.030

续表

工况	水深/m	B 墩支座最大相对位移/mm	C 墩支座最大相对位移/mm
El Centro 波	4	28.047	21.499
人工波 E2-1	0	15.587	30.366
人工波 E2-2	0	43.341	25.919
人工波 E2-3	0	19.031	25.905
El Centro 波	0	43.671	34.498
人工波 E2-1	4	13.802	13.159
人工波 E2-2	4	27.791	15.347
人工波 E2-3	4	18.128	11.397
El Centro 波	4	23.946	29.602

从表 4.2-3 可以看出，随着地震动强度的增大，支座的相对滑动位移有较大幅度的增加，E2 地震条件下最大相对位移为 43.671 mm，随着地震动强度的增大，支座相对滑动位移会超过设计位移 100 mm，从而出现位移过大的风险。

通常情况下，支座滑动位移过大会导致落梁震害的发生，对于钢结构桁架式梁拱组合体系渡槽，也可能造成倾覆灾害的发生，该风险是不可接受的，故将该破坏模式判别为严重破坏。湃河总干渠渡槽钢桁架结构在支座位置处设置了钢挡块，可以有效降低支座位移过大引起的落梁风险，但同时也应加强支座的锚固措施，如因支座锚固失效造成支座破坏，同样会产生较为严重的震害。

4.2.5 槽墩破坏

通过常规振动台模型试验，得到 E1、E2 地震作用下槽墩结构中钢筋和混凝土的应力响应峰值情况，如表 4.2-4 和表 4.2-5 所示。

表 4.2-4 槽墩钢筋应力响应峰值

水深/m	地震作用	静力条件下应力/MPa	地震工况应力变化幅值/MPa	钢筋压应力峰值/MPa	屈服强度/MPa
0	E1-1	-10.54	20.52	-31.07	400
	E1-2	-10.54	20.19	-30.73	400
	E1-3	-10.54	17.12	-27.66	400
	El Centro 波	-10.54	32.15	-42.69	400
4	E1-1	-25.38	21.19	-46.56	400
	E1-2	-25.38	32.86	-58.23	400
	E1-3	-25.38	20.36	-45.74	400
	El Centro 波	-25.38	36.52	-61.89	400

续表

水深/m	地震作用	静力条件下应力/MPa	地震工况应力变化幅值/MPa	钢筋压应力峰值/MPa	屈服强度/MPa
0	E2-1	-10.54	43.28	-53.82	400
	E2-2	-10.54	33.47	-44.02	400
	E2-3	-10.54	38.85	-49.39	400
	El Centro 波	-10.54	41.87	-52.41	400
4	E2-1	-25.38	43.37	-68.74	400
	E2-2	-25.38	34.26	-59.64	400
	E2-3	-25.38	49.65	-75.03	400
	El Centro 波	-25.38	44.24	-69.62	400

表 4.2-5　槽墩混凝土应力响应峰值

水深/m	地震作用	静力条件下应力/MPa	地震工况应力变化幅值/MPa	混凝土拉应力峰值/MPa	抗拉强度/MPa	混凝土压应力峰值/MPa	抗压强度/MPa
0	E1-1	-1.66	1.22	—	2.39	-2.88	26.8
	E1-2	-1.66	1.20	—	2.39	-2.86	26.8
	E1-3	-1.66	1.33	—	2.39	-2.99	26.8
	El Centro 波	-1.66	1.70	0.04	2.39	-3.36	26.8
4	E1-1	-4	1.40	—	2.39	-5.40	26.8
	E1-2	-4	1.46	—	2.39	-5.46	26.8
	E1-3	-4	1.70	—	2.39	-5.70	26.8
	El Centro 波	-4	1.91	—	2.39	-5.91	26.8
0	E2-1	-1.66	1.94	0.28	2.39	-3.60	26.8
	E2-2	-1.66	2.25	0.59	2.39	-3.91	26.8
	E2-3	-1.66	2.21	0.55	2.39	-3.87	26.8
	El Centro 波	-1.66	2.51	0.85	2.39	-4.17	26.8
4	E2-1	-4	1.98	—	2.39	-5.98	26.8
	E2-2	-4	2.67	—	2.39	-6.67	26.8
	E2-3	-4	2.08	—	2.39	-6.08	26.8
	El Centro 波	-4	2.31	—	2.39	-6.31	26.8

从表 4.2-4 和表 4.2-5 可以看出，E1、E2 地震作用下，槽墩钢筋应力均小于屈服强度，混凝土的压应力小于抗压强度，混凝土在部分工况下会出现拉应力，但并未超过其抗拉强度，同时根据试验现象，混凝土并未出现开裂掉块等现象，因此槽墩整体基本处于弹性状态，未发生明显屈服破坏。

同时，试验数据表明，随着地震动强度的增大，槽墩主筋和混凝土峰值均有所增大，随着地震动强度的继续增大，槽墩混凝土有可能出现破坏。强震作用下，通常槽墩的屈服是符合抗震设计预期的，以通过槽墩塑性铰的耗能有效降低上部结构的响应，但对于采用了减隔震设计的超大通航渡槽，减隔震装置可以起到耗散地震能量的作用，使槽墩不进入塑性状态。若允许槽墩进入塑性状态形成塑性铰，槽墩结构出现倾斜，则可能导致支座受力状态发生较大改变，引发落梁、倾覆等严重震灾。因此对于超大通航渡槽，槽墩允许发生的破坏形式限于局部开裂，甚至可以超过裂缝宽度的容许值，但混凝土保护层应保持完好，地震结束后，在自重作用下形成的裂缝可以闭合，不影响使用，整体处于弹性范围。该破坏模式中，地震过程中的局部混凝土开裂，判别为轻度破坏；当出现混凝土掉块剥落等情况时，判别为严重破坏。

4.2.6 小结

根据渡槽振动台试验数据分析，得到了渡槽可能发生的破坏模式包括：变形缝破坏、桩基破坏、桁架杆件破坏、支座滑动位移过大和槽墩破坏等，并根据其对整体结构的影响，将其分为不同等级，如表 4.2-6 所示。

表 4.2-6　渡槽破坏模式

序号	破坏模式		影响程度
1	变形缝破坏		轻度
2	桩基破坏		轻度
3	槽墩破坏	局部混凝土开裂	轻度
		混凝土保护层剥落	严重
4	支座滑动位移过大		严重
5	桁架杆件破坏		严重

由于变形缝止水带为可更换装置，因此变形缝破坏对整体的影响程度为轻度。

地震作用下槽墩混凝土的轻微裂缝可以在自重作用下闭合，该破坏程度为轻度；当混凝土出现保护层剥落时，墩底形成塑性铰可能导致渡槽的落梁、倾覆等震灾，该破坏程度为严重。

支座滑动位移过大会导致落梁震害的发生，对于钢结构桁架式梁拱组合体系渡槽，也可能造成倾覆灾害的发生，该破坏程度为严重。

桁架重要杆件发生强度或稳定性破坏时，可能导致整体结构的连续倒塌，该破坏程度为严重。

边墩桩基发生的弯曲破坏，对结构侧向抗力影响较小，而且边墩为非主受力墩，因此当桩基发生破坏时，对整体影响程度较小，该破坏程度为轻度。

4.3　渭河总干渠渡槽地震破坏模式

受试验设备的能力条件限制，无法在模型试验中继续加大地震动的强度，不能在试验条件下使渡槽模型进入整体破坏状态。因此，为了对超大通航渡槽的破坏模式开展进一步研究，考虑采用试验标定过的数值模型对渡槽在强震作用下的破坏模式进行深入研究，包括不同破坏模式发生的先后顺序以及破坏模式的影响因素等。

4.3.1　数值模拟软件及平台

4.3.1.1　数值模拟软件

土木工程中常用的有限元数值计算软件有 ANSYS、ABAQUS、PLAXIS、ADINA 和 MIDAS 等。本研究所采用的数值模拟方案基于 ABAQUS 有限元计算平台。ABAQUS 是国际上最先进的大型通用有限元计算分析软件之一，具有强大的计算功能和广泛的模拟功能。ABAQUS 具备十分丰富的单元库和材料库，可以实现不同形状、不同材料类型的工程结构的数值模拟。本研究的数值模拟方案主要采用 ABAQUS/Explicit（显式）模块进行求解，用于地基、桥墩基础、渡槽等的地震响应数值模拟和槽中水体流场的数值模拟。其中 ABAQUS/Explicit 用于地震分析的优势在于：①采用显式算法，相比隐式算法，避免了非线性条件下刚度矩阵的求逆和迭代，计算大型模型更加高效；②采用 Green-Naghdi 应力率，能够更好地模拟大变形。

4.3.1.2　数值模拟平台

显式积分算法的目标是解运动方程，整个过程就是显式动力时程分析，由于采用了显式格式，对方程可以完全解耦，计算的时间为线性变化。通常显式积分格式多采用中心差分法，阻尼模式分为瑞雷阻尼和振型阻尼，在这种方法的基础上，自由度数、节点数、单元数、材料本构、单元类型、硬件等都是影响计算时间的因素。动力计算尤其是高度非线性的动力计算，其计算时间往往很长，计算结果文件非常庞大，普通服务器难以满足计算需求，因此本研究的数值计算借助国家超级计算天津中心的天河仿真云平台进行。

国家超级计算天津中心于 2009 年由科技部批准成立，由国防科技大学与天津滨海新区共同建设，部署有 2010 年排名世界第一的“天河一号”超级计算机（图 4.3-1）和“天河三号”百亿亿次原型机。在仿真云计算平台上，可以同时提交多个工况文件进行计算，每个工况可以占据 1 个或多个节点（每个节点 28 核）。单个平台上有 32 个节点，后台可存储文件的空间为 2 T。将个人电脑上的模型文件上传至平台，然后开启计算任务，进行高速计算。计算完成后，可以将结果文件下载处理，也可以在后台远程处理。

图 4.3-1 “天河一号”超级计算机

4.3.2 数值模型的建立

4.3.2.1 流固耦合分析方法

1)ALE 方法

ALE 是任意拉格朗日-欧拉法(Arbitrary Lagrangian-Eulerian Method)的简称,最早在计算流体力学的有限差分法中使用,后来被引入存在自由液面的流体流动问题中。起初研究渡槽槽身内液体的晃动问题,主要是通过求解纳维-斯托克斯方程(N-S 方程)来实现,但是求解这个非线性方程具有较大的难度,不易得到解析解。

液体流动时具有两种不同的描述形式,分别是拉格朗日描述形式和欧拉描述形式。若采用拉格朗日描述形式,可以轻易地找到自由液面,同时方程中也没有对流项的存在,但是该描述形式会造成网格的纠缠,引起较大的结果分析误差;若采用欧拉描述形式,虽然可以解决网格纠缠的问题,但该描述形式不能很好地跟踪自由液面的运动,同时在处理流体和固体结构之间的运动界面时,需要进行大量数学映射处理,耗费大量的时间成本。

由于两种方法均存在一定的局限性, Hirt 等人提出了任意拉格朗日欧拉的描述形式,即 ALE 描述形式。在 ALE 描述形式的坐标系中可以表达任意速度的空间运动。当速度为零时,是欧拉系;当速度为质点的速度时,则为拉格朗日系。在该描述形式中,主要利用动网格来跟踪自由液面的运动,动网格是独立于结构变形体和空间运动的,可以根据情况选择运动的状态。由于自由液面质点的速度的特点是切线方向没有分量,法线方向的速度与槽身内水体的质点速度相同,因此可以通过设定预定的运动路线从而保证其不发生畸变。在研究不可压缩且有自由液面的流体流动问题时,建立了 ALE 描述形式的运动理论,其控制方程包含连续性方程和动量方程。

连续性方程：

$$\frac{\partial \dot{v}}{\partial x_i}=0 \tag{4.3-1}$$

动量方程：

$$\rho\frac{\partial \dot{v}_i}{\partial t}+\rho(\dot{v}_j-\hat{v}_j)-\frac{\partial \tau_{ij}}{\partial x_j}-\rho f_{ij}=0 \tag{4.3-2}$$

$$\tau_{ij}=-p\delta_{ij}+\mu\left(\frac{\partial \dot{v}_i}{\partial x_j}+\frac{\partial \dot{v}_j}{\partial x_i}\right) \tag{4.3-3}$$

式中：$\dot{v}$ 为流体的运动速度；$\hat{v}$ 为欧拉网格的运动速度；ρ 为流体密度；τ_{ij} 为流体的应力张量；f_{ij} 为包含耦合力在内的单位质量的体积力；p 为压强；δ_{ij} 为单位张量；μ 为流体黏性系数；$\left(\frac{\partial \dot{v}_i}{\partial x_j}+\frac{\partial \dot{v}_j}{\partial x_i}\right)$ 为流体变形的速率张量；x 为笛卡儿坐标分量；角标 i=1，2，3，j=1，2，3。

2）ALE 参数标定

以 3.2 节中的离心试验模型为基础，建立 ALE 有限元法的数值分析模型，通过对比数值计算结果与模型试验结果，对 ALE 流固耦合的相关参数进行标定和验证。试验模型和数值模型分别如图 4.3-2 和图 4.3-3 所示。数值模型的平板渡槽内空间尺寸与离心模型试验中的平板渡槽内空间尺寸相同，数值模型的水体模型尺寸也与离心模型试验中的水体模型尺寸相同。

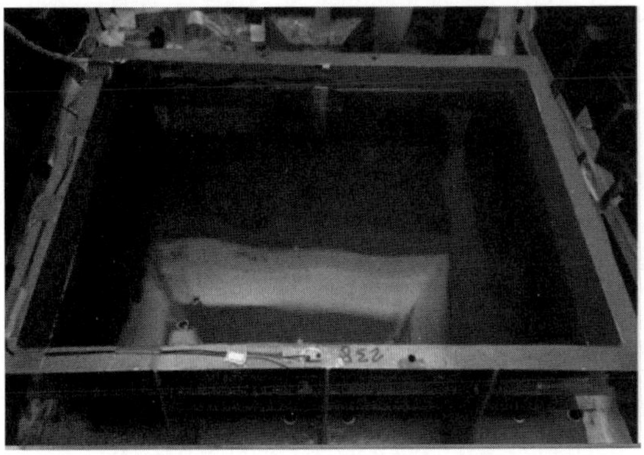

（a）

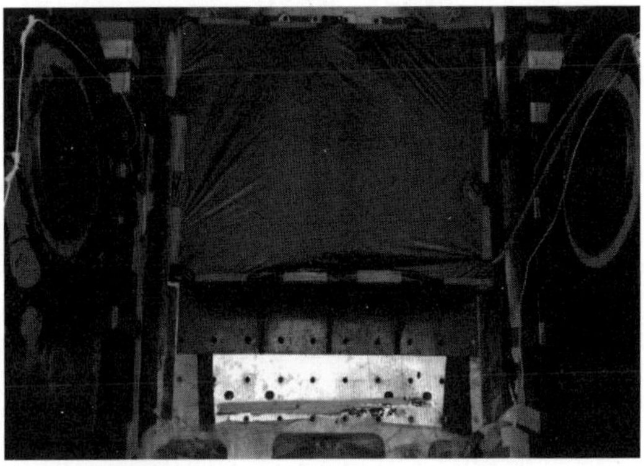

（b）

图 4.3-2　平板渡槽离心试验模型

（a）渡槽充水　（b）振动台布置

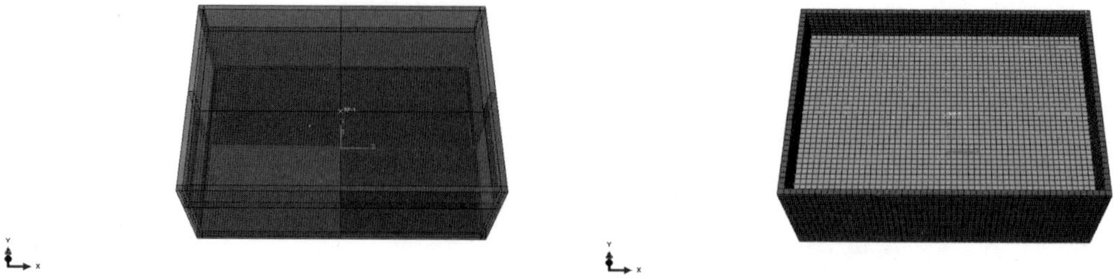

(a) (b)

图 4.3-3 平板渡槽数值模型

(a)渡槽充水模型 (b)模型网格划分

离心试验模型中,平板渡槽的刚度很大,试验过程中将其近似看作刚体,因此数值模型中的平板渡槽也视作刚体,振动过程中变形为零。对于水体,采用黏性流体介质,采用线性 U_s-U_p 形式的 Mie-Gruneisen 状态方程对流场进行描述:

$$P=\frac{\rho_0 c_0^2 \eta}{(1-s\eta)^2}\left(1-\frac{\Gamma_0 \eta}{2}\right)+\Gamma_0 \rho_0 E_m \tag{4.3-4}$$

式中:η 为黏性系数;c_0 为流体中的声速;ρ_0 为流体密度;Γ_0 为 Gruneisen 常数;s 为声速和冲击波速之间的线性关系系数;E_m 为单位质量的内能。对于水,η 取 10^{-7} Pa·s,c_0 取 1 485 m/s,ρ_0 取 1 g/cm³,Γ_0 与 s 均取 0。

将水体设置为拉格朗日体,振动过程中水体可能会产生较大变形进而导致计算难以收敛,因此采用 ALE 网格重划技术控制网格变形。

采用 ABAQUS/Explicit 分析方法,并为水体与渡槽建立接触,接触方式为面-面运动接触,摩擦系数取 10^{-3}。

对整体模型施加 30g 的重力荷载(离心试验的重力加速度为 30g),并对水体施加初始自重应力(30g 条件下)。

渡槽模型为刚体,通过刚体参考点对渡槽施加位移边界条件,其余方向位移为零,水平 X 向施加加速度边界条件,加速度大小与离心模型试验中的振动台台面加速度相同。渡槽加速度如图 4.3-4 所示。

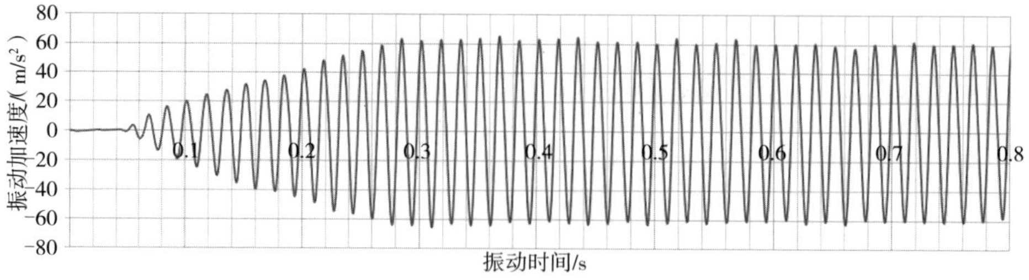

图 4.3-4 平板渡槽振动加速度

通过数值计算，得到振动过程中某一时刻水体对渡槽的动水压力（图 4.3-5）和水体位移（图 4.3-6）。可见，在渡槽底部边缘位置有应力集中现象，动水压力较大。

图 4.3-5　振动过程中产生的动水压力

图 4.3-6　振动过程中产生的位移

试验与数值模拟中，渡槽侧壁底部动水压力时程分别如图 4.3-7 和图 4.3-8 所示。

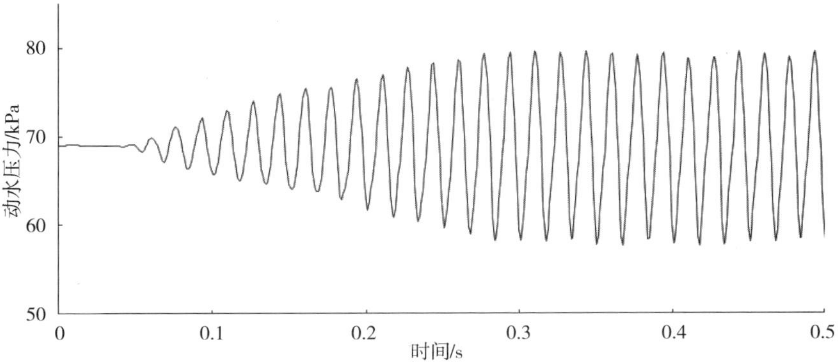

图 4.3-7　数值模拟中渡槽底面中部动水压力

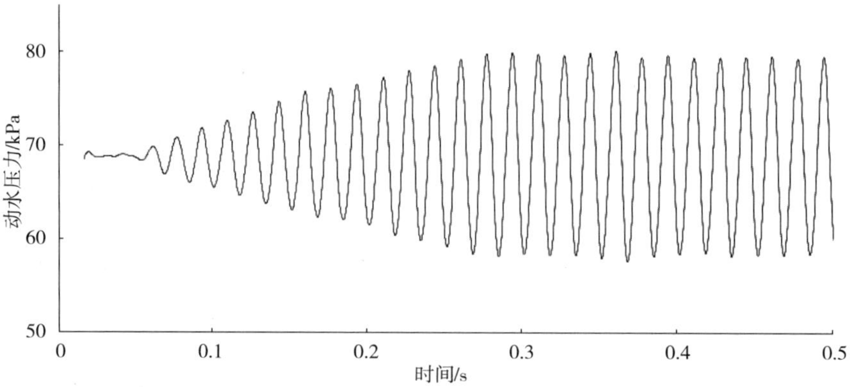

图 4.3-8 离心模型试验中渡槽侧壁底部动水压力

可以看出，数值模拟与离心模型试验中，渡槽底面中部动水压力变化规律基本一致，数模和试验中的动水压力变化幅值分别是 11.0 kPa 和 11.2 kPa，离心模型试验中峰值动水压力略大。分析其原因，主要与渡槽刚度的假定条件有关：离心模型试验中，渡槽虽然刚度很大，但振动时渡槽还是会产生一定的变形，变形恢复力作用于水体，从而造成槽壁动水压力很小程度上的偏大。

综合比较数模与试验数据结果，数值模型中采用的流固耦合方法及相关参数，能够较为准确地反映渡槽与其内部水体的流固耦合作用，可以用于对渡槽整体的地震响应分析。

4.3.2.2 本构模型

在数值模拟中若要得到准确的结果，建模时就要对实际工程问题进行合理简化和还原，其中最重要的是选取合适的材料本构模型，并设定准确的模型参数。

1）承台和槽墩的本构模型（实体单元）

承台和桥墩为钢筋混凝土结构，在结构构件的精细有限元数值模拟中，混凝土采用实体单元建模并采用 ABAQUS 材料库中的混凝土损伤本构模型模拟，钢筋采用 Truss 单元建模并采用随动双线性硬化本构模型模拟，两者之间采用 EMBED 命令黏结。

在外荷载和外界环境作用下，由细观结构缺陷引起的材料劣化现象，称为损伤。对于混凝土材料，在其制作过程中，由于原材料自身的特点，存在微观裂缝、微观孔洞等缺陷，故可以用损伤的概念来解释混凝土的受力行为。在 ABAQUS 中，混凝土损伤塑性模型有如下特点：使用各向同性损伤弹性结合各向同性拉压塑性的概念模拟混凝土的非弹性行为；主要用于钢筋混凝土结构，也可用于素混凝土结构；适用于混凝土在低围压下的单调荷载、往复荷载和一般动力荷载；对往复荷载变向时的刚度恢复可以进行人为控制；要求材料的弹性行为是各向同性线弹性的。该模型假设混凝土的两种主要破坏形式是受拉开裂和受压破碎（如图 4.3-9 所示），从经验看，这种假设是合理的。材料在低应力下表现为线弹性，当达到某一临界值时进入屈服状态。

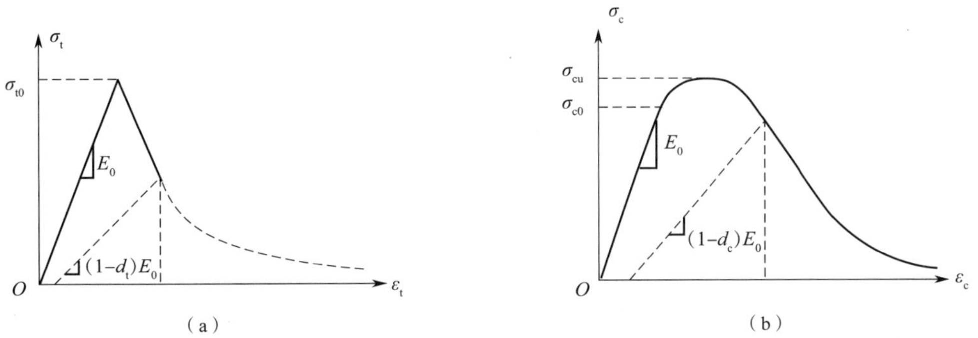

图 4.3-9　混凝土应力-应变关系曲线

(a)单轴拉伸　(b)单轴压缩

该模型采用经过 Lee 和 Fenves 修正的 Lubliner 屈服方程模拟混凝土受拉和受压的强度发展。屈服面的发展由受拉等效塑性应变和受压等效塑性应变控制。该屈服面的形状如图 4.3-10 所示。

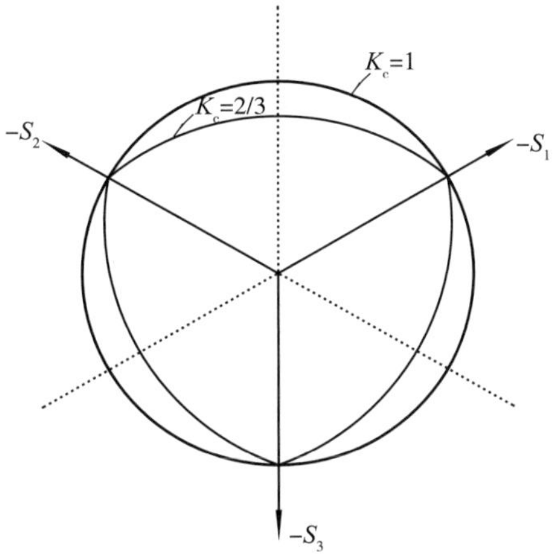

图 4.3-10　不同 K_c 值下偏平面上的屈服面形状

注：K_c 为双轴抗压等效屈服应力与单轴抗压屈服应力之比。

混凝土损伤塑性模型假设非关联流动。该模型的流动势能函数 G 为 Drucker-Prager 双曲线函数：

$$G=\sqrt{(\varepsilon\sigma_{t0}\tan\psi)^2+\bar{q}^2}-\bar{p}\tan\psi \tag{4.3-5}$$

式中：ψ为剪胀角；σ_{t0}为开裂时的单向拉伸应力，由用户指定的拉伸硬化数据得到；$\bar{p}$ 为静水压力；$\bar{q}$ 为 Mises 等效应力；ε为偏心率，由其确定双曲线趋近渐近线的速率（当偏心率趋于 0 时，流动势趋于一条直线），默认的流动势能函数的偏心

率 $\varepsilon = 0.1$ 。

钢筋本构采用基于随动强化准则的双线性本构模型，其应力-应变骨架曲线如图4.3-11所示。其中，f_y 为钢筋的屈服强度；E_0 为钢筋的初始弹性模量；b 为钢筋的屈服硬化系数。

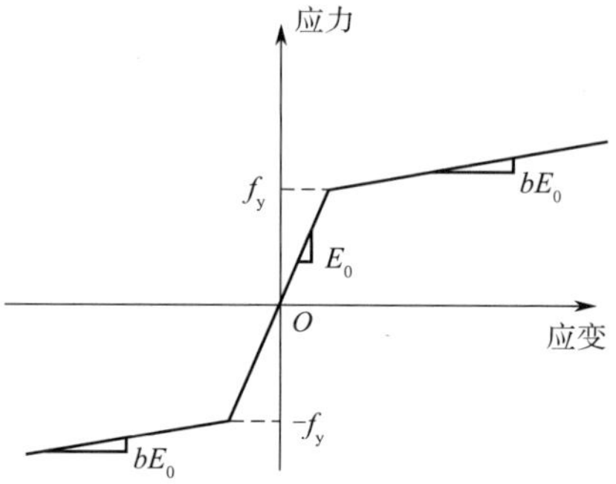

图 4.3-11 钢筋的双线性本构模型

2）摩擦摆支座的本构模型

典型的摩擦摆支座如图4.3-12所示，主要由下支座板、球形滑块和上支座板组成。其中，下支座板圆弧面半径为 R；球形滑块相对于滑道竖向对称轴运动的转角为 θ；滑块的水平滑动位移为 D；上部结构施加给滑块的竖向荷载为 W；滑块所受的滑动摩擦力为 f；摩擦摆支座水平回复力为 F。根据东南大学杨巍巍等的研究，摩擦摆支座可以由一个单摆和一根非线性弹簧组成的简化模型表示，如图4.3-13所示。

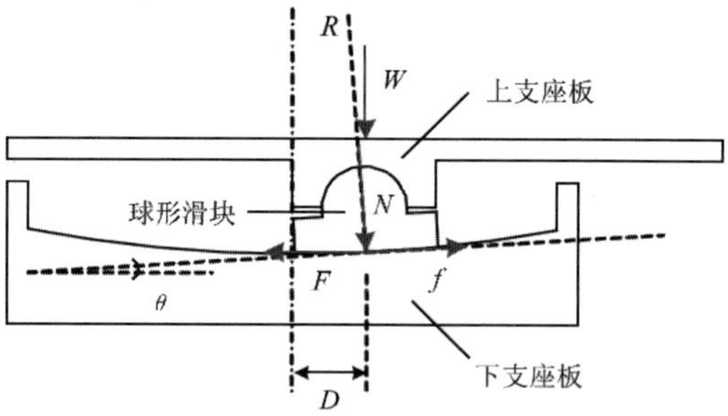

图 4.3-12 摩擦摆支座示意图

根据平衡方程，摩擦摆支座的水平回复力为

$$F = \frac{WD}{R\cos\theta} + f \tag{4.3-6}$$

当 θ 很小时，式（4.3-6）简化为

$$F = \frac{WD}{R} + f \tag{4.3-7}$$

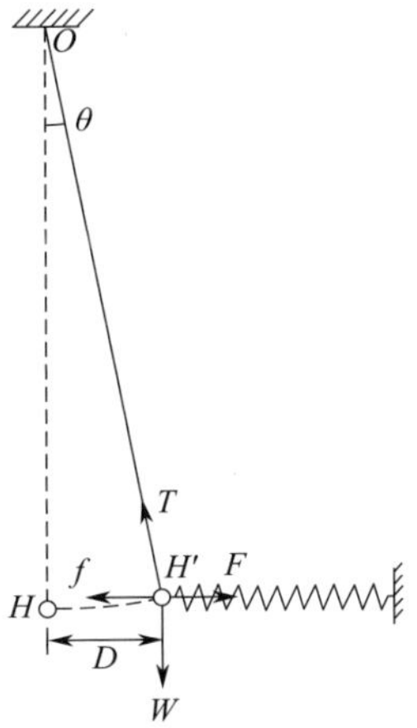

图 4.3-13　摩擦摆支座的简化模型

在 ABAQUS 中，单摆采用 Truss 单元模拟，即只考虑单摆轴向受力而不考虑弯矩，长度取为摩擦摆支座滑动面的曲率半径，采用线弹性材料。由于在实际工程中，摩擦摆支座几乎没有竖向变形，单摆的弹性模量应取一个较大的值，从而确保其在上部结构重力的作用下只产生极小的轴向变形。非线性弹簧采用 SPRING1 单元模拟，采用理想刚塑性模型材料（如图 4.3-14 所示），以反映摩擦力的特点。

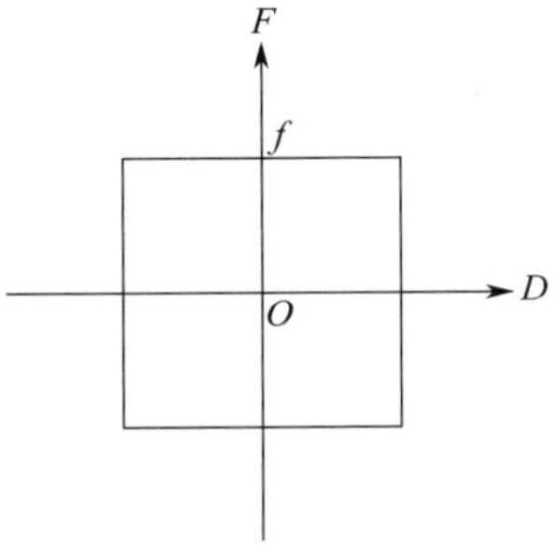

图 4.3-14　刚塑性材料模型

3）钢桁架和渡槽的本构模型

桁架和渡槽的材质均为钢材，因此也采用基于随动强化准则的双线性本构模型。其中钢桁架采用 Beam 单元模拟，渡槽的侧壁和底板采用 Shell 单元模拟。

4）各材料参数取值

混凝土的参数包括受拉和受压的屈服强度、屈服应变、极限强度、极限应变，取值由工程方案中的混凝土标号查表获得。钢筋的参数包括弹性模量和屈服强度，也由工程方案中的钢材标号查表获得。

桁架和渡槽采用的钢材的弹性模量和屈服强度同样由钢材标号查表获得。

渡槽中的水体采用标准参数，体积模量为 2.2×10^9 Pa，黏度为 0.000 8 Pa/s，密度

为 1×10^3 kg/m^3。

摩擦摆中摆和弹簧的刚度均为 3 000 GPa，根据不同水深工况结构整体的静力分析，得到支座竖向反力，再与摩擦系数 μ 相乘后得到非线性弹簧的摩擦力，如表 4.3-1 所示。

表 4.3-1 不同水深工况支座摩擦力

水深/m	支座位置	支座反力/kN	摩擦力/kN
0	中墩	22 105	1 105
	边墩	2 700	135
1.5	中墩	34 400	1 720
	边墩	4 776	239
2	中墩	38 498	1 925
	边墩	5 468	273
2.5	中墩	42 595	2 130
	边墩	6 161	308
3	中墩	46 693	2 335
	边墩	6 853	343
4	中墩	54 887	2 744
	边墩	8 240	412

4.3.2.3 数值模型的建立

根据引江济淮工程淠河总干渠原型渡槽结构尺寸，建立槽墩、摩擦摆支座、钢桁架、钢渡槽及水体的数值模型。槽墩设置为三维八节点六面体实体单元，摩擦摆支座设置为杆单元，钢桁架设置为梁单元，钢渡槽设置为壳单元，水设置为三维八节点六面体实体单元。槽墩与摩擦摆支座之间、摩擦摆支座与钢桁架之间均采用多点耦合约束（模拟摩擦摆支座与上、下连接结构之间的运动），钢渡槽与钢桁架之间采用绑定约束（模拟渡槽与桁架之间的焊接或螺栓连接），水体与钢渡槽之间采用面-面运动接触，摩擦系数取 0.001。在边墩、中墩底部设置加速度边界条件，根据不同工况在相应方向输入地震加速度时程。输入地震加速度之前，对模型整体施加自重，自重加速度为 9.8 m/s^2。为防止瞬时施加自重加速度导致模型振动，自重施加时长设置为 5 s，即自重采用拟静力方法缓慢施加于整体结构上。施加完自重加速度后，对模型施加地震加速度，从而模拟整体模型的地震响应。

模型计算工况包括：①不同水深（无水、1.5 m、2 m、2.5 m、3 m、4 m）工况条件下的结构地震响应，模型如图 4.3-15 所示；②不同加速度（0.1g、0.237g、0.3g、0.4g、0.5g 等）条件下的结构地震响应。

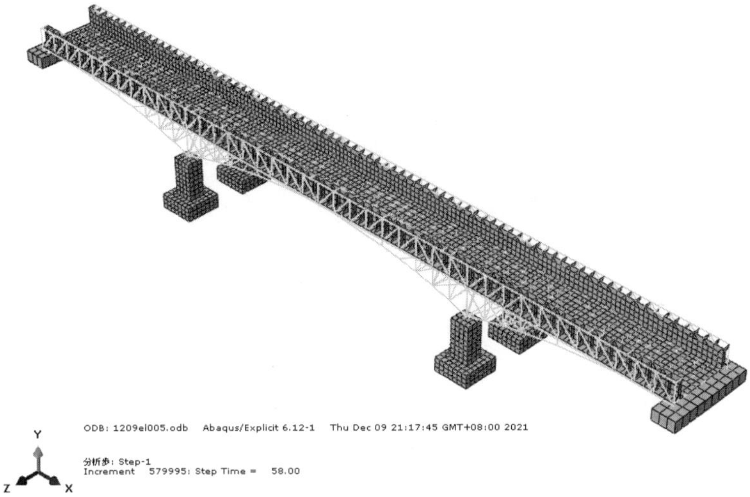
ODB: 1209el005.odb　Abaqus/Explicit 6.12-1　Thu Dec 09 21:17:45 GMT+08:00 2021
分析步: Step-1
Increment　579995: Step Time =　58.00
Y
Z
X

（a）

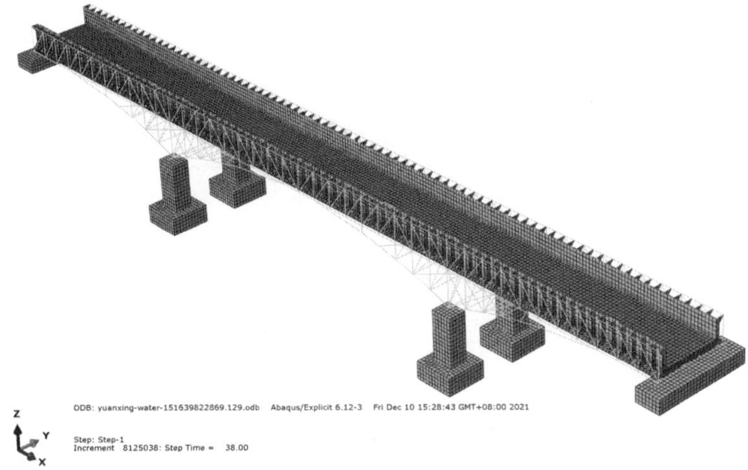
ODB: yuanxing-water-151639822869.129.odb　Abaqus/Explicit 6.12-3　Fri Dec 10 15:28:43 GMT+08:00 2021
Step: Step-1
Increment　8125038: Step Time =　38.00
Z
Y
X

（b）

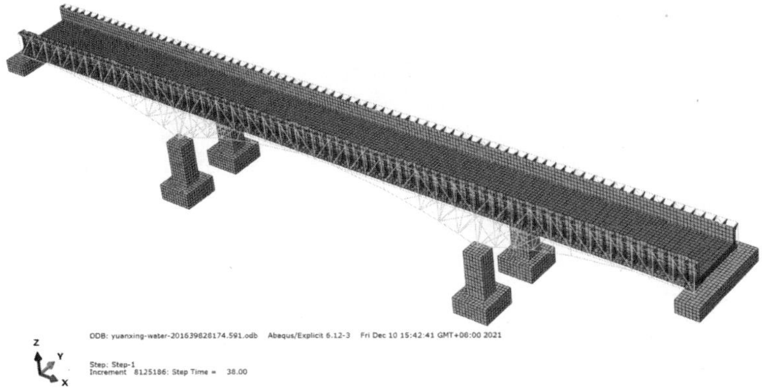
ODB: yuanxing-water-201639828174.591.odb　Abaqus/Explicit 6.12-3　Fri Dec 10 15:42:41 GMT+08:00 2021
Step: Step-1
Increment　8125186: Step Time =　38.00
Z
Y
X

（c）

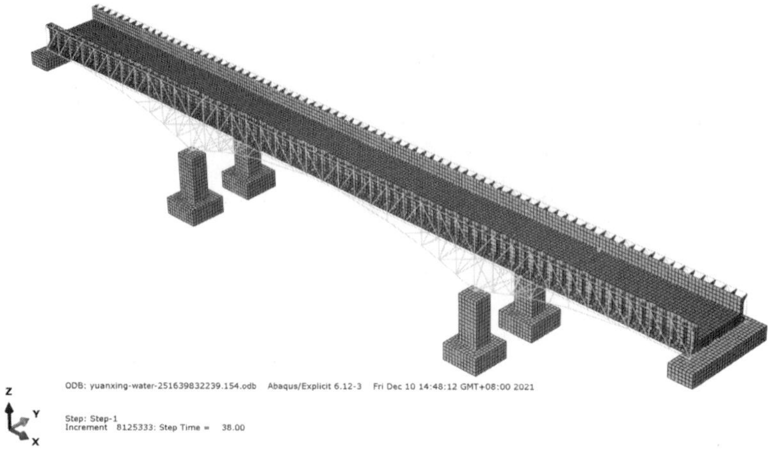

（d）

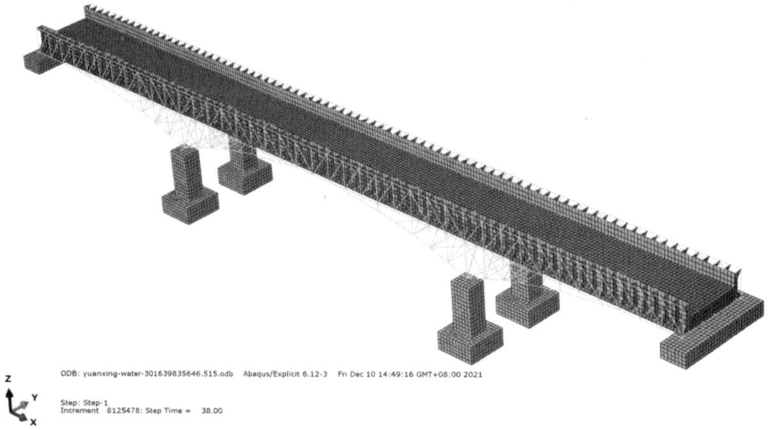

（e）

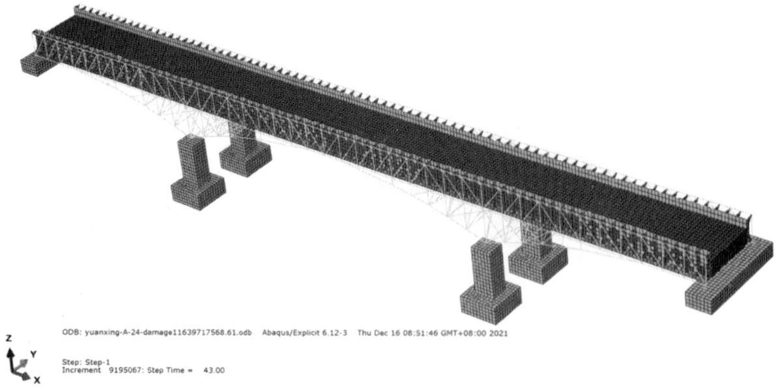

（f）

图 4.3-15 渡槽整体数值模型

（a）无水工况 （b）1.5 m 水深工况 （c）2 m 水深工况 （d）2.5 m 水深工况 （e）3 m 水深工况 （f）4 m 水深工况

4.3.3　数值模型的验证

为了对建立的数值模型进行验证，在无水和 4 m 水深工况下从槽墩底部输入水平向的 El Centro 波地震动，地震动峰值加速度为 0.1g，得到渡槽结构的整体响应。渡槽跨中底板的位移与振动台试验数据的对比如图 4.3-16 所示。

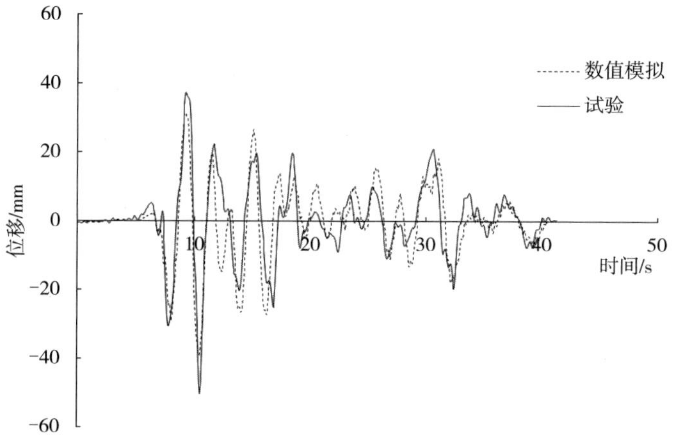

（a）

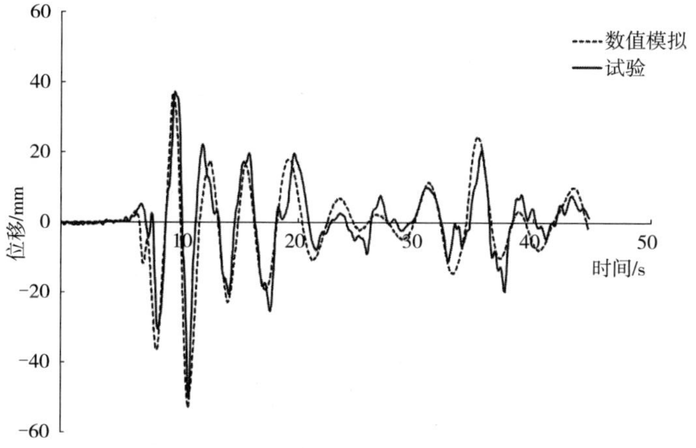

（b）

图 4.3-16　数模与试验数据对比

（a）无水工况　（b）4 m 水深工况

从图 4.3-16 可以看出，数值模型得到的结构位移响应值与试验模型数据在波形上基本保持一致，峰值上差异较小，表明建立的数值模型与试验模型基本一致，均能够较为真实地反映渡槽结构在地震作用下的响应，可以应用于渡槽在强震作用下的破坏模式研究。

4.3.4 破坏模式分析

4.3.4.1 破坏模式的判别标准

为了得到引江济淮工程淠河总干渠渡槽在场地地震动激励下的破坏模式，对无水工况和设计水位（4 m）工况下的渡槽施加 E2 地震波，并不断提高加速度的峰值，分析结构最先发生的破坏模式以及该模式下其他潜在破坏模式的发展情况。不同破坏模式的判别标准如下。

（1）变形缝破坏：以边墩支座横向位移超过 15 mm 或纵向位移超过 150 mm 为标准，对整体影响较小，判别为轻度破坏。

（2）槽墩破坏：当混凝土模型出现范围较小的局部损伤时，判别为轻度破坏，不影响整体抗震性能；当损伤范围较大时，判别为严重损伤，达到严重破坏标准。

（3）支座滑动位移过大：以中墩或边墩支座相对滑动位移超过 100 mm 为标准。

（4）桁架杆件破坏：以杆件应力超过其屈服强度为标准。

4.3.4.2 无水工况下的破坏模式

对无水工况的渡槽整体模型施加 E2 场地地震动，地震动峰值加速度从 0.237g 分别提高到 0.3g、0.4g、0.5g 时渡槽的整体状态如表 4.3-2 所示。

表 4.3-2 无水工况地震破坏模式

序号	破坏模式	整体影响程度	地震动峰值加速度			
			0.237g	0.3g	0.4g	0.5g
1	变形缝破坏	轻度	○	○	○	○
2	槽墩破坏	轻度/严重	/	○	○	○
3	支座滑动位移过大	严重	/	/	/	●
4	桁架杆件破坏	严重	/	/	/	/

注：/表示未发生破坏；○表示轻度破坏；●表示严重破坏。

槽墩混凝土拉伸损伤发展情况如图 4.3-17 所示。

可以看出，在地震动峰值加速度为 0.237g 的工况下，渡槽在变形缝处可能发生破坏，该破坏对整体影响较小；当地震动峰值加速度达到 0.3g、0.4g 时，槽墩混凝土未出现受压损伤，发生了一定程度的拉伸损伤，表明墩底混凝土可能出现轻微开裂，但由于损伤范围较小，随着地震动的结束，裂缝会闭合，对整体影响较小。

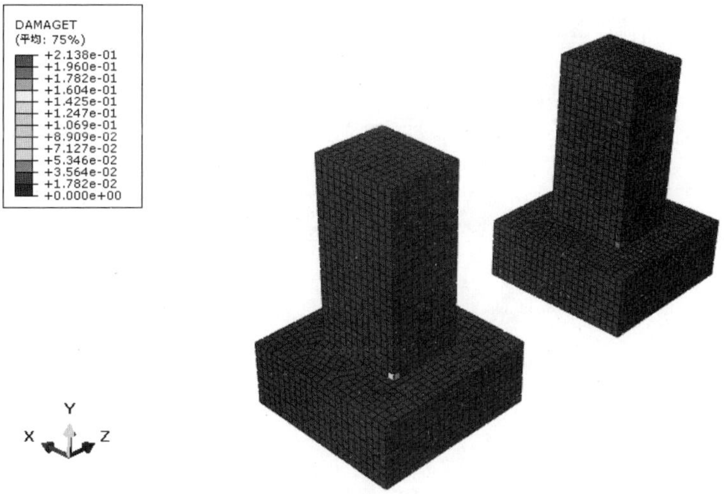

（a）

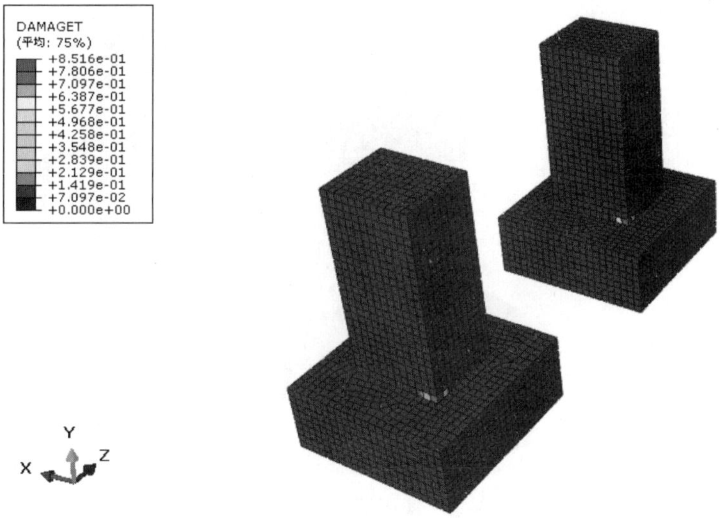

（b）

图 4.3-17　槽墩混凝土拉伸损伤

（a）地震动峰值加速度为 0.3g　（b）地震动峰值加速度为 0.4g

当地震动峰值加速度达到 0.5g 时，渡槽的破坏模式为支座滑动位移过大，该模式对整体影响较为严重，可认为渡槽整体已经发生较为严重的震灾，达到极限破坏模式。该工况下不同破坏模式的最大响应状态如图 4.3-18 至图 4.3-21 所示。

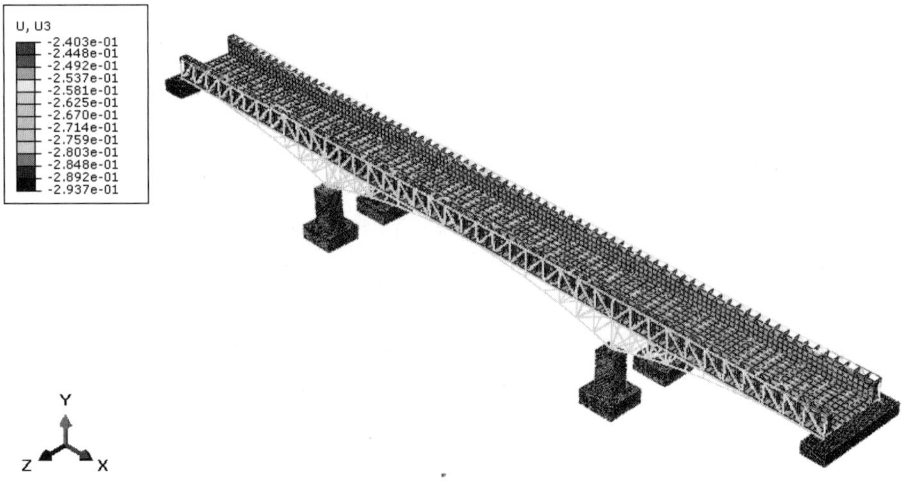

图 4.3-18　整体位移云图

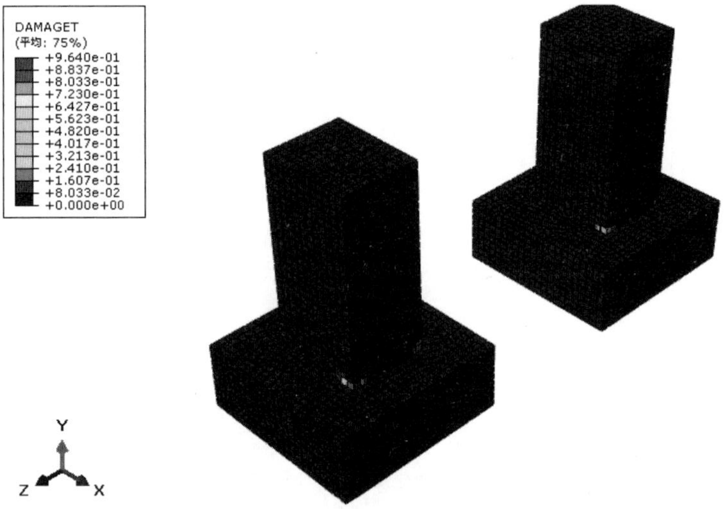

图 4.3-19　槽墩混凝土拉伸损伤

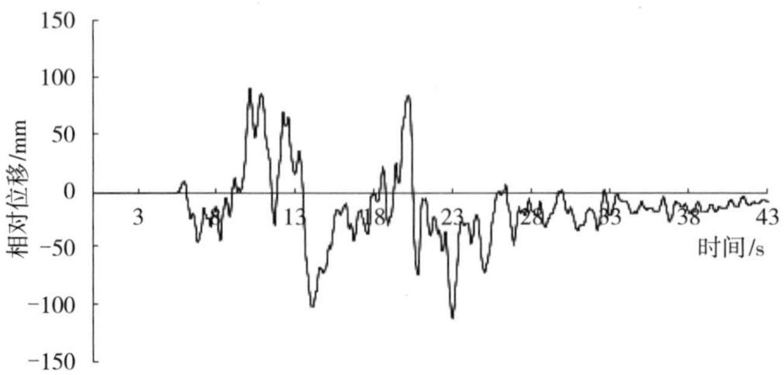

图 4.3-20　支座相对滑动位移时程曲线

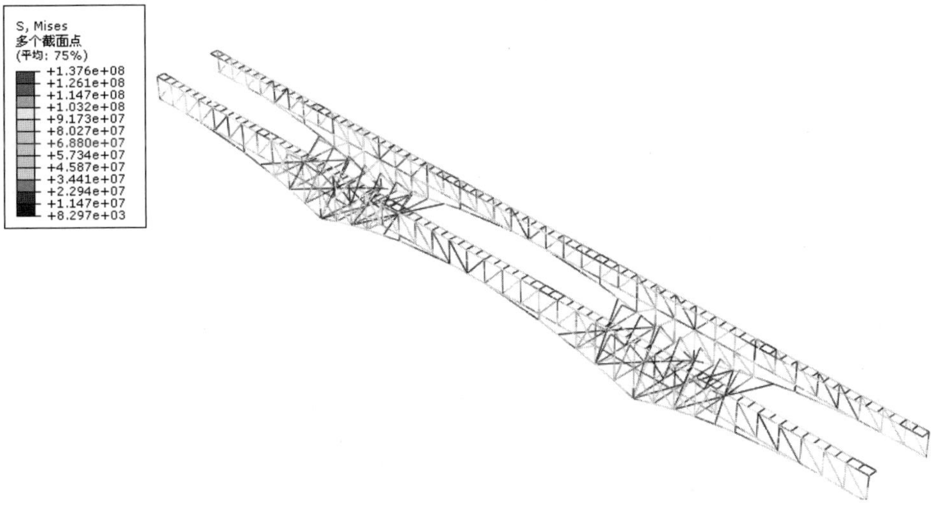

图 4.3-21　桁架应力峰值状态

地震动峰值加速度达到 0.5g 时，结构不同位置处的响应峰值如表 4.3-3 所示。

表 4.3-3　结构响应分析

指标	位置	响应峰值	限值
变形缝相对位移/mm	边墩	111.84	15
支座相对位移/mm	中墩	109.86	100
	边墩	111.84	100
杆件应力/MPa	4#	125.45	345
	6#	82.53	345
	20#	137.60	345
	12#	125.73	420
	29#	68.63	345

从应力云图和结构响应数据可以看出，地震动峰值加速度达到 0.5g 时，中墩和边墩支座的相对滑动位移已经超过限值，首先发生破坏；墩底混凝土出现轻微开裂，但损伤范围较小，随着地震动的结束，裂缝会闭合，对整体影响较小；桁架结构的杆件应力还没有达到屈服强度，处于弹性状态。因此无水工况下渡槽发生的破坏模式为变形缝止水带的漏水，槽墩混凝土轻微损伤，以及摩擦摆支座的相对滑动位移过大。

4.3.4.3　4 m 水深工况下的破坏模式

对 4 m 水深工况的渡槽整体模型施加场地 E2 地震动，地震动峰值加速度从 0.237g 逐渐提高时，渡槽的整体状态如表 4.3-4 所示。

表 4.3-4 4 m 水深工况地震破坏模式

序号	破坏模式	整体影响程度	地震动峰值加速度	
			0.237g	0.3g
1	变形缝破坏	轻度	○	○
2	槽墩破坏	轻度/严重	/	○
3	支座滑动位移过大	严重	/	●
4	桁架杆件破坏	严重	/	/

注:/表示未发生破坏;○表示轻度破坏;●表示严重破坏。

可以看出,在地震动峰值加速度为 0.237g 工况下,渡槽在变形缝处可能发生破坏,该破坏对整体影响较小。当地震动峰值加速度达到 0.3g 时,槽墩混凝土未出现受压损伤,发生了一定程度的拉伸损伤,表明墩底混凝土可能出现轻微开裂;但由于损伤范围较小,随着地震动的结束,裂缝会闭合,对整体影响较小,但同时,渡槽发生了支座滑动位移过大的破坏模式,该模式对整体影响较为严重,认为渡槽整体已经发生较为严重的震灾,达到极限破坏模式。该工况下不同破坏模式的最大响应状态如图 4.3-22 至图 4.3-25 所示。

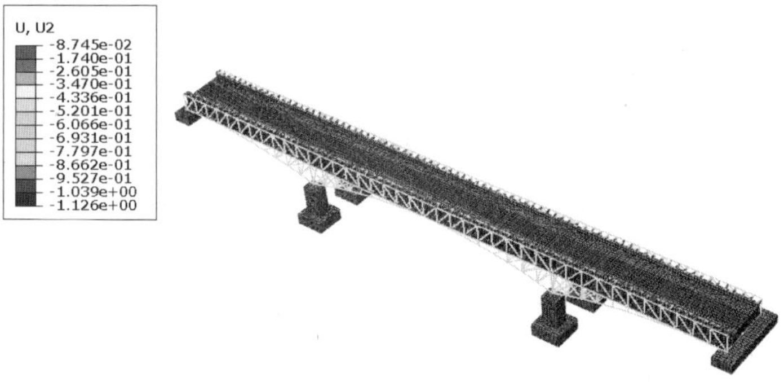

图 4.3-22 整体位移云图

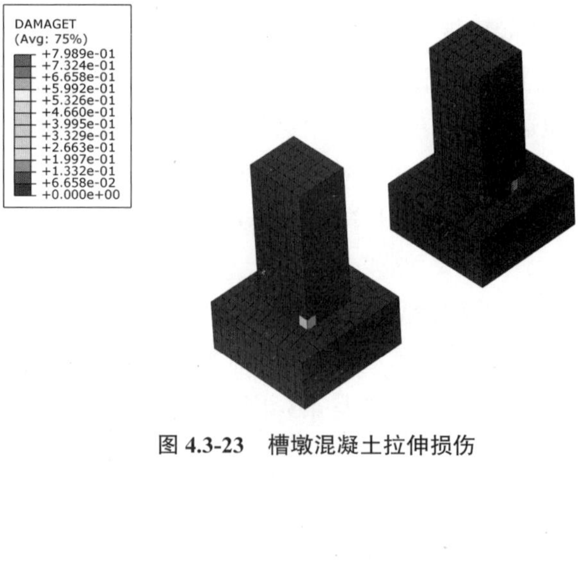

图 4.3-23 槽墩混凝土拉伸损伤

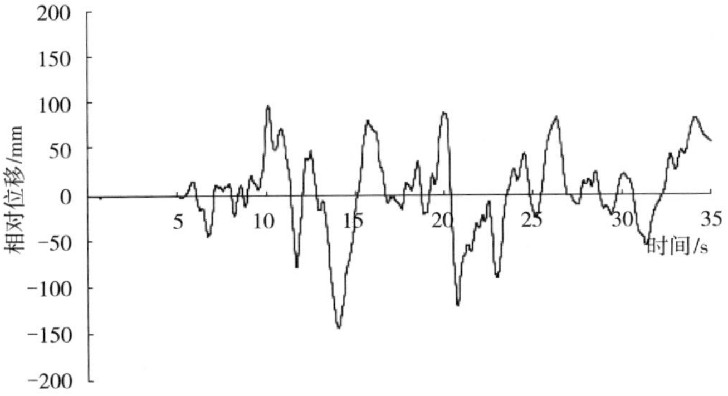

图 4.3-24　支座相对滑动位移时程曲线

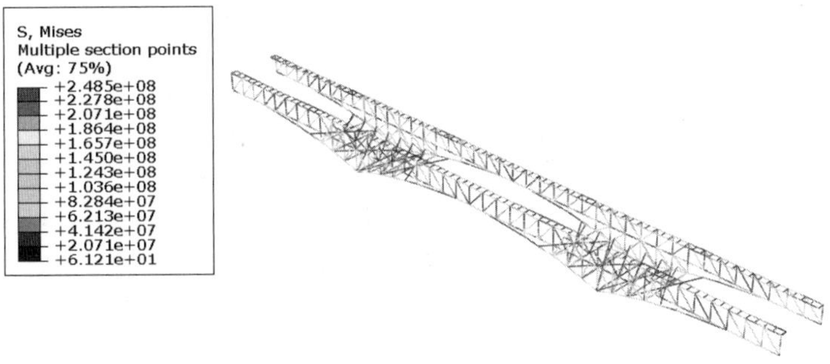

图 4.3-25　桁架应力峰值状态

地震动峰值加速度达到 0.3g 时，结构不同位置处的响应峰值如表 4.3-5 所示。

表 4.3-5　结构响应分析

指标	位置	响应峰值	限值
变形缝相对位移/mm	边墩	140.38	15
支座相对位移/mm	中墩	142.52	100
	边墩	140.38	100
杆件应力/MPa	4#	163.98	345
	6#	213.25	345
	20#	167.74	345
	12#	248.51	420
	29#	126.91	345

4.3.4.4　汧河总干渠渡槽的破坏模式

通过在数值模型中不断提高场地地震动加速度的峰值，分析汧河总干渠渡槽在无水和 4 m 水深工况下的破坏模式，可以得到以下结论。

（1）当地震动峰值加速度达到一定程度时，可能发生的破坏模式包括：端部变形缝相对位移过大，造成漏水风险，槽墩混凝土局部发生可恢复的轻微开裂，极限破坏模式为支座位移过大，该模式下可能造成严重的落梁和倾覆等震灾。

（2）槽内水体不会影响渡槽的最终极限破坏模式，但会影响达到极限破坏模式时的地震动强度。

4.3.5 地震动激励对破坏模式的影响

为了研究地震动激励对渡槽破坏模式的影响，对渡槽结构模型施加不同类型的地震动激励，按照峰值从小到大的顺序依次施加，研究渡槽结构最先发生的破坏模式以及该模式下其他潜在破坏模式的发展情况。破坏模式的判别标准见 3.4.1 节。

4.3.5.1 地震动的选择

为了分析不同频域组成的地震动对渡槽破坏模式的影响，选取四种不同类型的地震波，均为 PEER NGA-West2 数据库中的天然地震波，分别为 Chi-Chi 6.2 级地震（1999 年，RNS2975）波、Chi-Chi 5.9 级地震（1999 年，RNS2170）波、Northridge 6.7 级地震（1994 年，RNS945）波、Whittier Narrows 6.0 级地震（1987 年，RNS615）波，分别简称Ⅰ~Ⅳ号波。四条天然地震波的加速度时程如图 4.3-26 所示（峰值归一化）。

四条天然地震波的傅里叶幅值谱和反应谱见图 4.3-27 和图 4.3-28。通过对比可知，四条地震波的频率成分差异较大，从Ⅰ号波到Ⅳ号波，地震波频带逐渐变窄且向低频移动。四条地震波加速度反应谱的卓越周期也有明显不同，从Ⅰ号波到Ⅳ号波，地震波加速度反应谱的卓越周期逐渐增大，最大达到 0.7 s。

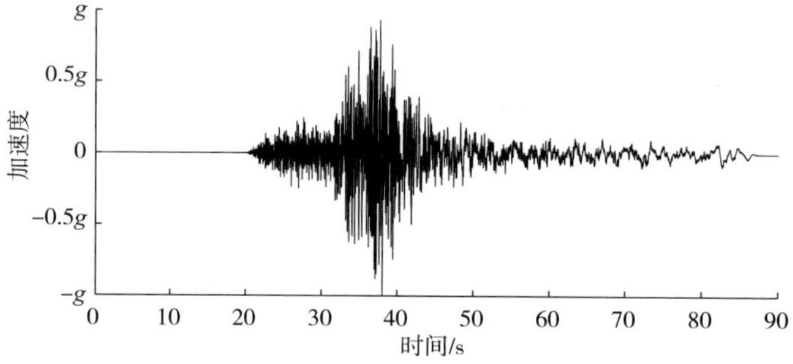

（a）

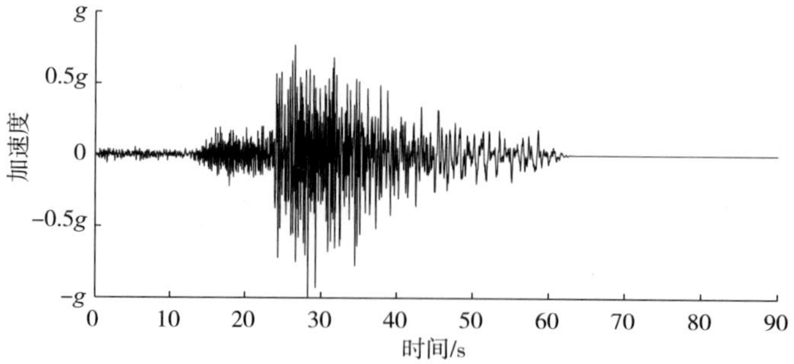

（b）

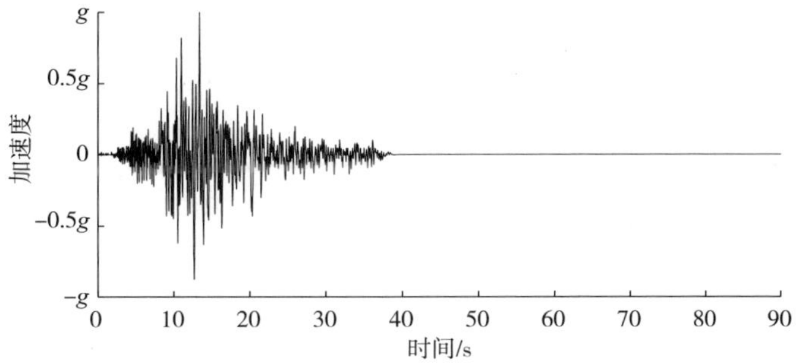

（c）

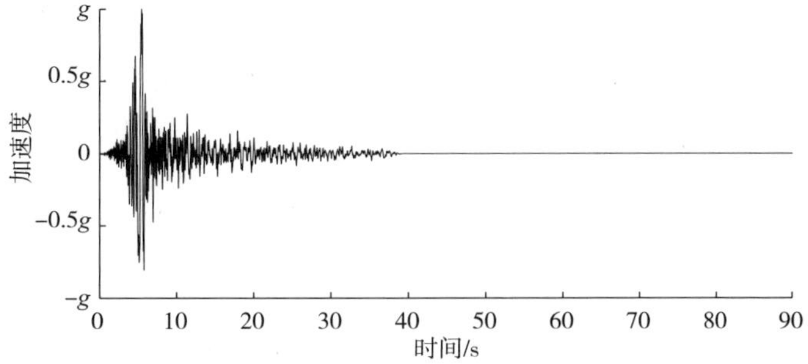

（d）

图 4.3-26　四条天然地震波的加速度时程

（a）Ⅰ号波　（b）Ⅱ号波　（c）Ⅲ号波　（d）Ⅳ号波

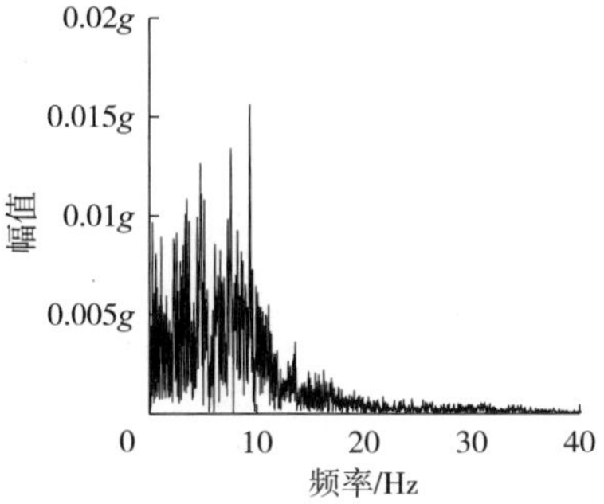

（a）

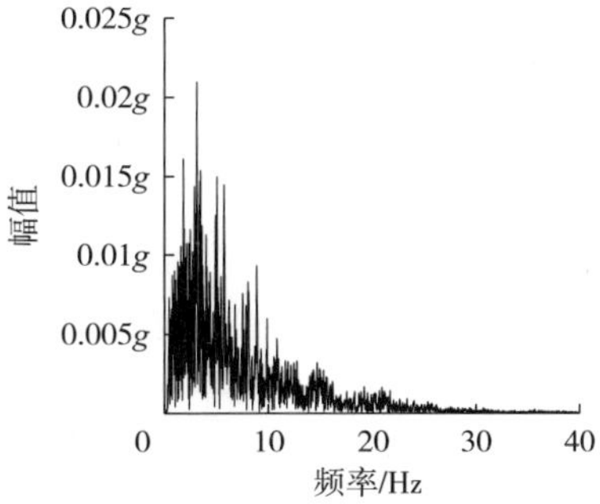

（b）

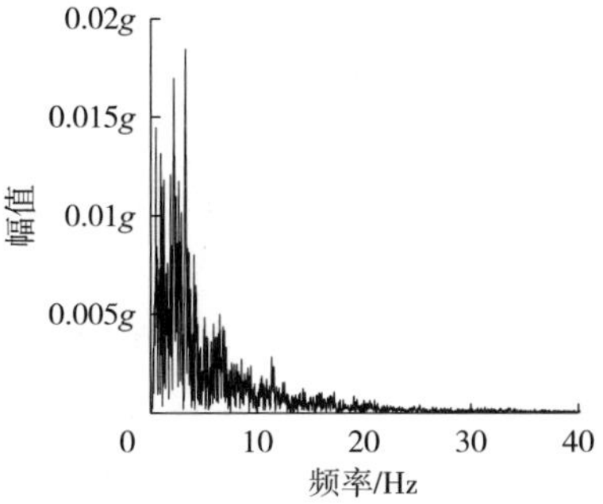

（c）

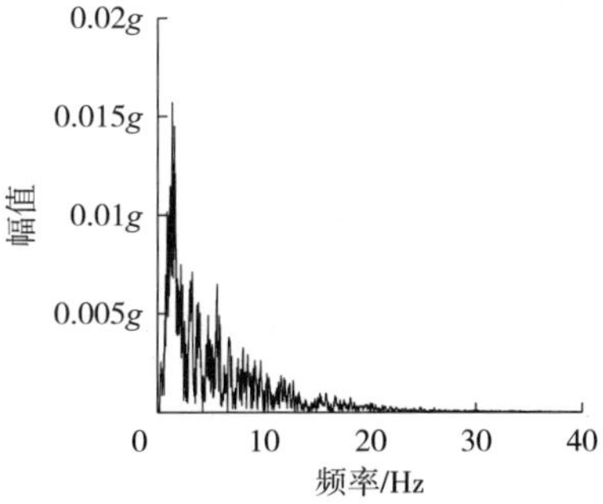

（d）

图 4.3-27　四条天然地震波的加速度反应谱

（a）Ⅰ号波　（b）Ⅱ号波　（c）Ⅲ号波　（d）Ⅳ号波

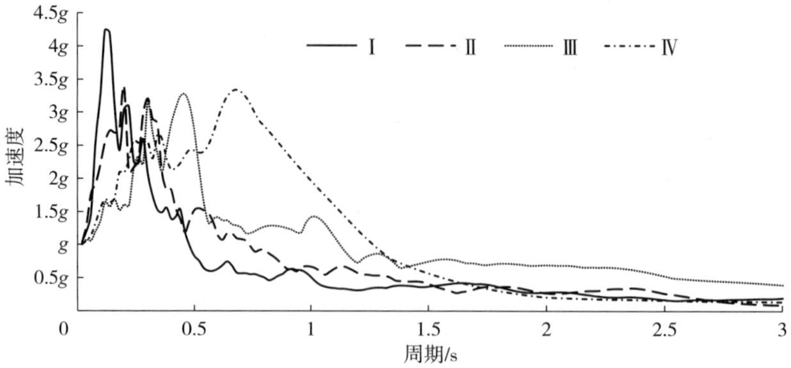

图 4.3-28 四条天然地震波的加速度反应谱

4.3.5.2 不同地震动下渡槽的破坏模式分析

1）Ⅰ号地震波

对渡槽整体模型施加场地Ⅰ号地震波，地震动峰值加速度从 0.237g 不断提高，得到不同地震动峰值加速度工况下渡槽的整体损伤和破坏状态（表 4.3-6）。

表 4.3-6 渡槽地震破坏模式

序号	破坏模式	整体影响程度	地震动峰值加速度				
			0.237g	0.3g	0.4g	0.5g	0.6g
1	变形缝破坏	轻度	○	○	○	○	○
2	槽墩破坏	轻度/严重	/	○	○	○	○
3	支座滑动位移过大	严重	/	/	/	/	●
4	桁架杆件破坏	严重	/	/	/	/	/

注：/表示未发生破坏；○表示轻度破坏；●表示严重破坏。

可以看出，在地震动峰值加速度为 0.237g 的工况下，渡槽在变形缝处可能发生破坏，该破坏对整体影响较小；当地震动峰值加速度为 0.3g~0.5g 时，槽墩混凝土未出现受压损伤，发生了一定程度的拉伸损伤，表明墩底混凝土可能出现轻微开裂，但由于损伤范围较小，随着地震动的结束，裂缝会闭合，对整体影响较小。

当地震动峰值加速度达到 0.6g 时，渡槽发生了支座滑动位移过大的破坏模式，该模式对整体影响较为严重，可认为渡槽整体已经发生较为严重的震灾。该工况下不同破坏模式的最大响应状态如图 4.3-29 至图 4.3-32 所示。

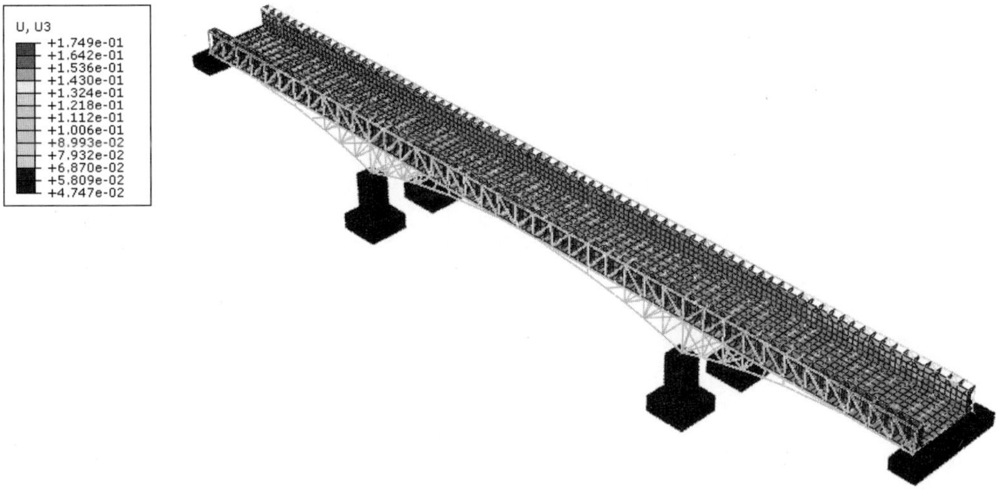

图 4.3-29　整体位移云图

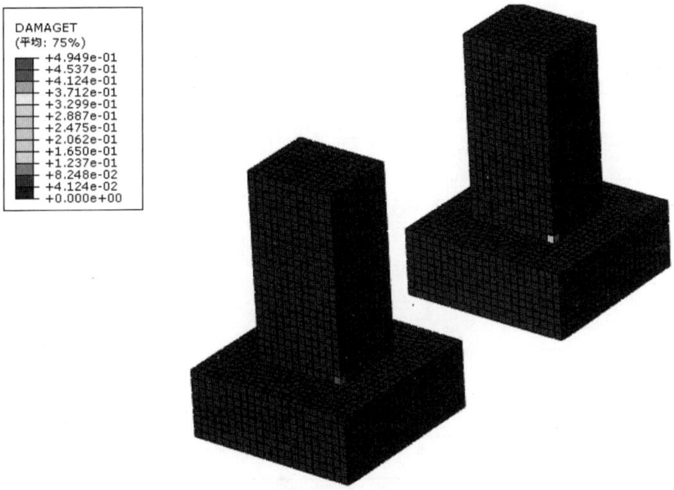

图 4.3-30　槽墩混凝土拉伸损伤

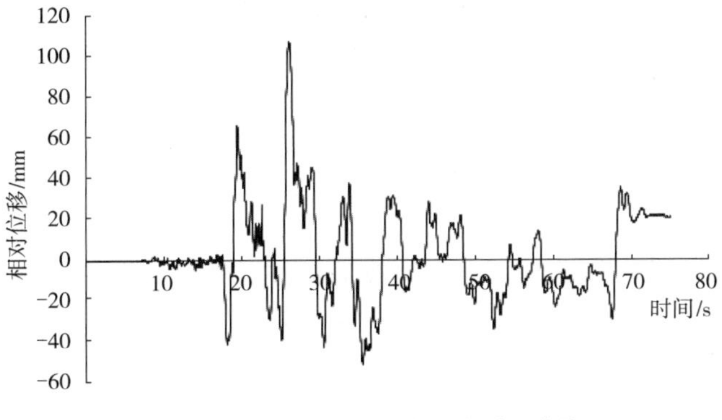

图 4.3-31　支座相对滑动位移时程曲线

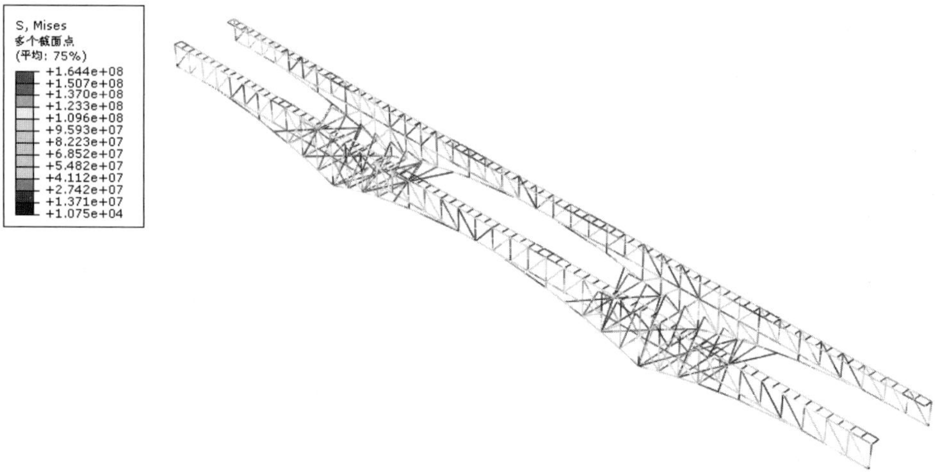

图 4.3-32 桁架应力峰值状态

地震动峰值加速度达到 0.6g 时,结构不同位置处的响应峰值如表 4.3-7 所示。

表 4.3-7 结构响应分析

项目	位置	响应峰值	限值
变形缝相对位移/mm	边墩	107.24	15
支座相对位移/mm	中墩	104.50	100
	边墩	107.24	100
杆件应力/MPa	4#	129.48	345
	6#	92.90	345
	20#	138.81	345
	12#	164.41	420
	29#	87.00	345

从结构响应云图和数据可以看出,地震动峰值加速度达到 0.6g 时,中墩和边墩支座的相对滑动位移已经超过限值,首先发生破坏;墩底混凝土出现拉伸损伤,损伤范围较大,对整体影响较大;桁架结构的杆件应力还没有达到屈服强度,处于弹性状态。因此无水工况下渡槽发生的破坏模式为,变形缝止水带的漏水,槽墩混凝土轻微损伤,以及摩擦摆支座的相对滑动位移过大。

2)Ⅱ号地震波

对渡槽整体模型施加场地Ⅱ号地震波,地震动峰值加速度从 0.237g 不断提高,得到不同地震动峰值加速度工况下渡槽的整体损伤和破坏状态,如表 4.3-8 所示。

表 4.3-8　渡槽地震破坏模式

序号	破坏模式	整体影响程度	地震动峰值加速度						
			0.237g	0.3g	0.4g	0.5g	0.6g	0.7g	0.8g
1	变形缝破坏	轻度	○	○	○	○	○	○	○
2	槽墩破坏	轻度/严重	/	○	○	○	○	○	○
3	支座滑动位移过大	严重	/	/	/	/	/	/	●
4	桁架杆件破坏	严重	/	/	/	/	/	/	/

注:/表示未发生破坏;○表示轻度破坏;●表示严重破坏。

可以看出,在地震动峰值加速度为 0.237g 的工况下,渡槽在变形缝处可能发生破坏,该破坏对整体影响较小;当地震动峰值加速度为 0.3g~0.7g 时,槽墩混凝土未出现受压损伤,发生了一定程度的拉伸损伤,表明墩底混凝土可能出现轻微开裂,但由于损伤范围较小,随着地震动的结束,裂缝会闭合,对整体影响较小。

当地震动峰值加速度达到 0.8g 时,渡槽发生了支座滑动位移过大的破坏模式,该模式对整体影响较为严重,可认为渡槽整体已经发生较为严重的震灾。该工况下不同破坏模式的最大响应状态如图 4.3-33 至图 4.3-36 所示。

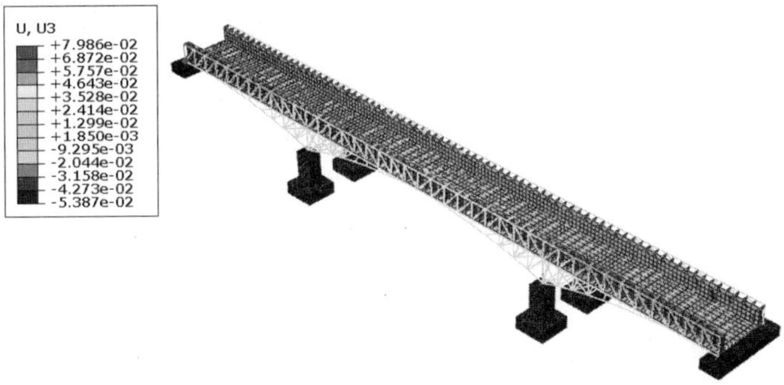

图 4.3-33　整体位移云图

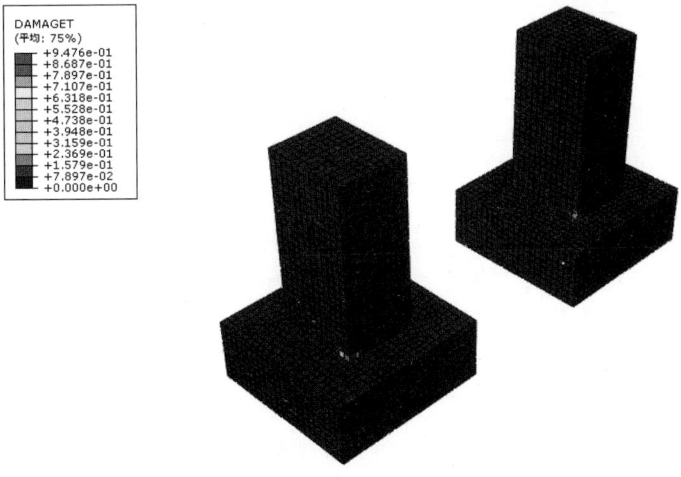

图 4.3-34　槽墩混凝土拉伸损伤

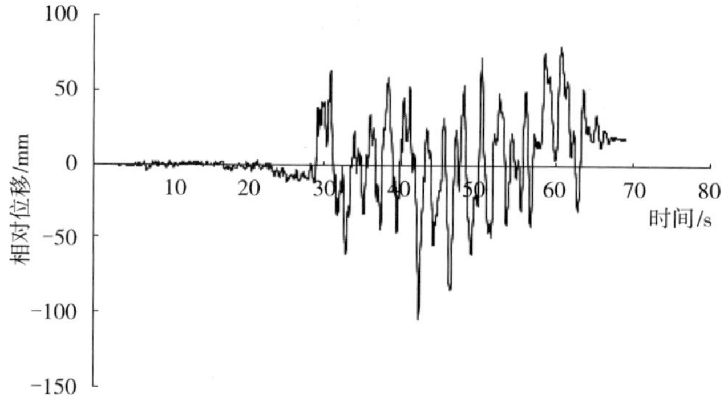

图 4.3-35　支座相对滑动位移时程曲线

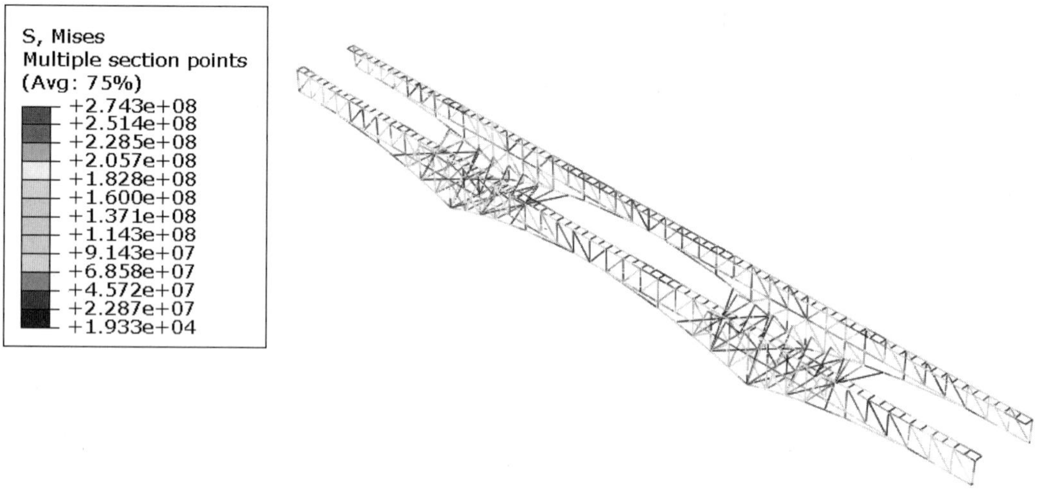

图 4.3-36　桁架应力峰值状态

地震动峰值加速度达到 0.8g 时,结构不同位置处的响应峰值如表 4.3-9 所示。

表 4.3-9　结构响应分析

指标	位置	响应峰值	限值
变形缝相对位移/mm	边墩	102.52	15
支座相对位移/mm	中墩	94.14	100
	边墩	102.52	100
杆件应力/MPa	4#	222.98	345
	6#	143.86	345
	20#	231.17	345
	12#	274.31	420
	29#	120.07	345

从结构响应云图和数据可以看出,地震动峰值加速度达到 0.8g 时,中墩和边墩支座的相对滑动位移已经超过限值,首先发生破坏;墩底混凝土出现拉伸损伤,损伤

范围较大,对整体影响较大;桁架结构的杆件应力还没有达到屈服强度,处于弹性状态。因此无水工况下渡槽发生的破坏模式为,变形缝止水带的漏水,槽墩混凝土轻微损伤,以及摩擦摆支座的相对滑动位移过大。

3)Ⅲ号地震波

对渡槽整体模型施加场地Ⅲ号地震波,地震动峰值加速度从 0.237*g* 不断提高,得到不同地震动峰值加速度工况下渡槽的整体损伤和破坏状态,如表 4.3-10 所示。

表 4.3-10　渡槽地震破坏模式

序号	破坏模式	整体影响程度	地震动峰值加速度		
			0.237*g*	0.3*g*	0.35*g*
1	变形缝破坏	轻度	○	○	○
2	槽墩破坏	轻度/严重	/	○	○
3	支座滑动位移过大	严重	/	/	●
4	桁架杆件破坏	严重	/	/	/

注:/表示未发生破坏;○表示轻度破坏;●表示严重破坏。

可以看出,在地震动峰值加速度为 0.237*g* 的工况下,渡槽在变形缝处可能发生破坏,该破坏对整体影响较小;当地震动峰值加速度为 0.3*g* 时,槽墩混凝土未出现受压损伤,发生了一定程度的拉伸损伤,表明墩底混凝土可能出现轻微开裂,但由于损伤范围较小,随着地震动的结束,裂缝会闭合,对整体影响较小。

当地震动峰值加速度达到 0.35*g* 时,渡槽发生了支座滑动位移过大的破坏模式,该模式对整体影响较为严重,认为渡槽整体已经发生较为严重的震灾。该工况下不同破坏模式的最大响应状态如图 4.3-37 至图 4.3-40 所示。

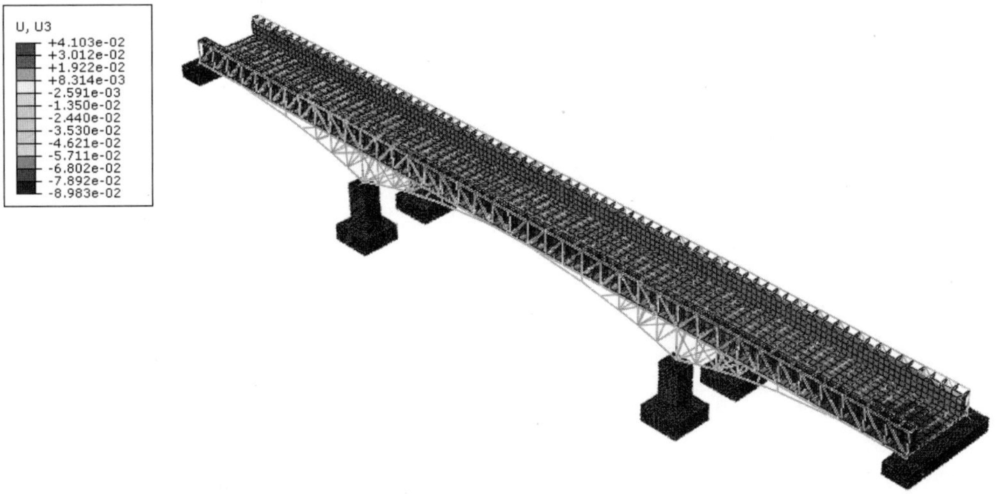

图 4.3-37　整体位移云图

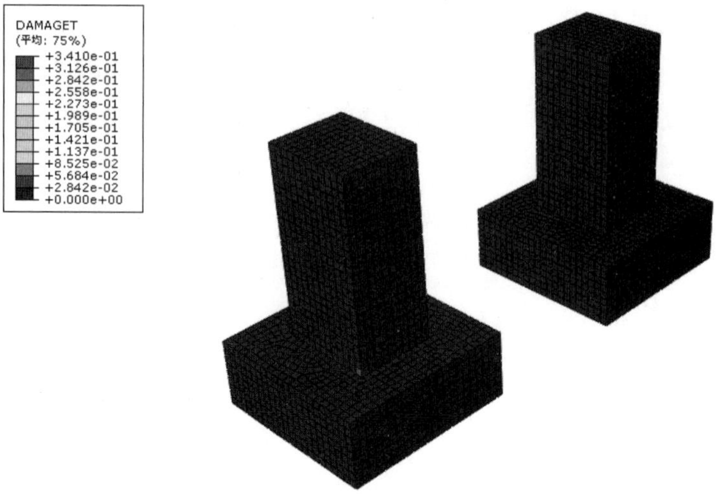

图 4.3-38 槽墩混凝土拉伸损伤

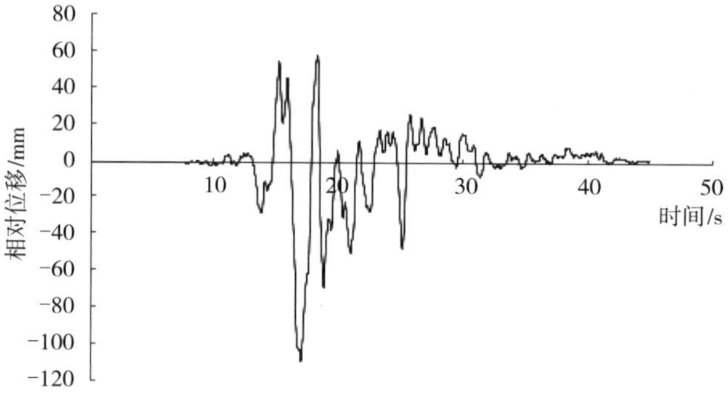

图 4.3-39 支座相对滑动位移时程曲线

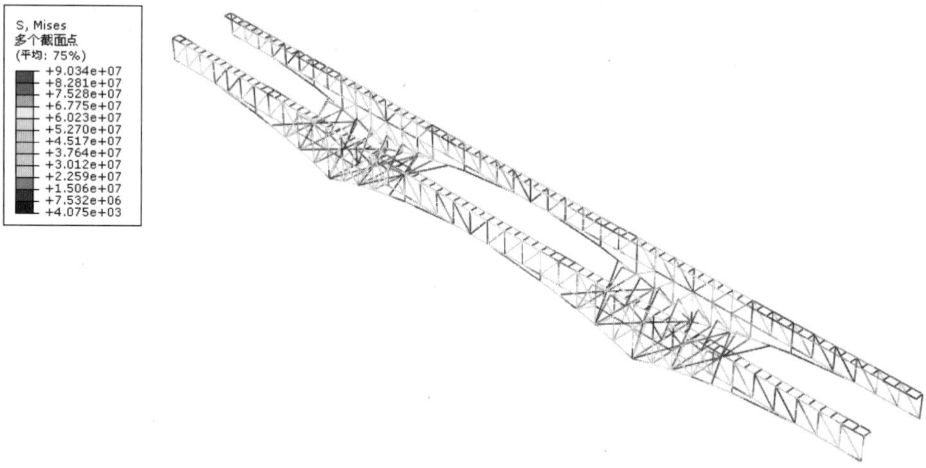

图 4.3-40 桁架应力峰值状态

地震动峰值加速度达到 0.35g 时，结构不同位置处的响应峰值如表 4.3-11 所示。

表 4.3-11 结构响应分析

项目	位置	响应峰值	限值
变形缝相对位移/mm	边墩	107.11	15
支座相对位移/mm	中墩	103.63	100
	边墩	107.11	100
杆件应力/MPa	4#	75.72	345
	6#	60.71	345
	20#	83.79	345
	12#	90.34	420
	29#	49.75	345

从结构响应云图和数据可以看出，地震动峰值加速度达到 0.35g 时，中墩和边墩支座的相对滑动位移已经超过限值，首先发生破坏；墩底混凝土出现拉伸损伤，损伤范围较大，对整体影响较大；桁架结构的杆件应力还没有达到屈服强度，处于弹性状态。因此无水工况下渡槽发生的破坏模式为变形缝止水带的漏水，槽墩混凝土轻微损伤，以及摩擦摆支座的相对滑动位移过大。

4）Ⅳ号地震波

对渡槽整体模型施加场地Ⅳ号地震波，地震动峰值加速度从 0.237g 不断提高，得到不同地震动峰值加速度工况下渡槽的整体损伤和破坏状态，如表 4.3-12 所示。

表 4.3-12 渡槽地震破坏模式

序号	破坏模式	整体影响程度	地震动峰值加速度			
			0.237g	0.3g	0.4g	0.45g
1	变形缝破坏	轻度	○	○	○	○
2	槽墩破坏	轻度/严重	/	○	○	○
3	支座滑动位移过大	严重	/	/	/	●
4	桁架杆件破坏	严重	/	/	/	/

注：/表示未发生破坏；○表示轻度破坏；●表示严重破坏。

可以看出，在地震动峰值加速度为 0.237g 的工况下，渡槽在变形缝处可能发生破坏，该破坏对整体影响较小；当地震动峰值加速度为 0.3g~0.4g 时，槽墩混凝土未出现受压损伤，发生了一定程度的拉伸损伤，表明墩底混凝土可能出现轻微开裂，但由于损伤范围较小，随着地震动的结束，裂缝会闭合，对整体影响较小。

当地震动峰值加速度达到 0.45g 时，渡槽发生了支座滑动位移过大的破坏模式，该模式对整体影响较为严重，可认为渡槽整体已经发生较为严重的震灾。该工况下不同破坏模式的最大响应状态，如图 4.3-41 至图 4.3-44 所示。

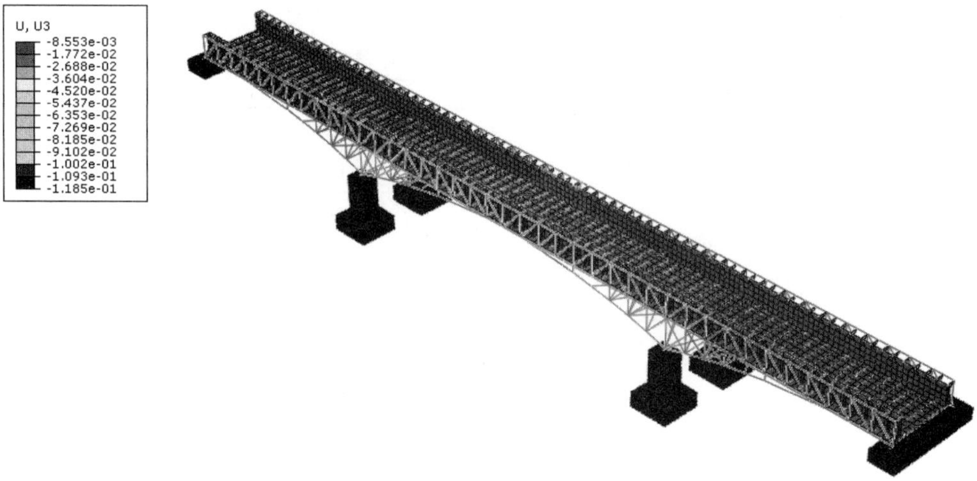

图 4.3-41 整体位移云图

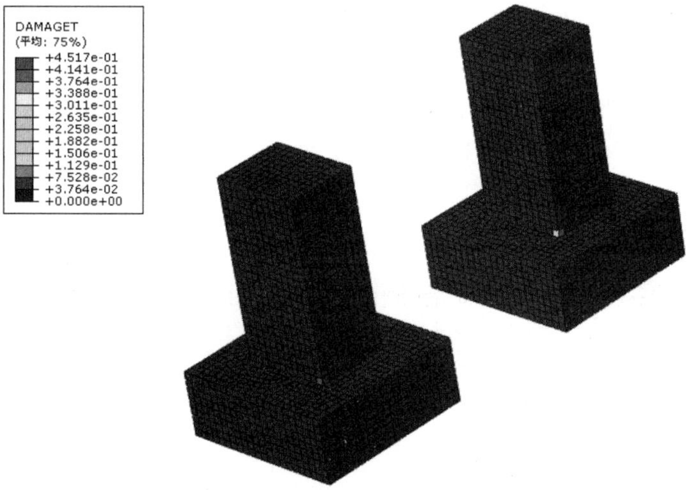

图 4.3-42 槽墩混凝土拉伸损伤

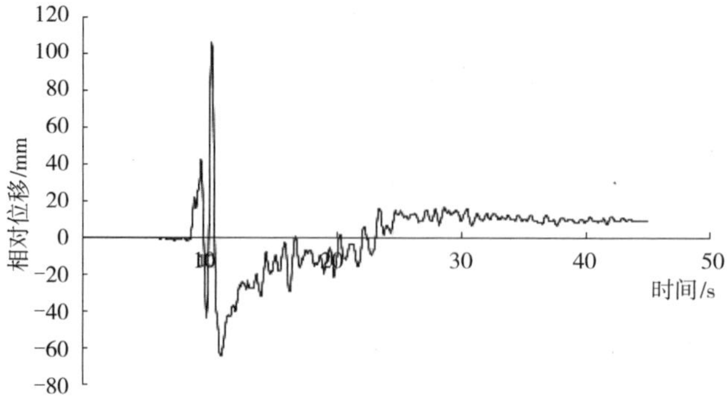

图 4.3-43 支座相对滑动位移时程曲线

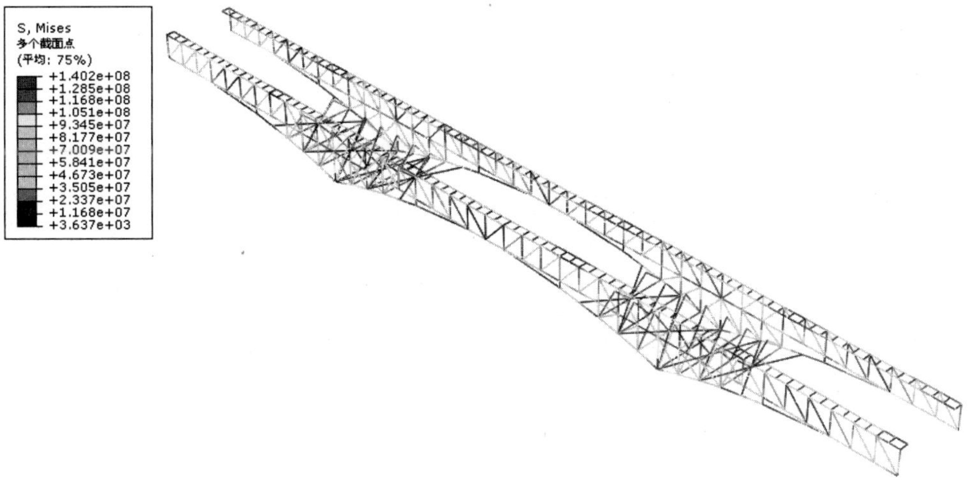

图 4.3-44　桁架应力峰值状态

地震动峰值加速度达到 0.45g 时,结构不同位置处的响应峰值如表 4.3-13 所示。

表 4.3-13　结构响应分析

指标	位置	响应峰值	限值
变形缝相对位移/mm	边墩	105.41	15
支座相对位移/mm	中墩	100.51	100
	边墩	105.41	100
杆件应力/MPa	4#	111.74	345
	6#	86.09	345
	20#	117.91	345
	12#	140.17	420
	29#	63.58	345

从结构响应云图和数据可以看出,地震动峰值加速度达到 0.45g 时,中墩和边墩支座的相对滑动位移已经超过限值,首先发生破坏;墩底混凝土出现拉伸损伤,损伤范围较大,对整体影响较大;桁架结构的杆件应力还没有达到屈服强度,处于弹性状态。因此无水工况下渡槽发生的破坏模式为变形缝止水带的漏水,槽墩混凝土轻微损伤,以及摩擦摆支座的相对滑动位移过大。

由不同地震波工况下渡槽的破坏模式可以看出,相同峰值条件下,频域成分较宽、低频成分较少的地震动对渡槽造成的损伤程度较小;地震波的频域组成对渭河总干渠渡槽的极限破坏模式影响较小。

4.3.6 小结

通过数值模型对超大通航渡槽在强震作用下的损伤演化过程进行分析，对不同破坏模式发生的先后顺序以及破坏模式的影响因素等开展研究，得到如下结论。

（1）当地震动峰值加速度达到一定程度时，可能发生的破坏模式包括：端部变形缝相对位移过大，造成漏水风险，槽墩混凝土局部发生可恢复的轻微开裂，极限破坏模式为支座位移过大，该模式下可能造成严重的落梁和倾覆等震灾。

（2）槽内水体不会影响渡槽的最终极限破坏模式，但会影响达到极限破坏模式时的地震动强度。

（3）由不同地震波工况下渡槽的破坏模式可以看出，相同峰值条件下，频域成分较宽、低频成分较少的地震动对渡槽造成的损伤程度较小；地震波的频域组成对湃河总干渠渡槽的极限破坏模式影响较小。

4.4 结论

通过离心机振动台试验、常规振动台试验及数值模拟技术，对渡槽在地震作用下的破坏机理和破坏模式进行了研究，得到了不同破坏模式出现的顺序及其对整体结构的影响程度，并对其影响因素进行分析，得到如下结论。

（1）综合理论分析、模型试验、数值模拟和专家咨询等多种手段，对渡槽的破坏模式进行综合识别，得到渡槽可能发生的破坏模式包括：变形缝破坏、桩基破坏、桁架杆件破坏、支座滑动位移过大和槽墩破坏等。不同破坏模式对整体的影响程度如表 4.4-1 所示。

表 4.4-1 渡槽破坏模式

<table>
<tr><th>序号</th><th colspan="2">破坏模式</th><th>整体影响程度</th></tr>
<tr><td>1</td><td colspan="2">变形缝破坏</td><td>轻度</td></tr>
<tr><td>2</td><td colspan="2">桩基破坏</td><td>轻度</td></tr>
<tr><td rowspan="2">3</td><td rowspan="2">槽墩破坏</td><td>混凝土开裂</td><td>轻度</td></tr>
<tr><td>混凝土保护层剥落</td><td>严重</td></tr>
<tr><td>4</td><td colspan="2">支座滑动位移过大</td><td>严重</td></tr>
<tr><td>5</td><td colspan="2">桁架杆件破坏</td><td>严重</td></tr>
</table>

由于变形缝止水带为可更换装置，因此变形缝破坏对整体的影响程度为轻度。

地震作用下槽墩混凝土的轻微裂缝可以在自重作用下闭合，该破坏程度为轻度，当混凝土出现保护层剥落时，墩底形成塑性铰可能导致渡槽的落梁、倾覆等震灾，该破坏程度为严重。

支座滑动位移过大会导致落梁震害的发生,对于钢结构桁架式梁拱组合体系渡槽,也可能造成倾覆灾害的发生,该破坏程度为严重。

桁架重要杆件发生强度或稳定性破坏时,可能导致整体结构的连续倒塌,该破坏程度为严重。

边墩桩基发生的弯曲破坏,对结构侧向抗力影响较小,而且边墩为非主受力墩,因此当桩基发生破坏时,对整体影响程度较小,该破坏程度为轻度。

(2)当地震动峰值加速度达到一定值时,渭河总干渠渡槽可能发生的破坏模式包括:端部变形缝相对位移过大,造成漏水风险,槽墩混凝土局部发生可恢复的轻微开裂,极限破坏模式为支座位移过大,该模式下可能造成严重的落梁和倾覆等震灾。

(3)槽内水体不会影响渡槽的极限破坏模式,但会影响达到极限破坏模式时的地震动强度。

(4)相同峰值条件下,频域成分较宽、低频成分较少的地震动对渡槽造成的损伤程度较小;地震波的频域组成对渭河总干渠渡槽的极限破坏模式影响较小。

第 5 章　淠河总干渠渡槽震灾监测方案研究

5.1　概述

在引江济淮工程淠河总干渠渡槽抗震性能研究成果的基础上，针对地震工况下渡槽结构的受力和损伤变化趋势，提出有效的地震灾害实时监测内容和布置方案，形成淠河干渠渡槽地震灾害监测方案，具体内容包括监测内容和方式、测点布置方案、传感器选型等，并开展现场测试试验。

5.2　地震灾害监测方案

5.2.1　监测目的

本研究中的通航渡槽跨度大、结构形式与功能复杂，是整个引江济淮项目的关键工程，它的运营安全关系到国家的经济发展和人民生命财产安全。

对超大通航渡槽进行地震灾害下的监测，其总体目标是获取渡槽在地震作用下的地震响应情况，实时监测渡槽在强地震动下的响应，评估其地震风险，便于抗震救灾以及对渡槽的损伤程度进行迅速准确的评价，指导后期有效开展有针对性的修复工作；实时监测可为类似复杂大型渡槽工程的抗震设计和健康诊断提供必要的参考资料；另外，以此为依据对相应的抗震理论及技术规范进行对比并修正，可使抗震理论及技术规范能更好地符合客观实际的工程需要，促进水利和交通事业更高质量地发展。

5.2.2　监测方案设计原则

渡槽震灾实时监测设计必须根据物理模型试验和数值模拟分析的结果合理布置，否则会出现监测数据无法反映真实情况的问题。其中监测仪器的布置位置是重点关注的内容，需要根据前期的研究结果提出合理的布置方案。并根据预估的监测指标变化程度进行监测设备和仪器的精度选型，使得监测项目的实际变化值在仪器的监测值范围之内。在进行方案设计时，同时需把握以下原则。

1)可靠性

由于渡槽地震灾害监测系统长期处于野外，故必须保证系统的可靠性。根据渡槽的地理特征、结构特征及周围相应的资源，应选用国内外业绩较好的成熟产品和技术，以保证功能和指标要求的实现。

2）先进性

设备的选择、监测系统的功能要与现代测试技术水平、相关理论的发展相适应，具有先进性。

3）易维护性

系统硬件选用时应考虑以后的调试、维护和更换。

4）兼容性

渡槽地震灾害监测系统是渡槽整体健康监测系统中的一部分，从软件到硬件，从采集、传输、存储到分析，仪器设备的选择应与整体监测系统兼容。

5）经济性

渡槽地震灾害监测系统是针对小概率事件监测而设计的一套系统，其成本效益相对来说并不高。因此，在实现监测结果期望产出的条件下，应控制监测的规模，优化传感器的布置，提高系统的整体利用率。

5.2.3　监测方案设计依据

淠河总干渠渡槽震灾监测方案的设计主要参考以下相关规范、标准、技术文件和研究报告等。

（1）《引江济淮工程（安徽段）江淮沟通段施工 J008-2 土建及安装标施工图》（安徽省水利水电勘测设计研究总院股份有限公司、安徽省交通规划设计研究总院股份有限公司，2019）。

（2）《跨越运河超大通航渡槽结构选型及静动力分析研究》（安徽省交通规划设计研究总院股份有限公司、同济大学，2018）。

（3）《引江济淮工程淠河总干渠渡槽抗震性能研究和实时监测系统开发中期成果报告》（交通运输部天津水运工程科学研究院，2020）。

（4）《引江济淮工程（安徽段）淠河总干渠渡槽（68+110+68）m 钢桁架计算书》（安徽省交通规划设计研究总院股份有限公司，2018）。

（5）《公路桥梁结构安全监测系统技术规程》（JT/T 1037—2016）。

（6）《建筑与桥梁结构监测技术规范》（GB 50982—2014）。

（7）《水工建筑物抗震设计标准》（GB 51247—2018）。

（8）《水利水电工程合理使用年限及耐久性设计规范》（SL 654—2014）。

（9）《结构健康监测系统设计标准》（CECS 333—2012）。

（10）《公路桥涵养护规范》（JTG H11—2004）。

（11）《公路桥涵施工技术规范》（JTG/T F50—2011）。

（12）《公路桥梁技术状况评定标准》（JTG/T H21—2011）。
（13）《建筑变形测量规范》（JGJ 8—2016）。
（14）《桥梁工程检测手册》（人民交通出版社，2010）。
（15）《桥涵工程试验检测技术》（人民交通出版社，2004）。
（16）《综合布线系统工程设计规范》（GB 50311—2016）。
（17）《公路工程质量检验评定标准》（JTG F80/1—2017）。
（18）《公路工程技术标准》（JTG B01—2014）。
（19）《公路桥梁承载能力检测评定规程》（JTG/T J21—2011）。
（20）《工程测量规范》（GB 50026—2007）。
（21）《工程振动测量仪器和测试技术》（中国计量出版社，2001）。
（22）《精密工程测量规范》（GB/T 15314—1994）。
（23）《建筑物防雷设计规范》（GB 50057—2010）。
（24）《综合布线系统工程验收规范》（GB/T 50312—2016）。
（25）《计算机软件可靠性和可维护性管理》（GB/T 14394—2008）。
（26）《计算机场地安全要求》（GB/T 9361—2011）。
（27）《电气装置安装工程 低压电器施工及验收规范》（GB 50254—2014）。

5.2.4　监测内容

为获取渡槽场地输入地震动和渡槽整体特别是关键部位的地震反应实测数据，将监测点分别布置在渡槽地基、槽墩、支座、桁架重要杆件等部位，监测内容根据目的分为以下五类。

1）地震动监测

主要监测场地地震动的发生情况，明确渡槽所承受的地震动激励的大小，指导灾后评价和修复，这对修正和完善渡槽抗震设计理论具有重要意义。

2）结构振动特性监测

渡槽整体结构在地震荷载作用下会产生强烈的振动而发生损伤，通过对结构振动数据的分析，可获得结构频率、阻尼和振型等振动特性，并借此对结构损伤进行评估。

3）结构位移监测

对地震工况下渡槽结构的整体位移情况进行监测，掌握摩擦摆支座的工作状态和隔震效果，了解渡槽与相邻混凝土渡槽之间的相对移动。

4）结构关键点应力应变监测

对槽墩混凝土结构、桁架重要杆件在地震作用下的动态应变进行监测，了解主要承力构件在地震作用下的响应情况，及时诊断渡槽的震害程度，这对后期快速评价和修复具有重要意义。

5）侧壁动水压力监测

对地震作用下渡槽侧壁的动水压力进行监测，了解地震激励下槽内水体对侧壁的压力变化情况，这对分析水体地震响应、修正地震动水压力计算方法以及完善渡槽抗震设计理论具有重要意义。

5.2.5　渡槽监测点布置

5.2.5.1　监测点布置原则

根据前述研究成果，针对渡槽可能发生的破坏模式，首先对发生破坏及重要的结构构件位置的响应进行监测，同时考虑灾后渡槽的性能评价及地震响应数据的积累，兼顾整体监测方案的经济性及易维护性。

5.2.5.2　地震动监测

地震动测点主要布置于桩顶承台位置，为三分量加速度计，布置于单幅渡槽，整体共 3 个测点，如图 5.2-1 所示。

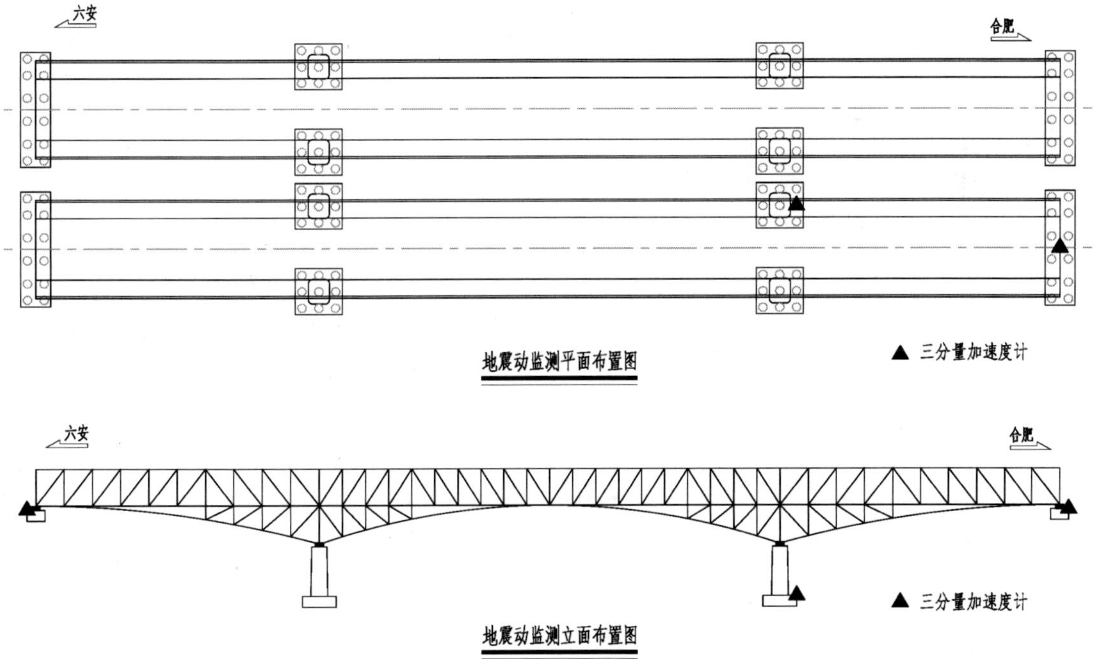

图 5.2-1　场地地震动监测点布置

5.2.5.3 结构振动特性监测

结构振动特性测点主要布置在墩顶、支座上部、主跨跨中处，结构振动特性测点布置于单幅渡槽，其中三分量加速度计 5 个，单分量加速度计 4 个，如图 5.2-2 所示。

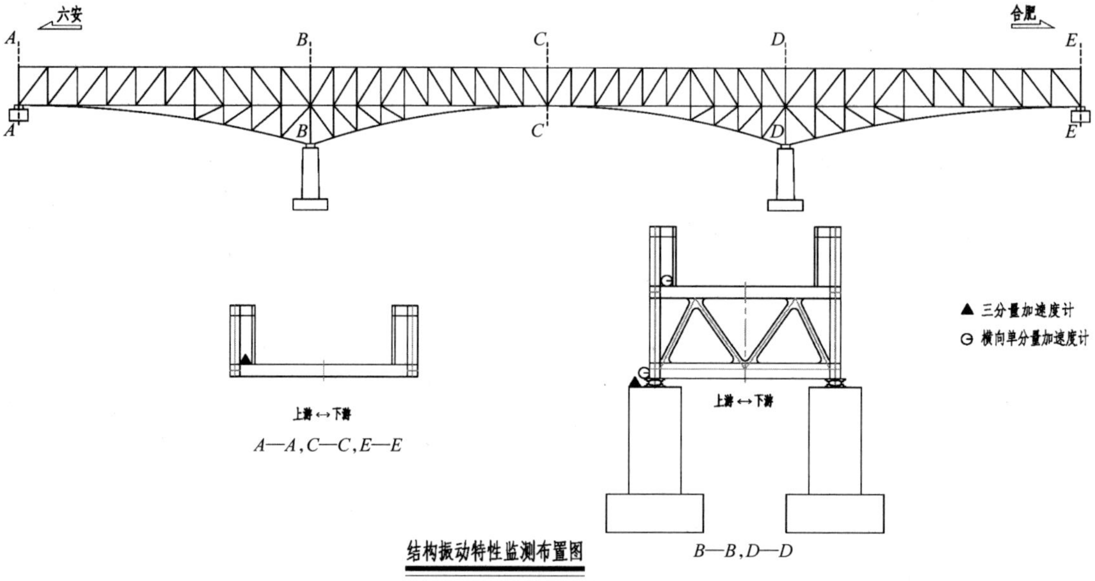

图 5.2-2 结构振动特性监测点布置

5.2.5.4 结构位移监测

结构位移监测主要布置在支座处上下、钢渡槽与混凝土渡槽相接处，测点布置于双幅渡槽，单向位移计测点共 24 个，如图 5.2-3 所示。

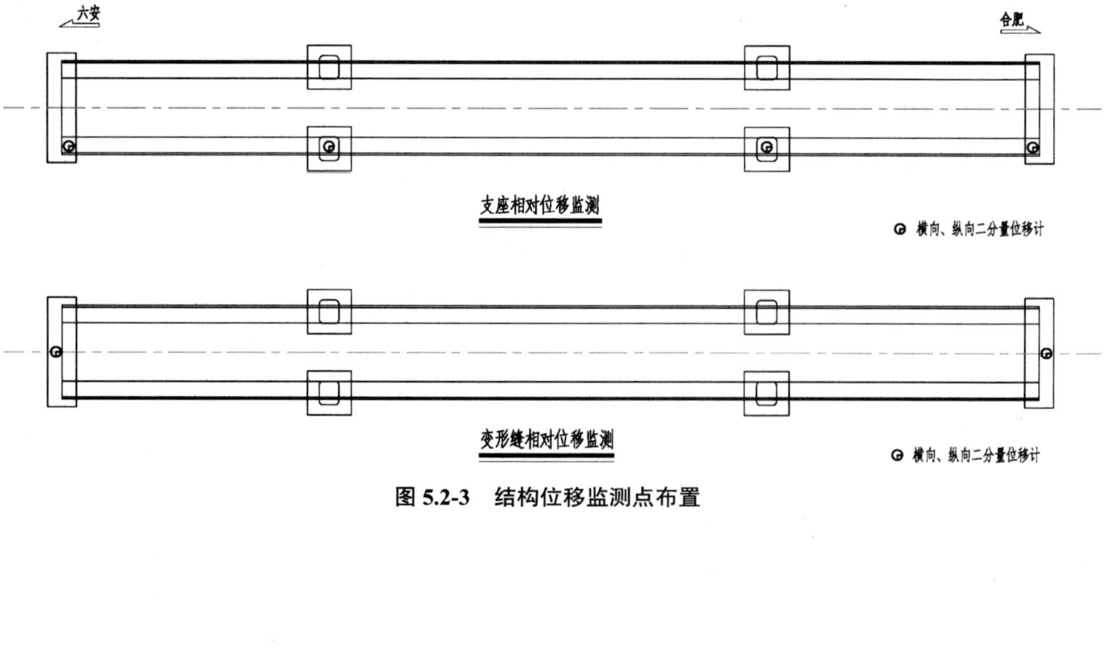

图 5.2-3 结构位移监测点布置

5.2.5.5　结构应变监测

1)槽墩混凝土应变

根据试验和数值模拟的结果,槽墩混凝土最大应变位于槽墩底部与承台相接处,因此将槽墩应变的监测点布置在槽墩底部,分别监测横向和纵向两个方向,单个槽墩的测点布置如图 5.2-4 所示。单墩混凝土应变测点数为 2 个,整体共 16 个。

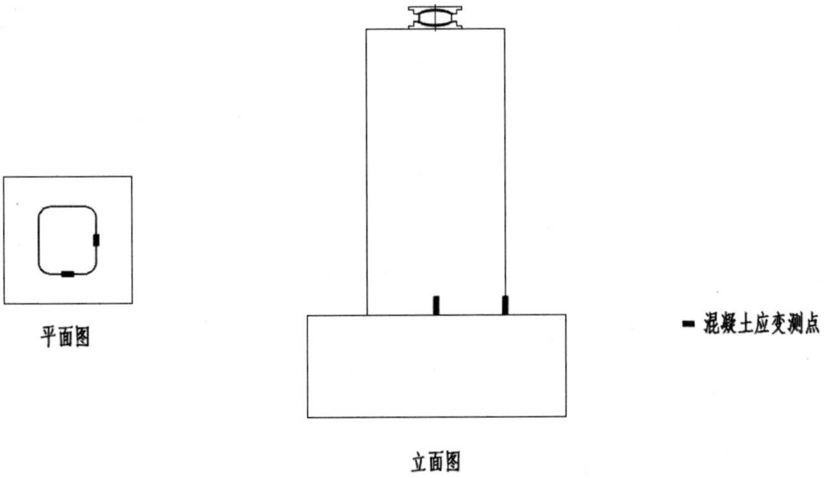

图 5.2-4　单个槽墩应变监测点布置

2)桁架杆件应力

根据振动台试验及数值模拟的结果,地震作用下中墩顶部上弦杆、主跨跨中位置下弦杆、下腹杆、拱肋及 M 形横联杆的应力相对较大,是钢桁架结构中首先可能发生损伤和破坏的位置,因此在以上位置处布置应变计。单榀桁架应变测点数为 9 个,整体共 36 个,如图 5.2-5 所示。

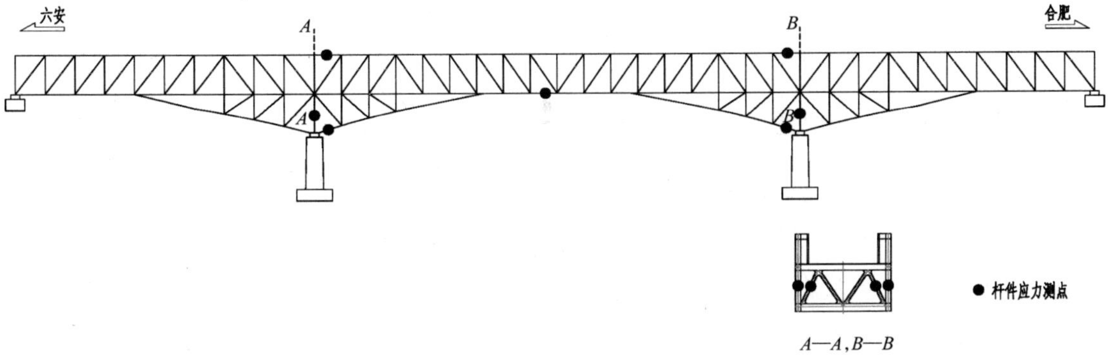

图 5.2-5　单榀桁架杆件应力监测点布置

5.2.5.6 侧壁动水压力监测

根据模型试验的研究，得到了动水压力沿水深的分布规律，综合考虑渡槽内水深的变化范围，在侧壁动水压力监测断面的底部及其上部 2 m 处设置测点，每个断面 4 个测点，监测断面布置在支座位置及主跨跨中位置处，渡槽整体共 12 个测点，如图 5.2-6 所示。

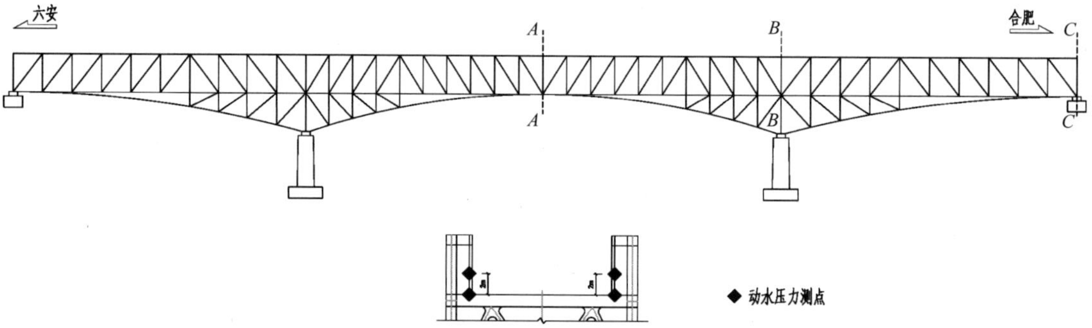

图 5.2-6 动水压力监测点布置

5.2.5.7 监测数量统计

根据渡槽震灾监测初步布置方案，传感器数量统计如表 5.2-1 所示。

表 5.2-1 传感器数量统计

传感器类型		数量
加速度计	三向	8
	单向	4
位移计		24
应变计		42
动水压力计		12

5.2.6 监测方式与监测频率

渡槽震灾监测系统采用自动化监测，具备手动触发、阈值触发等触发模式，采用远程数据传输及存储。阈值触发由地震动监测数据进行控制，当地震动峰值加速度大于 0.1 m/s^2 时，震灾监测系统进行数据采集和存储，数据的采样频率为 100 Hz，采集时间达到 200 s 后自动停止采集。

5.2.7 传感器选型及数量

传感器的选型不仅要考虑监测项目的类型、频率，还需要根据监测项目在不同位置处的变化幅值进行确定，根据试验及数值模拟中结构振动特性的分析，综合确定所用传感器的技术指标参数，如表 5.2-2 所示。

表 5.2-2　传感器技术指标参数

传感器类型	响应频率/Hz	测量范围	精度/%
加速度	0~100	± 20 m/s²	≤0.5
位移	0~15	± 200 mm	≤0.5
应变	0~100	± 2 000 με	≤0.5
动水压力	0~100	0~100 kPa	≤0.5

5.2.7.1　加速度传感器

加速度传感器采用中国地震局工程力学研究所的 941B 型拾振器（图 5.2-7），该传感器是一种用于超低频或低频振动测量的多功能仪器，它主要用于地面和结构物的脉动、一般结构物的工业振动以及高柔结构物的超低频大幅度测量和微弱振动测量等。941B 型拾振器属于动圈往复式拾振器，采用无源闭环伺服技术，以获得良好的超低频特性。941B 型拾振器可安装在桥梁、高墩、超高层建筑、古建筑、大坝等结构上，测量结构物的振动形态。其能直接与调理仪器、采集设备连接，简化了测试系统，提高了系统测试的可靠性，具有低阻抗输出、抗干扰、噪声小、性价比高等特点。

图 5.2-7　941B 型拾振器

5.2.7.2 位移传感器

位移传感器采用由同济大学研制，溧阳仪表厂生产的 YHD-100 型位移计（图 5.2-8），它是静动态直线位移有关的机械量转换成电信号，其工作原理采用应变电桥原理，与动态电阻应变仪配套使用，可以用于水利水电、桥梁交通、机械工程、土木建筑等工程结构中位移或应变的测量。

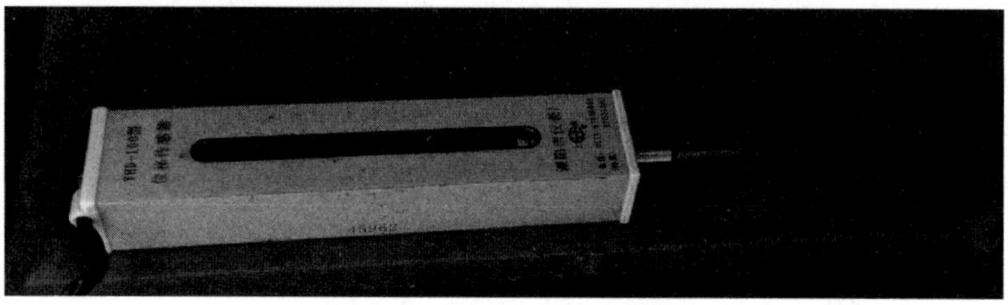

图 5.2-8 YHD-100 型位移计

直线位移传感器的功能是把一个机械位移转换成电气信号，并且该信号能够与机械运动成正比。传感器包含以下重要组成部分：阻轨、电刷、激励单元、对位轴承、外壳。电刷装配连接到机械激励器，继而使塑料阻轨产生一个电压分配器。电位计的阻轨连接到稳定的输入直流电压，当电刷在修正阻轨之间测量时，信号电压是电压分配器的主要部分，并且与阻轨上的电刷位置成正比。电位计作为一个电压分配器，可以不必着重于阻轨上的总电阻的准确度，因为温度波动只对电阻产生作用，不会影响到测量结果。

5.2.7.3 应变计

常规桥梁等结构健康监测中应变的监测通常采用振弦式应变计，但其响应频率较低，不适用于地震工况下的响应监测，对地震工况下的应变监测可采用应变式表面应变计。本监测方案中的应变计采用南京丹陌电子科技有限公司生产的 DMYB 型表面应变计（图 5.2-9），该传感器采用应变全桥电路原理，并采用二次防水密封处理，具有灵敏系数高、长期稳定性好、结构简单、安装使用方便等特点。

图 5.2-9 DMYB 型表面应变计

5.2.7.4　动水压力传感器

动水压力传感器采用南京丹陌电子科技有限公司生产的 DMTY 系列应变式压力盒(图 5.2-10)。该传感器采用应变全桥电路原理,在传感器感应膜内部粘贴高精度的全桥应变片,当外界压力作用在感应膜表面时,会引起膜片发生变形,变形传递至应变片,引起应变片的应变变化,使用应变采集设备采集应变变化信息并进行处理运算,即可得到相对应的外界压力大小,同时可准确消除温度变化对仪器的影响。

图 5.2-10　DMTY 型压力传感器

5.2.8　数据采集系统

根据选用的传感器类型,采用北京东方振动和噪声技术研究所的 INV1861A 应变调理器和 INV3062S 采集仪进行数据采集。

INV1861A 应变调理器如图 5.2-11 所示,机内含电源转换、桥压供给、信号放大、低通滤波、预平衡、程序控制、电压输出等单元,可以将微弱的应变信号进行放大、处理后为后续分析、记录设备提供合格的电压信号。该应变调理器可广泛应用于铁路公路桥梁检测、地基沉陷、土压的测量及大型工程结构的应力、应变、载荷、位移等的测量。

图 5.2-11　INV1861A 应变调理器

INV3062S 网络分布式采集仪如图 5.2-12 所示,是一种适用于大型结构振动、噪声、冲击、应变、压力、电压等各种物理量信号的高精度数据采集测试测量仪器。这款仪器采用以太网接口方式,通过一台计算机的局域网或因特网可以控制多台采集仪，特别适用于分布式、多测点、远距离的物理量的测量。INV3062S 采集仪还支持云智慧测试技术，通过该技术可以将仪器分布在全球范围内，支持多种操作平台，可在计算机、平板电脑、智能手机等设备上通过网络，实时地对网内的每台采集仪进行设置、采样、实时数据浏览等操作。INV3062S 采集仪为分布式一体化设计，适合恶劣的现场工作环境，具有防风、防尘、防电磁干扰等特点。

图 5.2-12 INV3062S 采集仪

5.2.9 软件平台

采用 DASP 软件平台（图 5.2-13），对地震工况下渡槽结构的响应监测数据进行采集和存储。

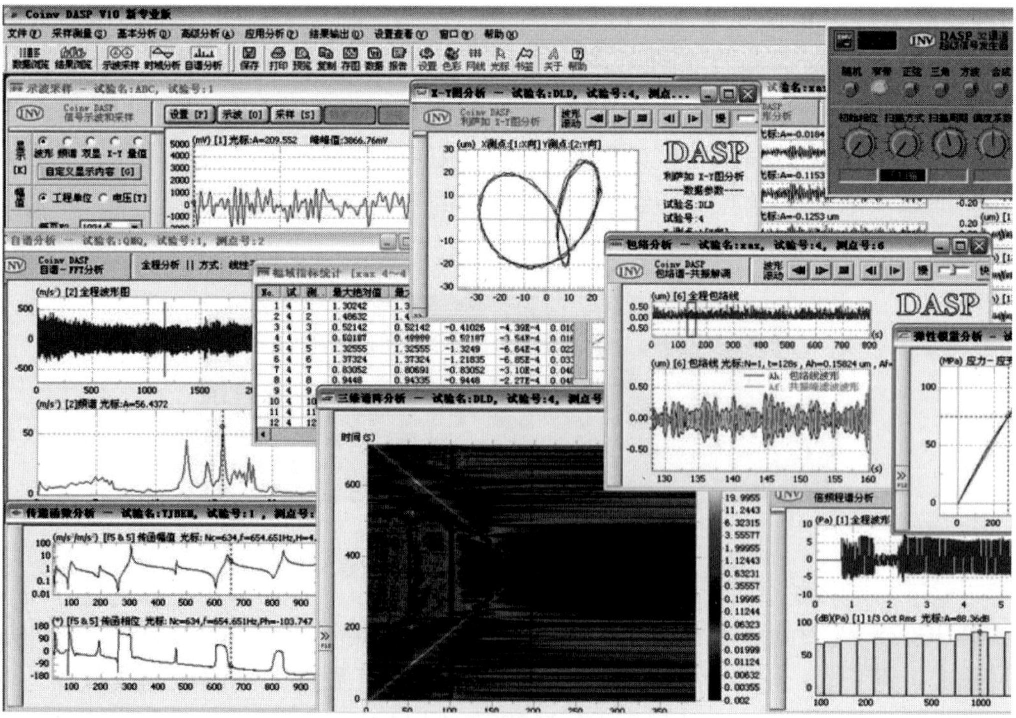

图 5.2-13 DASP 软件平台界面示意

DASP 软件是由我国自主研发的多通道信号采集和实时分析软件，通过和北京东方振动和噪声技术研究所的不同硬件配合使用，即可进行多种动静态试验。DASP 软件是由动态测试和信号分析软件组成的，其中包括信号示波和采集、信号发生和 DA 输出、基本信号分析等方面的几十个测试分析模块，不同的软件包含不同的模块组合，适合不同的用户需求。

5.3　现场测试

5.3.1　现场测试的目的

现场测试的主要目的是，根据渡槽震灾监测方案，对所选用的传感器和数据采集系统的适用性进行验证。监测方案中采用了四类传感器，分别是加速度计、应变计、位移计和水压力计，采集系统包括动态应变仪和采集仪。

5.3.2　激振方式

由于渡槽整体刚度较大，且内部已通水，故需较大能量的激振才能引起结构的明显响应。但受现场条件限制，无法采用能量较大的激振源方案，综合考虑现场条件采用锤击激励的方式进行激振，并对响应不明显的部分传感器采用手动激励的方式进行测试。

5.3.3　测试过程

现场测试选择在渡槽主跨的跨中进行，采集系统采用加速度信号作为触发信号，触发阈值为 0.1 m/s^2，现场测试过程如下。

（1）根据传感器的类型选择相应的测点位置，并安装就位。

（2）将传感器通过其专用的信号线缆连接至动态应变仪上，并按正确的顺序接线。

（3）将动态应变仪、数据采集仪与电脑专用网线连接。

（4）所有设备通电，打开电脑中的数据采集软件，连接数据采集仪。

（5）在数据采集软件中输入所有传感器的灵敏度系数及桥路、电阻等参数，设定触发通道、阈值及存储时长。

（6）对结构进行振动激励。

（7）数据采集系统自动采集并保存数据，测试结束。

现场测试所用仪器及过程如图 5.3-1 至图 5.3-5 所示。

图 5.3-1　加速度传感器

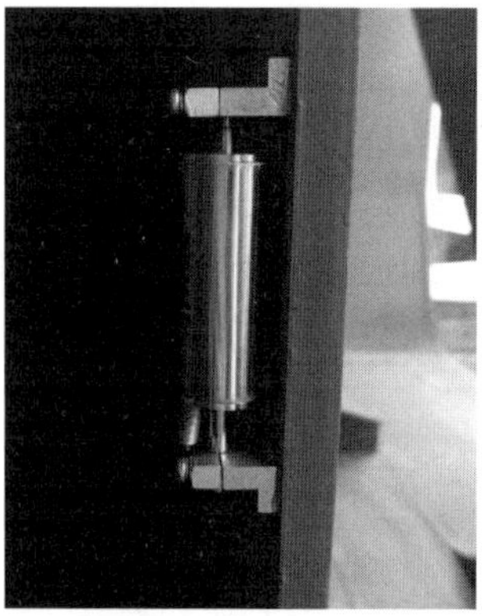

图 5.3-2　应变计

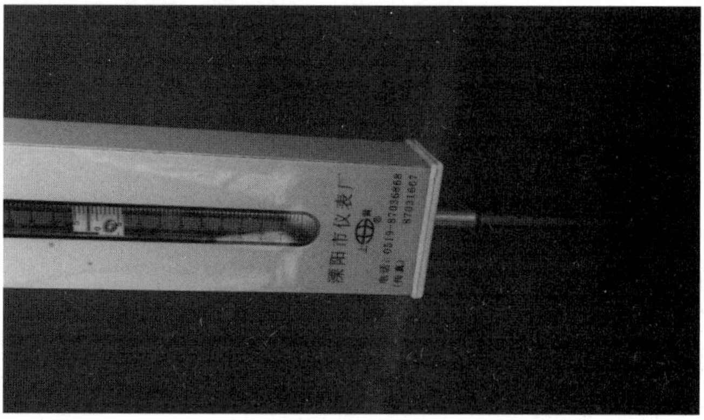

图 5.3-3　位移计

图 5.3-4　动水压力传感器

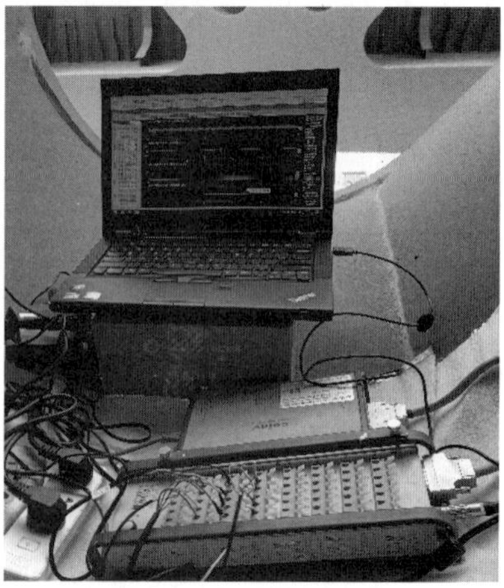

图 5.3-5　采集系统测试

本次测试中设定的采样保存时长为 100 s，在采样时间段内，对每个传感器都分别进行了两次明显激励。

5.3.4　测试数据

在结构上施加振动激励后，数据采集系统自动开始采集和存储数据，得到不同传感器的数据，如图 5.3-6 至图 5.3-9 所示。

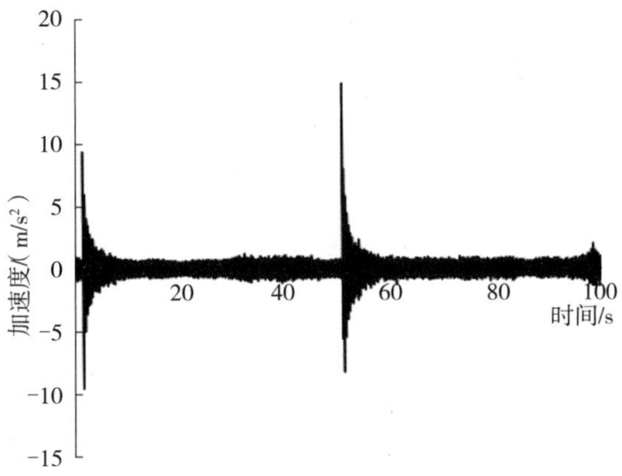

图 5.3-6　加速度时程曲线

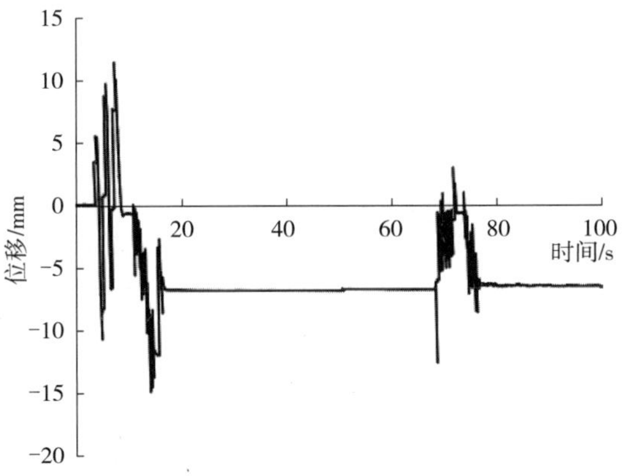

图 5.3-7　位移时程曲线

从现场测试得到的数据可以看出，不同传感器得到的时程曲线与现场激励情况的变化规律一致，其中锤击激励得到的加速度最大值约为 15 m/s^2，位移最大值约为 15 mm，动水压力幅值变化约为 4.2 kPa，应变最大值约为 6 000 με，各物理量测得数值的量纲合理。测试结果表明，该监测系统能够满足地震工况下结构动态响应的数据采集要求。

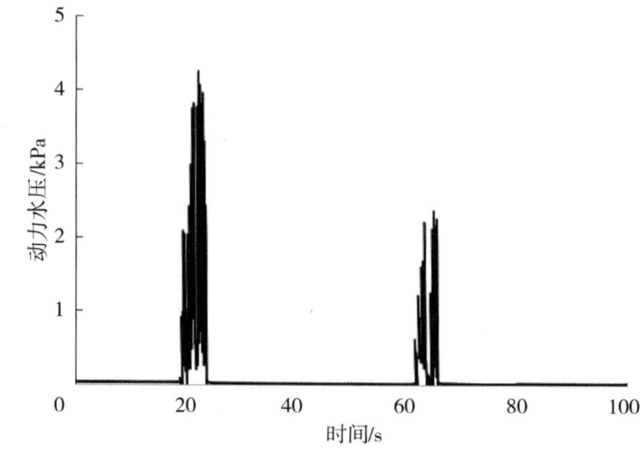

图 5.3-8　动水压力时程

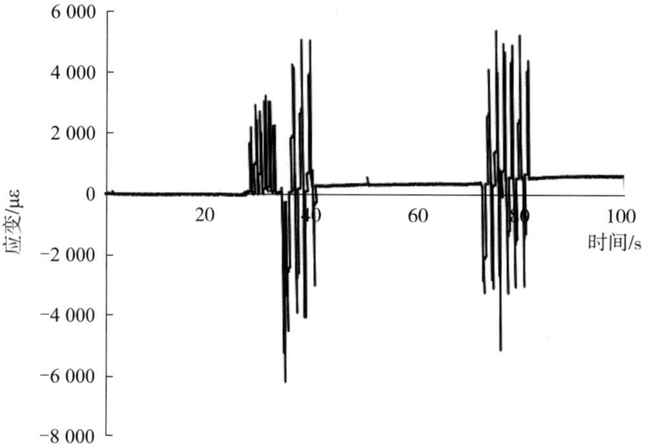

图 5.3-9　应变时程曲线

5.4　结论

结合模型试验及数值模拟的研究成果，对渭河总干渠渡槽进行了震灾监测方案研究。监测方案中明确了渡槽在地震工况下的监测内容、测点布置、传感器选型、监测方式，建立了相应的数据采集系统，并对监测方案中的传感器和数据采集系统进行了现场测试。测试结果表明，该监测系统能够满足地震工况下结构动态响应的数据采集要求。

第 6 章　超大通航渡槽抗震分析指南及抗震措施

6.1　概述

在引江济淮工程淠河总干渠渡槽抗震性能研究成果的基础上，结合相关工程的抗震规范和分析方法，提出针对超大通航渡槽的抗震分析指南，具体内容包括抗震分析中基本参数的选取、抗震分析的理论和方法、分析要点和重点结构部位的抗震性能评价方法，并提出相应的抗震措施。

6.2　编制依据

超大通航渡槽抗震分析指南和抗震措施的编制依据以上研究成果，并参考以下相关规范、标准、技术文件、研究报告和论著等。

（1）《引江济淮工程（安徽段）江淮沟通段施工 J008-2 土建及安装标施工图》（安徽省水利水电勘测设计研究总院股份有限公司、安徽省交通规划设计研究总院股份有限公司，2019）。

（2）《跨越运河超大通航渡槽结构选型及静动力分析研究》（安徽省交通规划设计研究总院股份有限公司、同济大学，2018）。

（3）《引江济淮工程淠河总干渠渡槽抗震性能研究和实时监测系统开发中期成果报告》（交通运输部天津水运工程科学研究院，2020）。

（4）《引江济淮工程（安徽段）淠河总干渠渡槽（68+110+68）m 钢桁架计算书》（安徽省交通规划设计研究总院股份有限公司，2018）。

（5）《中国地震动参数区划图》（GB 18306—2015）。

（6）《水工建筑物抗震设计标准》（GB 51247—2018）。

（7）《公路桥梁抗震设计规范》（JTG/T 2231-01—2020）。

（8）《公路桥梁技术状况评定标准》（JTG/T H21—2011）。

（9）《建筑结构振动台模型试验方法与技术（第二版）》（科学出版社，2016）。

（10）《桥梁抗震（第三版）》（人民交通出版社，2017）。

（11）《土工离心模拟试验技术在水运工程中的应用》（人民交通出版社，2021）。

6.3 超大通航渡槽抗震分析指南

6.3.1 总则

为了贯彻执行《中华人民共和国防震减灾法》并实行以预防为主的防震，提出超大通航渡槽抗震性能分析的技术要求，指导相关工程的抗震分析，更好地保障渡槽的通航与输水功能，特制定本指南。

6.3.2 抗震设防标准

E1 地震作用，为重现期 475 年的地震作用。

E2 地震作用，为重现期 2 000 年的地震作用。

E1 地震作用下，渡槽各个结构构件在弹性范围内工作，基本无损伤，结构强度和刚度基本保持不变。E2 地震作用下，混凝土结构局部可发生开裂，裂缝宽度也可以超过容许值，但混凝土保护层保持完好，地震过后在重力作用下，裂缝一般可以闭合，即结构无须进行修复或经简单修复即可恢复正常使用；钢结构应在弹性范围内工作。

6.3.3 设防地震动峰值加速度

渡槽抗震设防地震动加速度应根据设计基准期的超越概率水平，参照《中国地震动参数区划图》（GB 18306—2015）的地震动峰值加速度确定，如表 6.3-1 所示。

表 6.3-1 抗震设防地震动峰值加速度与抗震设防烈度的对应关系

地震动峰值加速度	0.05g	0.10g	0.15g	0.20g	0.30g	0.40g
抗震设防烈度	6 度	7 度	7 度半	8 度	8 度半	9 度

6.3.4 地震分量选取

对于设计烈度为 7 度及 7 度以上的渡槽，其抗震计算应同时考虑顺槽向、横槽向和竖向的地震作用。

6.3.5 抗震分析方法

由于超大通航渡槽的动力特性复杂，采用地震系数法、反应谱法等简化计算方法难以完整和正确把握其动力响应的特点，因此需建立尽可能符合实际的三维模型进行动力分析及时程分析计算。这种数值分析方法是一种便利而且花费较小的方法，但其精度依赖于对桩土相互作用、土体特性、流固耦合作用等因素对渡槽抗震性能影响的把握的准确性和合理性。模型试验可以根据需要较为精确地设定和控制边界条件、材料特性，在研究相互作用等复杂问题上具有较强的针对性和目的性，并且可以用来验证数值模拟分析的可靠性，但模型试验也并不能完全表征原型结构的一切特征。因此，对于超大通航渡槽的抗震性能，需将不同的分析方法有机结合起来，这样才能对其地震激励下的结构应力、应变及变形全过程进行分析和评价。

基于时程的抗震分析计算过程如下。

（1）建立计算模型，确定结构各单元的力学模型和参数。

（2）选用地震动时程。对于做过地震安全性评价的渡槽，设计地震动时程要根据专门的工程场地地震安全性评价的结果确定。其他可根据设计加速度反应谱按随机合成的方法生成设计加速度时程，也可以采用与设定地震的震级、距离基本相近且反应谱与设计加速度反应谱接近的实际地震动观测记录。为了考虑地震动的随机性，加速度时程记录不少于 3 条。

（3）将选择的地震时程记录作为激励直接代入计算模型，求出结构的动力响应。

（4）分析任意时刻的结构动力响应，对结构抗震性能进行分析。

拟动力模型试验分析过程如下。

（1）根据分析内容，确定试验相似比尺，建立试验模型。

（2）选用地震动时程，具体要求与分析计算方法相同。

（3）记录选择的地震时程，作为激励施加到试验模型上，监测结构的动力响应。

（4）分析任意时刻的结构动力响应，对结构抗震性能进行分析。

6.3.6　抗震分析要点

渡槽工程主要由槽身、槽墩、基础和地基组成。在地震发生时，地震动首先通过地基传递到渡槽基础上，再由槽墩传递到槽体，槽体的运动引起槽内水体的晃动，从而影响到槽内水体动水压力的幅值和分布，槽内水体的晃动反过来又会引起槽身与槽墩的频谱特性及其地震响应的变化。另外，随着减隔震技术的日益广泛应用，隔震装置的结构几何和物理非线性也会对渡槽的响应过程产生影响。因此，要客观地分析大型渡槽地震响应，在其分析方法中必须考虑包括支承结构在内的整个渡槽结构与槽内水体间的相互作用，其中包括流固耦合动力相互作用、土-桩-渡槽相互作用、减隔震装置的非线性作用等的耦合作用。

6.3.6.1　大质量水体分析方法

超大通航渡槽的槽内水体质量通常与结构自身质量相当，甚至大大超过结构质量，水体对渡槽的动力响应具有非常大的影响，是渡槽抗震分析中必须考虑的因素。目前大质量水体的抗震分析方法主要有六种：Westergard 附加质量法、Housner 弹簧-

振子简化模型法、边界元法、基于流固耦合（FSI）系统的位移-压力格式有限元法、ALE有限元法和模型试验法。

1）Westergard附加质量法

附加质量法是将水体直接等效为附加质量施加于结构上。该方法是在原有动力分析方程中添加附加质量矩阵，直截了当地表现水体对结构的线性作用，但该方法并不能体现结构对水流的缓冲效果，不能算是完全意义的流固耦合效应，利用该方法进行计算，往往会造成计算结果偏大的情况，过于保守。

2）Housner弹簧-振子简化模型法

运动流体的动水压力是由脉冲压力和对流压力组成的。脉冲压力用附着于槽箱上的质量块来等效模拟，对流压力则用一系列的弹簧-振子来等效模拟，用这样的模型来模拟流固耦合这一复杂的动力问题。Housner弹簧-振子简化模型的物理概念清晰，避开了流体问题需要计算的拉普拉斯方程和无穷级数，大大简化了数值模拟的计算成本，但是不能真实地反映槽身内部的应力分布情况，通常会导致计算结果偏小。目前《水工建筑物抗震设计标准》（GB 51247—2018）中采用的是这种方法。

3）边界元法

边界元法是将流固耦合的控制方程转化为更容易求解的积分方程，然后再对边界积分方程进行求解。该方法的计算前提是对渡槽、水体等进行了一系列的假定，尽管该方法可以计算出流体晃动的过程和波高，但与实际情况偏差较大，并且没有考虑结构对流体的影响，不能算是真正意义上的流固耦合。

4）基于FSI系统的位移-压力格式有限元法

为尽量反映渡槽在进行动力分析时的边界条件及特性，同时弥补简化方法的不足，根据流固耦合的基本理论，基于流固耦合系统中的位移-压力格式有限元法来模拟水体对槽壁的作用。使用该方法需假定槽内水流为无黏性的不可压缩液体，渡槽结构为线弹性结构。该方法可以模拟水体的大幅度晃动，但模型建立较为复杂，对计算机的计算能力要求较高，有一定的局限性，在实际工程中应用较少。

5）ALE有限元法

ALE是任意拉格朗日-欧拉法（Arbitrary Lagrangian-Eulerian Method）的简称，主要是利用动网格来跟踪自由液面的运动，并且动网格是独立于结构变形体和空间运动的，可以根据情况选择运动的状态。该方法可以模拟水体的大幅度晃动，但模型建立较为复杂，对计算机的计算能力要求较高，有一定的局限性，在实际工程中应用较少。

6）模型试验法

模型试验是建立在相似理论的基础上，对实际结构进行一定比例的缩尺，在实验室内通过再现场地地震动激励，实现对流固耦合作用的准确模拟。根据振动台类型，模型试验可分为常规振动台试验和离心机振动台试验。该方法的模型加工和试验费用较高,而且需根据特定工程专门开展,因此一般仅应用于重大工程。

6.3.6.2　土-桩-渡槽相互作用

土-桩-渡槽结构动力相互作用问题的研究属于土-桩-结构动力相互作用问题的范畴。因此,在进行考虑土-桩-渡槽结构动力相互作用的渡槽结构地震响应研究时,可以借鉴现有土-桩-结构动力相互作用的分析方法。工程界对土-桩-结构动力相互作用问题进行研究时应用最多的方法主要有以下四类:集中质量模型、动力 Winkler 地基梁模型、土-桩整体有限元模型和物理试验模型。

1)集中质量模型

集中质量模型又称多质点系模型,以 Penzien 模型为代表。集中质量模型中桩基础与地基采用如下方法进行模拟。①用剪切型或弯曲剪切型的多质点系模拟桩基础。②地基划分为近场域地基和远场域地基两部分分别进行模拟。近场域地基是指与桩基础有相同振动情况的桩周等价土体,用多质点系进行模拟。远场域地基是指不受结构物影响的自由场体系,用单位面积土柱简化而成的多质点系进行近似模拟。远场自由场体系与近场等价土体间采用等效水平弹簧和阻尼器连接。

2)动力 Winkler 地基梁模型

动力 Winkler 地基梁模型是目前应用的最简单且最广泛的一种地基梁模型。动力 Winkler 地基梁模型中桩采用梁单元进行模拟,而地基土采用弹簧、阻尼器和质量块等力学元件进行模拟。按土体动力本构假设的不同,动力 Winkler 地基梁模型又可划分为两大类,即线弹性动力 Winkler 地基梁模型和非线性动力 Winkler 地基梁模型。

3)土-桩整体有限元模型

土-桩整体有限元模型在土-桩-结构动力相互作用体系地震响应分析中有着广泛应用,它可以考虑土体性态、桩土间的滑移与脱开等问题,通常将土-桩-上部结构作为一个整体,采用整体分析方法求解体系的地震响应。土-桩整体有限元模型中,桩采用实体单元或空间梁单元进行模拟;近场域地基土采用实体单元进行模拟;近场域地基土常按线弹性或非线性介质考虑;为了模拟地震作用过程中近场域地基土与远场域地基土之间的能量辐射条件,通常需要使近场计算域土体的计算范围取得尽可能大,同时往往需要在计算域边界处引入人工边界来消除边界反射的影响。

4)物理模型试验

模型试验建立在相似理论的基础上,对实际结构进行一定比例的缩尺,在实验室内通过再现场地地震动激励,实现对土-结构相互作用的模拟。模型试验可以根据需要较为精确地设定和控制边界条件、桩土材料特性,在研究桩土相互作用时具有较强的针对性和目的性,但试验周期较长,费用较高。

6.3.6.3 减隔震装置模型

减隔震装置的使用会使渡槽的整体结构特性发生较大改变,如延长结构的自振周期等,在进行抗震分析时应考虑减隔震措施的影响。部分支座通常设有起始隔震力,一般为竖向承载力的 10%,该工况与支座全部进入工作状态不一致,应单独对未进入滑动工作状态下的渡槽整体抗震性能进行分析。

常用的减隔震装置包括铅芯橡胶支座、摩擦摆支座和黏滞阻尼器等。

1)数值分析模型

铅芯橡胶支座可以采用双线性模型、WEN 塑性模型来模拟。由典型的铅芯橡胶支座滞回曲线分析可知,WEN 塑性模型更接近于实际情况。

摩擦摆支座模型可以采用双线性模型、Bouc-Wen 模型以及 FP 模型,其中 FP 模型可以考虑高速与低速条件下摩擦系数不同的情况,且能考虑动轴力的影响,更接近于支座的真实工作状态。

黏滞阻尼器的力学计算模型较多,常用的分析计算模型是简化的 Maxwell 模型。

2)物理试验模型

隔震及减震结构的模型相似设计,不同于传统模型结构设计。一方面,在减隔震结构中,隔震支座和减震元件具有明显的非线性特征;另一方面,减隔震装置改变了整体结构的抗震性能,在整体结构相似设计中,需充分考虑减隔震元件与模型结构的匹配关系。

铅芯橡胶支座的相似设计中,需将刚性底座的质量加入上部结构的质量中,并对部分相似常数进行修正。

摩擦摆支座隔震结构模型设计的关键是保证模型结构与原型结构具有相同的水平向减震系数,即保证隔震前后结构周期和刚度均满足相似关系。

黏滞阻尼器模型设计,可以采用基于阻尼力等效原则的原型与模型之间阻尼指数 α 不变的设计方法,或者采用基于耗能能力等效原则的原型与模型之间阻尼指数 α 改变的设计方法。

6.3.7 结构部位的抗震性能评价

通过抗震分析计算,得到渡槽各个构件在对应评价地震水平下的抗震需求,分析其与构件能力的关系。渡槽的抗震需求包括上部结构、墩柱、支座、基础等的弯矩、剪力、轴力值,以及支座、墩柱、基础、伸缩缝等的位移、转角和延性值等。若构件能力大于抗震需求,则表明该构件在该水准地震作用下不会发生破坏;若构件能力小于抗震需求,则可能发生破坏,分析该构件的破坏对整个结构抗震性能的影响,从而确定评价结果。

6.3.7.1　基础

对承台可能发生的各种破坏模式（弯曲破坏、剪切破坏和滑动破坏等）进行评价，分析各种破坏模式对应的构件能力与抗震需求之间的关系，评价其对渡槽结构整体抗震性能的影响。

对承台和墩、柱间的节点抗震性能进行评价，并评价其对渡槽结构整体抗震性能的影响。

对基础（扩大基础、桩基础等）进行抗震性能评价，并评价其对渡槽结构整体抗震性能的影响。

6.3.7.2　槽墩

对槽墩进行抗弯、抗剪性能评价，并评价其对渡槽结构整体抗震性能的影响。

6.3.7.3　上部结构

对于梁式结构应评价上部结构的抗弯、抗剪性能，并评价其对渡槽结构整体抗震性能的影响。

对于桁架结构，应评价杆件轴向受力强度和动力稳定性，并评价其对渡槽结构整体抗震性能的影响。

6.3.7.4　支座与变形缝止水带

评价支座的抗震能力，包括剪力、剪切变形、抗滑移稳定性、锚固连接装置的强度及竖向落差等，并评价其对渡槽结构整体抗震性能的影响。

评价变形缝止水带的变形止水能力及其对渡槽结构整体抗震性能的影响。

6.4　超大通航渡槽抗震措施

由于工程场地可能遭遇的地震具有不确定性，以及目前对渡槽破坏机理的认识不够全面，因此渡槽抗震还不能完全依靠定量方法计算。从历次大地震中桥梁、渡槽等大跨度结构的震害中可总结出一些能有效减轻结构震害的抗震构造措施。渡槽结构地震反应越剧烈，越容易发生落梁等严重破坏现象，抗震构造措施就越重要，因此处于高烈度地区的大型通航渡槽结构需特别重视构造措施的适用。相关抗震措施如下。

（1）在槽体和槽墩之间合理设置减隔震装置，包括摩擦摆支座、铅芯橡胶支座、黏滞阻尼器等。减隔震装置可以延长结构的自振周期，降低地震作用。在确定减隔震参数时，应根据场地条件、渡槽整体结构自振特性综合确定，同时考虑渡槽内水体对结构的影响，除了满足竖向承载力要求外，还应考虑隔震周期与等效刚度和等效阻尼比等。

（2）在槽墩顶部设置防止槽体横向跌落的挡块，挡块上应加装橡胶垫或其他缓冲材料（图 6.4-1），槽体端部在墩台上应留有防止槽体纵向滑脱的足够的搭接长度（a）（图 6.4-2）。落梁破坏是渡槽较为常见的地震破坏形态，通过设置横向和纵向的挡块可有效降低落梁灾害风险。构件间适当的相对运动可以减少构件所遭受的地震内力，因此挡块的设置应保证隔震、耗能装置发挥作用所需的运动量。

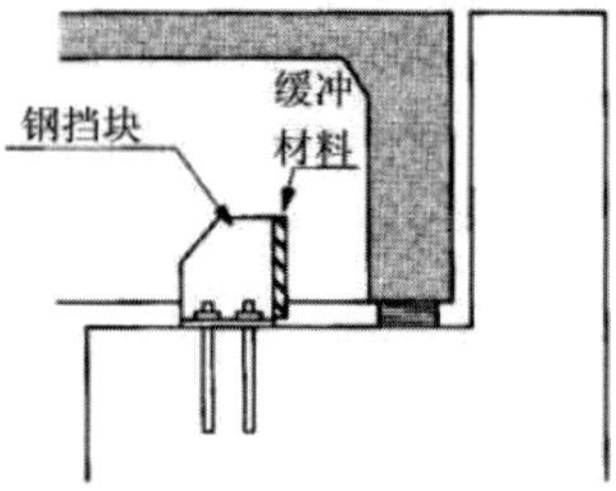

图 6.4-1　钢挡块及缓冲材料

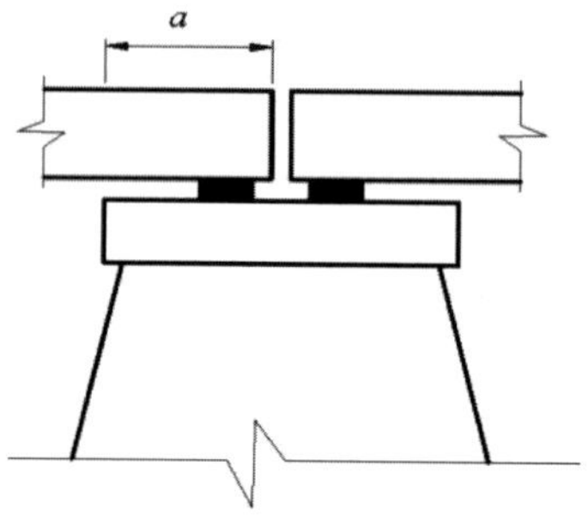

图 6.4-2　墩台搭接长度

（3）地震工况下槽体端部与支座连接处及桩基顶部会承受较大的水平剪力，这些位置是结构受力薄弱位置，应增加配筋量。

（4）为防止地震时渡槽相邻跨段槽身之间的止水材料发生破坏，应选择满足抗震要求的形式和材料。

（5）相邻跨槽身结构形式不同时，应在二者之间加装橡胶垫或其他弹性衬垫，以缓和地震可能发生的碰撞和限制槽体位移。同时，加装的橡胶垫和其他弹性衬垫不应限制槽体在正常使用时的自由伸缩。

（6）采用桁架结构体系时，应加强渡槽两侧桁架之间横向联系构件的强度，提高渡槽整体抗震稳定性。

（7）安装结构主动控制装置进行减隔震（图 6.4-3）。结构主动控制是利用外部能源，按照一定的控制方法，在结构受激励振动的过程中，瞬间施加控制力或瞬时改变结构的动力特性，以减小结构的地震响应，与被动控制相比具有更好的减震效果。主动控制装置由于造价高且需要日常维护，一般应用于重要的大型结构。

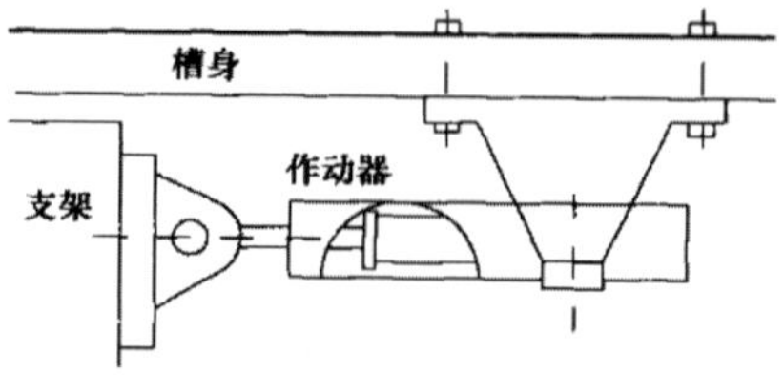

图 6.4-3　渡槽槽身槽墩之间的主动控制装置

（8）采用半主动控制系统，该系统可根据结构反应以及外部激励信息，通过少量能量主动调节控制装置的参数,从而减轻结构的反应。半主动控制器件不施加机械能到结构自身,比主动控制容易实施且更加经济,具有主动控制的灵活性和被动控制的可靠性,是目前性价比最高的一种控制方法。常见的半主动控制系统有主动调谐参数质量阻尼系统、可变刚度系统、可变阻尼系统、变刚度变阻尼系统等。

参考文献

[1] 竺慧珠,陈德亮,管枫年. 渡槽[M]. 北京:中国水利水电出版社,2005.

[2] 顾辉,陈卫国. 输水建筑物渡槽工程勘察设计 95 例[M]. 北京:中国水利水电出版社,2010.

[3] 河南省水利勘测设计研究有限公司. 南水北调特大型渡槽关键技术研究与实践[M]. 北京:中国水利水电出版社,2010.

[4] 王博,陈淮,徐建国,等. 大型渡槽结构抗震分析理论及其应用[M]. 北京:科学出版社,2013.

[5] 全国地震标准化技术委员会. 中国地震动参数区划图: GB 18306—2015[S]. 北京:中国标准出版社,2016.

[6] 中国水利水电科学研究院. 水工建筑物抗震设计标准: GB 51247—2018[S]. 北京:中国计划出版社,2018.

[7] 招商局重庆交通科研设计院有限公司. 公路桥梁抗震设计规范: JTG/T 2231-01—2020[S]. 北京:人民交通出版社,2020.

[8] 交通运输部公路科学研究院. 公路桥梁技术状况评定标准:JTG/T H21—2011[S]. 北京:人民交通出版社,2011.

[9] 周颖,吕西林. 建筑结构振动台模型试验方法与技术[M]. 2 版. 北京:科学出版社,2016.

[10] 叶爱君,管仲国. 桥梁抗震[M]. 3 版. 北京:人民交通出版社,2017.

[11] 张宇亭,安晓宇,刘正滨,等. 土工离心模拟试验技术在水运工程中的应用[M]. 北京:人民交通出版社,2021.

[12] 李冰. 摩擦摆桥梁抗震性能研究[M]. 北京:中国水利水电出版社,2020.

[13] 张年煜. 高烈度地震区大型高架渡槽流固耦合动力相互作用研究[D]. 北京:中国水利水电科学研究院, 2019.

[14] 陈浩. 山西大跨度钢结构渡槽静、动力分析[D]. 太原:太原理工大学, 2012.

[15] 张建华, 李静, 林潮宁, 等. U 型渡槽参数化有限元建模与智能优化设计研究[J]. 河海大学学报(自然科学版), 2022, 50(5):75-81.

[16] 付建胜. 考虑土-支架耦合的大型渡槽开挖施工响应研究[J]. 铁道建筑技术, 2022(2): 33-37, 43.

[17] 牛亚宁. 矩形薄壁渡槽结构整体与局部稳定性分析研究[D]. 郑州:华北水利水

电大学，2020.

[18] 韩璇，赵妍，刘佳特，等. 某大型拱式渡槽动力三维有限元分析[J]. 华北水利水电大学学报（自然科学版），2021,42（4）：99-103.

[19] 郝文秀，徐晓，王蕾. 大流量斜拉渡槽动力分析[C]//崔京浩. 第16届全国结构工程学术会议论文集（第Ⅱ册）. 北京：《工程力学》杂志社，2007：412-414.

[20] 徐晓，郝文秀，李红梅. 大流量斜拉渡槽模态分析[C]//崔京浩. 第16届全国结构工程学术会议论文集（第Ⅱ册）. 北京：《工程力学》杂志社，2007：513-515.

[21] 董福歧，张福强，付书林. 跨运河钢桁架梁拱组合体系通航渡槽力学性能[J]. 长江科学院院报，2023，40（2）：141-146.

[22] 张阿漫，戴绍仕. 流固耦合动力学[M]. 北京：国防工业出版社，2011.

[23] 贾志伟. 大型斜拉渡槽抗震与抗风研究[D]. 武汉：武汉理工大学，2017.

[24] 祝贺彬. 梁式渡槽的减隔震应用研究[D]. 绵阳：西南科技大学，2021.

[25] GOLANI B D. "Rolling trusses" as falsework for aqueducts and bridges[J]. Indian concrete journal，1978，52.

[26] CONNELLY D L，PERRY R J. First steps in aqueduct leak risk assessment//[C] DOMENICA M F. Integrated water resources planning for the 21st century. New York：American Society of Civil Engineers，1995.

[27] DELFIN E L，GAUSHELL D J. Integration of computer systems for California aqueduct power plant systems[J]. IEEE transactions on energy conversion，1993，8（2）：190-196.

[28] SOULIS V J，HATTAB R. Numerical study of the strengthening techniques of Mornos aqueduct：a case study[J]. Global journal of engineering education，2017，19（2）：156-161.

[29] 刘涛. 克孜河渡槽充水载荷试验与承载力安全评价[D]. 乌鲁木齐：新疆农业大学，2021.

[30] 王磊. 基于流固耦合方法的大型渡槽及结合部动力特性研究[D]. 郑州：华北水利水电大学，2021.

[31] 刘旭辉. 南水北调大型渡槽结构动力破坏规律及地震易损性研究[D]. 郑州：华北水利水电大学，2021.

[32] 李长春. 大型渡槽抗震与隔震研究及应用[D]. 郑州：华北水利水电大学，2020.

[33] 范乃贤. 某大型渡槽充水试验及安全监测分析[J]. 河南水利与南水北调，2019，48（10）：79-81.

[34] 王若谷. 考虑流固耦合的大型拱式渡槽静动力响应研究[D]. 昆明：昆明理工大学，2020.

[35] 康永鹏. 南水北调中线工程某大型渡槽支承结构动力特性分析[D]. 郑州：华北水利水电大学，2019.

[36] 何俊荣，尤岭，李世平，等. 高烈度区梁式渡槽减隔震设计研究[J]. 水利规划与设计，2019(9)：140-146.

[37] 何俊荣，尤岭，李世平，等. 高震区梁式渡槽摩擦摆支座参数敏感性分析[J]. 人民长江，2022,53(1)：142-147.

[38] 王宇. 大跨径梁式、拱式渡槽充水试验及检测研究[J]. 黑龙江水利科技，2018，46(4)：61-63.

[39] 曾智超. 基于FSI系统的三连拱式渡槽有限元分析[D]. 南昌：南昌大学，2018.

[40] 张玉民. 高墩大跨连续刚构叠箱渡槽充水试验与建模分析[J]. 施工技术，2017，46(14)：108-111.

[41] 孙翔，李扬，郝继锋，等. 湍河渡槽充水试验监测与分析[J]. 水电能源科学，2015,33(10)：100-103.

[42] 李伟鸿. 大型矩形渡槽结构静动力分析[D]. 昆明：昆明理工大学，2015.

[43] 陈晓光. 南水北调中线工程沙河渡槽充水试验研究[J]. 人民黄河，2015，37(8)：126-128.

[44] 朱旭鹏. 大型渡槽抗震性能试验研究及分析[D]. 长沙：湖南大学，2013.

[45] 李正农，周振纲，朱旭鹏，等. 渡槽拟动力试验仿真分析[J]. 振动工程学报，2013，26(3)：387-394.

[46] 孙凯. 山西某大跨复合拱式渡槽支撑结构的隔震应用分析[D]. 太原：太原理工大学，2012.

[47] 迟福东，王进廷，金峰，等. 土-结构-流体动力相互作用的实时耦联动力试验[J]. 岩土力学，2010,31(12)：3765-3770.

[48] 丁科，殷水平. 有限单元法[M]. 2版. 北京：北京大学出版社，2012.

[49] 李开泰，黄艾香，黄庆怀. 有限元方法及其应用[M]. 北京：科学出版社，2006.

[50] 邵岩，赵兰浩，李同春. 考虑流固耦合的渡槽动力计算方法综述[J]. 人民黄河，2005(11)：59-60.

[51] 裴欢. 山西某大跨钢管混凝土拱式渡槽结构静动力分析[D]. 太原：太原理工大学，2013.

[52] WESTERGAARD H M. Water pressure on dams during earthquakes[J]. Transactions of the American Society of Civil Engineers，1933，98(2)：418-433.

[53] WANG X D，REN J P，WANG D S. Fluid-structure coupling topology optimization based on added mass method[J]. IOP conference series：earth and environmental science，2019，358(4)：042010.

[54] 何建涛，刘云贺，孙蓉莉. 附加质量模型在渡槽抗震计算中的适用性研究[J]. 西安理工大学学报，2007(1)：52-55.

[55] 张盼盼. 大型渡槽结构抗震计算的模型简化[D]. 长沙：湖南大学，2011.

[56] HOUSNER G W. The dynamic behavior of water tanks[J]. Bulletin of the Seismological Society of America，1963，53(2)：381-387.

[57] HEIDARY K S，HOSSEINI M，HOSSEINI K. Influence of earthquake vertical excitations on sloshing-created *P-Δ* effect in elevated water tanks：experimental validation，numerical simulation and proposing a modification for Housner model[J]. Engineering structures，2021，246：112995.

[58] HOUSNER G W. Dynamic pressures on accelerated fluid containers[J]. Bulletin of the Seismological Society of America，1957，47(1)：15-35.

[59] 刘云贺，胡宝柱，闫建文，等. Housner 模型在渡槽抗震计算中的适用性[J]. 水利学报，2002(9)：94-99.

[60] 庄中华，李敏霞，陈厚群. 渡槽结构隔震与耗能减振控制机理的研究[J]. 噪声与振动控制，2002(2)：10-12.

[61] 徐伟，陈淮，王博，等. 考虑流固耦合的大型渡槽动力特性计算[J]. 水利水电技术，2004(4)：20-22.

[62] 徐建国，陈淮，王博. 渡槽结构考虑流固耦合的横向地震响应研究[J]. 工程力学，2004(6)：197-202.

[63] 张多新，周娟，白新理. 流固耦合系统的位移-压力(u_i，p)格式在 U 型渡槽抗震分析中的应用研究[J]. 西安建筑科技大学学报(自然科学版)，2010，42(1)：47-53.

[64] 张多新，王清云，白新理. 流固耦合系统位移-压力有限元格式在渡槽动力分析中的应用[J]. 土木工程学报，2010，43(1)：125-130.

[65] 刘云贺，俞茂宏，陈厚群. 流体固体动力耦合分析的有限元法[J]. 工程力学，2005(6)：1-6.

[66] 刘哲. 渡槽结构考虑水体晃动的多点地震输入分析[D]. 西安：西安理工大学，2010.

[67] 李国豪. 工程结构抗震动力学[M]. 上海：上海科学技术出版社，1980.

[68] 朱镜清. 结构抗震分析原理[M]. 北京：地震出版社，2002.

[69] 胡聿贤. 地震工程学[M]. 北京：地震出版社，2006.

[70] CHEN W，HAROUN M A，LIU F. Large amplitude liquid sloshing in seismically excited tanks[J]. Earthquake engineering and structural dynamics，2015，25(7)：653-669.

[71] 李遇春，楼梦麟. 排架式渡槽流-固耦合动力特性分析[J]. 水利学报，2000(12)：

31-37.

[72] MUTO K，KASAI Y，NAKAHARA M. Experimental tests for suppression effects of water restraint plates on sloshing of a water pool[J]. Journal of pressure vessel technology，1988，110(3)：240-246.

[73] DONEA J，GIULIANI S，HALLEUX J P. An arbitrary Lagrangian-Eulerian finite element method for transient dynamic fluid-structure interactions[J]. Computer methods in applied mechanics and engineering，1982，33(1-3)：689-723.

[74] DONEA J. Arbitrary Lagrangian-Eulerian finite element methods[J]. Computational methods for transient analaysis，1983:473-516.

[75] 王跃先，陈军，阮雪榆. ALE 有限元方法中的网格运动算法[J]. 上海交通大学学报，2001(10)：1539-1542.

[76] 岳宝增，李笑天. ALE 有限元方法研究及应用[J]. 力学与实践，2002(2)：7-11.

[77] HIRT C W，AMSDEN A A，COOK J L. An arbitrary Lagrangian-Eulerian computing method for all flow speeds[J]. Journal of computational physics，1994，14(3)：227-253.

[78] 岳宝增，刘延柱，王照林. 非线性流固耦合问题的 ALE 分步有限元数值方法[J]. 力学季刊，2001(1)：34-39.

[79] 吴轶，莫海鸿，杨春. U 形渡槽水体大幅晃动的 ALE 有限元模拟[J]. 华南理工大学学报(自然科学版)，2003(9)：90-93.

[80] 吴轶，莫海鸿，杨春. 大型矩形渡槽-水耦合体系的动力性能分析[J]. 地震工程与工程振动，2004(4)：137-142.

[81] 何建涛. 大型渡槽流体与固体的动力耦合分析[D]. 西安：西安理工大学，2007.

[82] 杨旭亮. 双槽式渡槽结构地震反应分析[D]. 兰州：兰州交通大学，2015.